KB214199

영실이 키우기

영실이 키우기

초판 1쇄 2016년 5월 10일

지은이 강성화
펴낸이 이태형
펴낸곳 국민북스
마케팅 김태현
디자인 디자인원

등록번호 제406-2015000064호
등록일자 2015년 4월 13일
주소 경기도 파주시 문발로 139 고래곰나비 402호 우편번호 10881
전화 031-055-0707
이메일 kirok21@naver.com

ISBN 979-11-957410-2-1   03230

바쁜 엄마의 행복한 자녀양육 7원칙

영성과 실력을 갖춘 아이

영실이 키우기

강성화 지음

국민북스

세월이 참으로 빠르게 흘렀습니다. 첫아이를 낳고 기쁨과 두려움으로 기르던 시절을 돌아보면 아득합니다. 그래도 그 바쁜 중에 아이를 셋이나 기를 수 있었던 것은 함께 어려움을 겪어주고 짐을 나누어 주었던 남편 덕분이었습니다. 양가 부모가 모두 직장일이나 사회활동으로 바쁘셨기 때문에 자녀 양육은 오롯이 저희 부부의 몫이었습니다. 하나님의 은혜로 아이들이 건강하게 자라 한 명, 두 명, 막내까지 공부한다고 새로운 길을 향해 떠났습니다.

떠나는 아이들의 뒷모습을 볼 때마다 가슴의 멍울이 맺혀 먹먹했던 때가 지나고 아이들은 감사하게도 열심히 살아가고 있습니다. 요즘은 카톡을 이용하여 가족방에서 소식들을 서로 알리고 사진도 보내 주어 아직도 여전히 바쁜 나는 아이들과 편리하게 소식을 주고받습니다. 눈을 감으면 큰 아이, 둘째 아이, 셋째 아이가 태어났던 때가 떠오릅니다. 그렇게 작고 연약했던 아이들이 모두 나보다 훨씬 크게 자랐습니다. 이제는 내가 가장 작고 약한 사람이 되었습니다.

남편과 함께 유학을 떠나 미국 일리노이에서 박사 논문을 쓰면서 큰 아이를, 캘리포니아로 이사해서 둘째 아이를, 생각지 않았던 셋째 막내를 늦둥이로 낳았습니다. 미국에 건너간 지 13년 만인 1998년에 한국으로 돌아오면서 우리 가족은 큰 변화를 겪었습니다. 큰 아이가 초등학교 4학년, 둘째가 2학년, 막내가 1년 8개월이던 아이들은 바쁜 부모와 함께 새로운 한국 생활에 적응해야 했습니다. 집도, 학교도, 친구도, 교회도 모두 새로운 곳에서 우리 가정은 하나님을 의지하면서 서로를 사랑하며 현실에 뿌리를 내리기 위해 무던히도 애썼습니다. 남편은 바쁜 아내를 도와 틈나는 대로 아이들을 보살펴 주었고 피곤한 중에도 우리가 가고 싶은 곳으로 데려다 주었습니다. 둘째 아이는 오빠가 전교 회장이 될 수 있도록 선거유세를 도와주었고, 큰 아이는 둘째가 대학가기 위해 작성한 에세이를 꼼꼼히 살펴주었습니다. 바쁜 부모들보다 형님과 누나와 시간을 많이 보낸 막내는 누나의 따스한 사랑과 형님의 믿음직한 리더십아래 무럭무럭 자랐습니다.

나는 월, 화, 수, 목, 금요일까지 눈코 뜰 새 없이 교사, 직원, 학생들과 생활하며 토요일은 학부모기도회를 통해 학부모들과 시간을 보냈습니다. 토요일 오후가 되서야 비로소 여유를 갖고 가족과 시간을 보냈고 주일은 온 식구가 예배드리기 위해 교회로 향했습니다. 주일을 주기로 학교와 사택을 오고 가는 생활이 반복되었던 시간들이 1년, 2년, 3년을 지나 한국에 온지 벌써 18년이 지나고 있고, 내가 살고 있는 고양시도 푸르고 아름다운 꽃의 도시가 되었습니다.

그동안 교장으로 어렵고, 즐거웠고, 행복했던 이야기들은 고양외고의 이야기 1권 『아침 7시 특목고는 기도 중』과 2권 『축복의 학교, 행복한 교장』에서 소개했습니다. 이번에 고양외국어고등학교 교장으로, 고양제일중학교 교장으로 학생들을 지도하며 3명의 자녀들을 기르며 쌓아두었던 생각들을 풀어 새로운 책을 썼습니다. 고양외고의 설립 목표인 하나님을 사랑하고 이웃을 사랑하는 지도자를 육성하는 것과 나의 가정이 추구했던 영성 깊고 실력 있는 아이들로 기르는 것은 장소는 달랐지만 동일한 맥락에서 이루어졌던 삶이었습니다.

나는 고양외고의 학생들이 변화가 많고 두려운 일들이 일상사인 세상에서 내일을 두려워하지 않고, 하나님을 사랑하고, 이웃을 사랑하는 지도자로 자라 세상 곳곳에서 빛과 소금의 역할을 하는 꿈을 꾸며 교직원들과 정성을 다해 학생들을 교육했습니다. 세상은 점점 더 흉악한 소식들로 가득차 가고 사람들은 메마르고 답답한 일들로 신음하고 있습니다. 그러나 세상에는 따스하고 활기차고 아름다운 이야기들이 곳곳에 숨겨져 있습니다. 우리 자녀들이 하나님이 주시는 깊은 믿음으로 실력을 갖추어 선하고 용감하고 지혜로운 이야기들의 주인공들이 되기를 바라는 마음은 모든 부모들의 공통된 소망일 것입니다.

이제 영성 깊고 실력 있는 아이를 '영실이'로 부르려고 합니다. 어떻게 보면 전 '영실이 엄마'라고 할 수 있습니다. 부족하지만 나의 자녀와 학생들 모두 영실이로 키우기 위해 노력했으니까요. 나는 무척 바쁜 엄마였지만 '영실이 키우기'는 결코 포기할 수 없는 목표였습니다. 나와 같이 바쁜 엄마들도 이 책을 통해 자녀들을 영실이로 기르기를 소망합니다. 이 책에서는 영실이들을 기르기 위해 꼭 알아야 할 원칙들을 7가지로 제시합니다.

원칙 1. 감사와 즐거움이 있는 가정을 만들라

원칙 2. 자녀와 대화하는 능력을 키워라

원칙 3. 기본에 충실하도록 양육하라

원칙 4. 더불어 살도록 가르치라

원칙 5. 자연을 가까이 하라

원칙 6. 부모도 성장하라

원칙 7. 비전을 품게 하라

　바빴던 날들 속에서 나와 우리 가정은 서로 깊이 사랑하고 즐거움을 나누었습니다. 때로는 아이가 아프고 아이들끼리 툭탁거리기도 했고 가정적으로 어려움도 겪었지만 어려운 문제들이 생기면 문제들을 끌어안고 진심으로 서로를 위해 기도해 주었습니다.

　하나님이 주신 가장 작은 사회인 가정에서 내가 누렸던 감사와 즐거움, 그리고 아픔과 두려움의 경험이 여러분들의 자녀들을 영실이로 기르는데 도움이 되기를 바랍니다.

　이 글의 주인공인 우리 자녀들과 남편, 그리고 부족한 나를 이끌어주신 부모님께 진심으로 감사를 드립니다. 부족한 글이 책이 될 수 있도록 격려해 주시고 도와주신 이태형 국민북스 대표님, 7가지 원칙을 세우도록 지혜로운 조언을 주신 지정순 목사님, 긴 원고를 성실하게 정리해 준 변혜미 주임님께 진심으로 감사를 드립니다.

　휘청거리는 가정을 평안하게 인도하시고 풍성하게 채워주신 하나님께 모든 영광을 돌립니다.

2016년 아름다운 5월에

저자 강 성 화

추천사

모든 부모는 자녀를 양육하는 특권을 갖고 있지만 생각만큼 그 특권을 누리지 못할 뿐 아니라 양육 과정에서 불안해하고 때때로 자신감을 잃습니다. 이 책의 저자는 교육학과 아동학을 전공한 학자이자 세 아이를 양육한 어머니로서, 현장에서 중·고등학교 학생들을 교육한 교육자로서 자녀양육의 경험과 이론을 접목하여 자녀양육에 필요한 7가지 원칙들을 제시합니다.

아이가 태어나서부터 성년이 될 때까지 자녀양육에 도움이 될 원칙들을 지나치게 이론에 치우치지 않고 저자의 경험을 섞어 자연스럽고 감동적으로 설명하고 있습니다. 글로벌 시대를 맞아 자녀들을 실력 있으면서 인간적인 향기가 나도록 양육해 당당히 세계무대에 세우기를 원하는 부모라면 꼭 읽어보아야 할 책입니다.

___ 전혜정 (연세대학교 대외협력 부처장, 아동가족학과 교수)

농사(農事)가운데 제일은 자식(子息)농사라고 합니다. 참으로 자식 기르기는 동서고금을 통해 해결하기 어려운 과제입니다. 그런데 강성화 박사님은 그 어려운 '자식 농사'의 방법을 이 책을 통해 잘 안내해 주고 있습니다. 강 박사님은 견고한 신앙의 바탕위에서 아동학과 교육학의 학문적 이론을 접합해 자녀양육 원칙을 펼칩니다. 하나님의 사랑, 엄마의 사랑과 돌봄, 나눔과 베풂, 웃어른 공경 및 가족의 유대와 화합 등을 통한 진정한 가족 공동체의 모델을 제시했습니다. 자녀를 존중하는 가운데 자녀들이 꿈 넘어 꿈을 이루도록 반듯하게 양육한 생생한 사랑의 목소리가 담겨있습니다. 이웃의 자녀들과 더불어 잘 자라기를 바라는 따뜻하고 정성스러운 마음도 책에 녹아있습니다. 또한 자녀들이 다음 세대의 주인공이 되어 사회와 국가, 인류를 위해 기여하는 큰 인물이 되기를 바라는 넓은 마음을 발견합니다. 이 귀한 책을 기쁜 마음으로 추천합니다.

__ 유화웅 (굿파트너즈 이사장, 안산동산고등학교 전 교장)

자녀를 키우는 것만큼 부모에게 어려운 과제는 없을 것입니다. 자녀들의 성숙과 미래가 보장되지 않기에 불안과 계속 싸우며 믿음의 시련을 경험하기 마련입니다. 저자는 이 책에서 본인의 자녀교육과 교육 현장에서의 경험을 종합해 구체적이고 읽기 쉬운 언어로 자녀들을 훌륭하게 키울 7가지 원칙을 제시합니다. 이 원칙들은 단순한 처방전이 아니고 영성과 인격을 다듬고, 무엇보다 건강한 가정을 만들어가는 것을 강조합니다. 풍요로도 깨어진 가정을 대신할 수는 없습니다. 아무쪼록 이 책의 통찰을 통해 많은 가정이 건강하게 되어 자녀들이 복을 누리는 미래를 열어가게 되길 기대합니다.

__ 김종호 (한국기독학생회 대표)

한국처럼 교육에 열심을 내면서도 정작 교육에 문제점이 많으며 인성교육을 강조하면서 인성발달이 되지 않는 나라도 드물다고 생각합니다. 이 책은 교육자이자 교육학자며, 신앙의 명문가에서 바르게 교육받고 자란 어머니가 학문적 이론을 토대로 학교 현장에서 제자들을 가르치며 얻은 지혜와 세 자녀를 훌륭하게 양육한 것을 바탕으로 기록한 원칙 있는 자녀양육서입니다.

하나님과 이웃을 사랑하는 지도자를 육성하는 자녀교육의 목표를 실천한 성공사례가 담겨 있습니다. 영성 깊고 실력 있는 아이인 영실이들을 기르기 위한 원칙들을 발달단계와 상황에 근거해 교육방법을 제시해 주고 있습니다. 저자 본인의 자녀교육 사례를 진솔하게 담고 있어 때론 가슴 훈훈한 감동을 받고 미소를 짓게 합니다. 교육은 학교와 사회에서 보다 가정에서 먼저 이루어져야 합니다. 바르게 잘 가르치고 싶지만 발달단계에 따른 교육방법을 몰라 적절한 양육의 때를 놓치는 한국의 부모님들, 학생들에게 사랑을 전하기 원하는 선생님들에게 이 책은 하나님의 사랑을 완성해 가는 메시지로 전해질 것입니다. 일독을 추천합니다.

__ 한혜숙 (전 강선초등학교 교장)

제가 이 책의 저자인 강성화 박사님을 만난 지도 벌써 16년이 되어 갑니다. 강 박사님은 무명의 고양외국어고등학교를 대한민국 최고의 명문 학교로 만드셨으며, 세 명의 자녀들을 모두 미국 명문대학교에 입학시키신 분이십니다. 오랜 세월 옆에서 모시면서, 작은 것 하나도 무심히 지나치지 않고 꼼꼼히 살피며 무에서 유를 만드시는 강 박사님의 탁월한 능력에 놀라움을 금할 수가 없었습니다. 이 책에는 바쁜 어머니들이 자녀들을 실력 있고 영성 깊게 키울 수 있는 비결이 담겨 있습니다. 누구보다도 바쁜 삶을 사셨던 강 박사님이 실제로 행했던 내용과 교육 철학이 녹아 있습니다. 여기 제시된 자녀양육 7원칙은 철저히 하나님 말씀에 근거를 둔 참 교육의 모델들입니다. 부모님들께는 자녀 교육의 올바른 지침서가, 청소년들에게는 고귀한 삶의 올바른 안내서가 되리라 확신합니다.

__ 박일성 (고양외국어고등학교 창의인성부장)

목차

영실이로 키우는 7가지 원칙들

즐거운 곳에서는 날 오라 하여도
내 쉴 곳은 작은 집 내 집 뿐이리
내 나라 내 기쁨 길이 쉴 곳도
꽃 피고 새 우는 내 집 뿐이리
오~ 사랑 나의 집
즐거운 나의 벗 내 집 뿐이리

-작사 : 존 하워드 페인

우리나라에 '즐거운 나의 집'으로 소개된 이 노래는 미국 남북 전쟁 때에 남군, 북군 할 것 없이 널리 불렸던 오래된 곡입니다. 세월이 흘렀어도 소박하고도 정겨운 가락에 맞춰 노래 부르면 즐거운 가정에 대한 그리움이 솟아납니다.

전 세계적으로 오늘날의 가정은 사회·경제·문화적인 면에서 큰 도전을 받고 있으며 많은 갈등과 긴장 속에 있습니다. 우리나라도 예외는 아닙니다. 행복해야 할 가정이 무너지고 있습니다. 출산율은 저하되는데 비해 이혼율이 급증하고 있습니다. 특히 황혼 이혼율이 늘고 있습니다. 전체적으로 모든 가정이 위기 속에서 흔들리는 하루하루를 보내고 있습니다.

최근 조사에 따르면 청소년 4명 중 1명이 자녀가 없어도 된다고 대답했습니다. 결혼하려면 시간이 아직 많이 남아 있는 청소년이 일찍부터 그런 생각을 하게 된 이유가 무엇일까요? 갈수록 힘든 사회적 분위기 탓일 것입니다. 자기 혼자도 살아가기 힘든 세상이다 보니 결혼을 해서 자식을 낳는 것이 부담이 된다고 생각하는 청소년의 숫자가 점점 늘어가는 것 같습니다.

성경은 말합니다. "마른 떡 한 조각만 있고도 화목하는 것이 제육이 집에 가득하고도 다투는 것보다 나으니라." (잠언 17:1) 결혼 생활과 자녀 양육의 어려움으로 재정적인 원인을 첫 번째로 꼽는 가정이 많습니다. 2015년 실시된 국민일보 여론 조사에 따르면 '우리 사회를 움직이는 가장 큰 힘은 돈'이라고 생각한 사람이 응답자의 76.8%였습니다. 그리고 20, 30대 미혼자의 절반이 경제문제가 가장 큰 고민거리며 30대의 3명 중 1명이 경제적인 고민으로 결혼을 포기할 수 있다고 응답했습니다.

안정된 삶을 살기 위해서 돈과 재물이 필요한 것은 사실입니다. 그러나 재정적으로 풍부하지 않더라도 화목한 가정생활을 영위 할 수 있습니다. 가정이 주는 유익은 손으로 셀 수 없을 만큼 많습니다. 무엇보다도 가정은 하나님께서 계획하신 조직입니다. 있어도 되고, 없어도 되는 임의의 조직이 아닙니다. 그리고 가정은 모든 사회생활에 가장 기본이 되는 단위입니다. 즐거운 가정, 행복한 가정, 아이들의 재롱이 있고 평안한 쉼이 있는 가정, 새 힘을 얻는 가정을 꿈꾸지 않은 사람들은 없습니다. 그런데 그런 이상적인 가정은 결코 특별한 가정이 아닙니다. 어머니가 남편과 더불어 하나님께 기도하고 감사하며, 은혜 안에서 자녀들을 양육하면 이 땅 어느 가정이나 건강하고 행복을 꿈꾸는 가정이 될 수 있습니다.

하나님을 경외하며 가족 간에 사랑이 넘치는 가정 안에서 자녀들은 영성 깊고 실력 있는 아이인 '영실이'로 자랄 수 있습니다. 이 땅 어머니들은 너무나 바쁩니다. 특별히 요즘엔 직장생활하는 워킹 맘들이 많습니다. 크리스천들도 예외는 아닙니다. 바쁜 엄마들은 직장과 가정에서 모두 인정받고 행복하기를 원하지만 현실은 만만치 않습니다. 직장을 다니지 않더라도 엄마들은 누구나 바쁩니다. 바쁜 크리스천 엄마들의 간절한 꿈이 있습니다. 바로 내 자녀를 '영실이'로 키우는 것입니다. 아무리 바쁘고 힘들더라도 자녀를 영실이로 키우는 것을 포기할 순 없습니다. '영실이 키우기'는 바쁜 엄마들의 포기할 수 없는 꿈입니다. 자녀를 영실이로 키우기 위해선 원칙이 있습니다. 저절로 되지 않습니다. 원칙을 지켜야 합니다. 그런데 원칙들은 의외로 간단합니다. 절대 어렵지 않습니다. 따라서 생활 속에서 세심하게 주의하고 노력하면 누구나 쉽게 그 원칙을 지킬 수 있습니다.

이 책은 오늘날을 살아가는 바쁘고 피곤한 부모들이 즐겁고 행복한 가정 안에서 영성 깊고 실력 있는 영실이를 기르기 위한 7가지 원칙들을 제시합니다. 21세기 무한 경쟁 속에서 살아남을 뿐 아니라 경쟁을 뚫고 탁월한 삶을 살기 위해서는 실력만으로는 충분치 않습니다. 요셉처럼, 다니엘처럼, 모세처럼, 에스더처럼 깊은 영성과 실력으로 어떤 상황에서도 흔들림 없이 아버지 하나님과 동행할 수 있어야 합니다. 자녀들에게 가정은 사회생활을 배우고 훈련하는 최초의 장소이며 가장 영향력 있는 장소입니다. 그리고 최고로 영향력 있는 감독과 코치는 부모입니다. 결심이 중요합니다. 독자 여러분이 앞으로 책에서 제시되는 7가지 원칙들을 따라 실천하려고 결심하는 순간, 세상과 시간은 다르게 보일 것입니다. 할 일과 하지 말아야 될 일을 구별할 수 있을 것입니다. 그리고 여러분은 아이들과 함께 즐겁고 행복한 가정생활을 누리며 자녀들을 영실로 기를 수 있습니다.

오래전 미국에서 전해오는 행복한 가정의 레시피(Recipe)를 볼 기회가 있었습니다.

🌱 행복한 가정의 레시피(Recipe)

- 4 컵의 사랑
- 1/2 컵의 분노
- 3 큰 스푼의 생동감
- 2 컵의 인내
- 1 과 1/2 컵의 부드러움
- 1 큰 스푼의 슬픔
- 6 컵의 보살핌
- 4와 1/2 큰 스푼의 도움

이 모든 것을 잘 섞으면 즐겁고 행복한 가정이 된다는 것입니다. 이 레시피 안에는 평범한 우리들이 생활하면서 느끼는 희로애락이 모두 들어 있습니다. 저는 이 레시피에서 중요한 것 한 가지가 빠진 것을 발견했습니다. 그것은 바로 감사입니다.

즐거운 가정에는 감사가 있습니다. 감사에는 마음에서 우러나오는 내면적인 면과 말로 표현해야 하는 외면적인 면이 있습니다. 이 둘 모두가 즐겁고 행복한 가정생활을 위해서는 꼭 필요합니다. 이 두 가지의 감사가 영성 깊고 실력 있는 자녀로 키워내는 중요한 요소입니다.

자녀들을 영성 깊고 실력 있는 영실이로 기르기 위한 첫 번째 원칙은 감사와 즐거움이 있는 가정을 만드는 것입니다.

원칙 1

감사와 즐거움이 있는
가정을 만들라

통계에 의하면 우리나라 5가구 중 2가구는 부부가 함께 직장생활을 하는 맞벌이 가정이라고 합니다. 하지만 우리 주위에는 통계보다 더 많은 기혼여성들이 풀타임이든 파트타임이든 직업을 갖고 있는 것같이 느껴집니다. 또한 직업이 없어도 바쁘지 않다고 말하는 주부들을 찾기가 쉽지 않습니다. 주부라면 누구나 가정 일과 양육을 하며 바쁘게 지냅니다.

언제나 바쁜 엄마들, 항상 피곤한 엄마들, 긴 시간을 자녀들과 함께 있지 못하는 엄마들…. 이런 분들은 부모 역할에 자신감을 잃고 좌절감을 느낍니다. 그러나 다행히도 질 높은 아동 양육이 언제나 시간과 비례하는 것은 아닙니다. 짧은 시간이라도 자녀에게 관심을 주고 자녀가 원하는 것을 함께 하면서 사랑을 표현한다면 자녀들은 부모가 자신과 많은 시간을 함께 하지 못하는 것을 받아들이고 부모를 이해하게 됩니다. 반면 자녀들과 많은 시간을 함께 해도 그들을 이해하지 못하고 지나치게 간섭하거나 감정적으로 대립한다면, 그것은 의미 있는 시간이 아니라 오히려 서로를 해치며 서로에게 상처를 주는 시간이 될 수 있습니다. 일에 치이고 경쟁 속에서 지쳐있는 바쁜 엄마도 자녀를 행복하게 양육할 수 있습니다. 아이들을 영성과 실력을 갖춘 자녀로 양육할 수 있습니다. 더 나아가 부모와 자녀 등 모든 가족 구성원들이 가정 안에서 계속 성장해 갈 수 있습니다.

그 첫 번째 비결이며 원칙은 감사와 즐거움이 있는 가정을 만드는 것입니다. 바쁜 엄마가 감사와 즐거움이 있는 가정을 자녀들에게 만들어주는 길을 소개합니다.

1. 감사하라

"여호와께 감사하라 그는 선하시며 그 인자하심이 영원함이로다."

이 구절은 성경의 시편 106편, 107편, 118편, 136편, 역대상 16장에 반복적으로 등장합니다. 성경은 하나님께 감사드릴 것을 곳곳에서 끊임없이 강조하고 있습니다. 데살로니가전서 5장 18절에서는 "범사에 감사하라 이것이 그리스도 예수 안에서 너희를 향하신 하나님의 뜻이니라"라며 감사가 하나님의 뜻임을 강조합니다. 개역개정 성경에서 '감사'라는 단어가 188회 등장하는 것을 봐도 감사가 얼마나 중요한 덕목인지 충분히 짐작할 수 있습니다.

우리가 감사한다는 것은 하나님이 우리에게 얼마나 중요한 분이신지를 인정한다는 의미와 다르지 않습니다. 그러므로 감사는 피조물인 우리가 창조주 하나님께 마땅히 드려야 하는 행위입니다. 그런데 놀랍게도 감사하면 감사하는 사람에게 돌아오는 것이 있습니다. 감사하는 사람은 마음이 따뜻해집니다. 감사하면 은혜와 사랑으로 가득해집니다. 감사하는 사람은 하나님 나라의 삶을 미리 맛보게 됩니다. 감사하면 이 땅에서 천국을 앞당겨 경험할 수 있습니다.

그 같은 '감사의 힘'은 교회 밖에서도 잘 알려져 있습니다. 시사주간지 '타임(TIME)'은 특별 기사를 통해 행복은 노력에 따라 얻을 수 있는 선택적 항목이라면서 행복한 사람들이 자주 하는 행동 7가지를 소개했습니다. 그 7가지 중 하나가 '적극적인 감사'입니다. 행복한 사람들은 갖지 못한 것이 아니라 가진 것에 초점을 두고 감사하기 때문에 행복하다는 것입니다. 기사는 감사를 표현하기 위해 매일 밤 자기 전에 하루 동안 감사했던 일들을 일기장에 적으라고 권유하고 있습니다.

'네 안에 잠든 거인을 깨워라'의 저자인 앤서니 라빈스(Anthony Robbins, 2002)는 자신이 갖고 있는 것에 대한 감사로 하루를 시작한다고 했습니다. 그는 매일 아침에 일어나자마자 15분 동안 사소한 것이라도 진심으로 감사한 뒤 자신이 하고 싶은 일, 삶에서 원하는 것을 머릿속에 그려본다고 합니다. 그는 그 짧은 15분이 심신을 최고의 상태로 이끌어 성공을 향해 한 걸음 내딛게 만든다고 주장합니다.

뇌 과학자들의 주장도 마찬가지입니다. 그들에 따르면 감사하는 마음을 먹으면 시상하부가 자극을 받으면서 도파민 수치가 올라간다고 합니다. 따라서 감사하는 마음만으로도 행복도가 높아지고, 불안감과 우울감의 수치가 떨어집니다. 미국 페퍼다인 대학교 연구팀은 감사하면 세균과 바이러스 등에 맞서는 우리 몸 자체의 방어 능력인 면역 체계가 강해진다고 발표했습니다.

이처럼 감사는 전 세계, 어느 영역에서든 공통적으로 강조하는 덕목입니다. 그런데 정작 우리는 일상에서 감사하기가 쉽지 않습니다. 감사해야 한다는 것을 머리로는 알고는 있는데 좀처럼 실천하지 못합니다. 녹록지 않은 생활 속에서 불평만 늘어놓기 쉽습니다. 가정의 행복을 위해 부모는 의지적으로 감사하려고 노력해야 합니다. 그리고 감사의 길로 들어서야 합니다.

첫 번째 감사의 길 **어린 아이처럼 마음을 낮추라**

　지극히 작고 사소한 것도, 당연하다고 여겨온 것도, 불평했던 것들조차도 기뻐하는 것이 진정한 감사입니다. 갖지 못한 것을 바라보지 않고 가진 것에 초점을 맞추십시오. 감사는 어린아이처럼 마음을 낮추는 것에서부터 시작됩니다. 당신이 일일이 보살펴줘야 하는 자녀가 있음을 감사하십시오. 당신은 하나님 창조의 동역자로 참여하고 있습니다. 당신의 희생과 봉사를 요구하는 가정이 있음을 감사하십시오. 당신은 하나님 사랑의 대리자로 살고 있습니다. 해도 해도 끝이 없는 가사노동에 감사하십시오. 당신에겐 그것을 감당할 만한 건강이 있다는 증거입니다. 출근시간에 쫓기는 것을 감사하십시오. 당신이 일할 수 있는 직장을 가진 능력자라는 증거입니다.

두 번째 감사의 길 **감사를 표현하라**

　전달되지 않는 감사는 감사가 아닙니다. 감사는 밖으로 드러내야 합니다. 드러내고, 표현하고, 전달할 때 감사의 능력이 발휘됩니다. 당신이 감사를 표현하면 감사를 받는 사람이 행복해 집니다. 감사하는 본인에게도 큰 유익이 돌아옵니다. 앞서 언급했듯이 감사하는 사람은 마음이 따뜻해집니다. 은혜와 사랑으로 가득찹니다. 불안감과 우울감의 수치가 떨어지고 행복해집니다. 육체의 면역체계가 강해집니다. 성공을 향한 발걸음을 내딛게 됩니다. 나아가 감사를 표현하는 당신으로 인해 옆 사람도 감사에 전염됩니다. 감사하는 당신을 보며 다른 사람도 감사를 표현하고 싶어집니다. 감사 바이러스가 퍼지고 감사릴레이가 펼쳐집니다.

이처럼 기적의 능력을 가진 '감사'를 하나님께 드리고 가족에게도 표현하십시오. 작은 것에 감사하고, 지금 감사하고, 매일의 일상 속에서 감사하십시오. 늘 감사를 표현하는 부모의 모습은 그 자체가 강력한 교과서입니다. 아무리 어린 자녀라도 부모가 자신에게 감사를 표현할 때 자존감이 높아져 밝고 긍정적인 모습으로 성장하게 됩니다. 가족이 서로에게 감사를 표현할 때 그 가정은 언제나 생기가 넘치고 역동하는 생명력으로 가득차게 됩니다.

세 번째 감사의 길 감사를 연습하라

감사는 감정이 아닙니다. '의지'와 '결단'입니다. 그러므로 연습과 훈련이 따라야 합니다.

"불평하는 습관은 결국 나를 해치는 칼이 된다. 흠을 잡고 비난하고 불평하는 나쁜 습관은 쓰면 쓸수록 더 날카로워진다. 처음에는 비교적 온건한 불평주의자였던 사람들도 결국 만성적인 독설가가 된다. 이처럼 독설은 심각한 위험을 만들어낸다. 또한 점점 더 날카롭게 날이 선 칼은 결국 자신의 목을 위협하는 도구가 될 것이다."

불평하는 습관에 대한 미국 작가 앨버트 하버드(Elbert Hubbard)의 경고는 역설적으로 감사 또한 습관임을 말해주고 있습니다. 감사를 습관으로 만드는 길, 감사를 연습하는 길은 바로 감사일기를 쓰는 것입니다. 사생아이자 미혼모였던 불우한 시절을 딛고 미국은 물론 세계 최고의 방송인으로 우뚝 선 오프라 윈프리(Oprah Winfrey)는 감사 일기 쓸 것을 강조합니다.

감사는 결단으로 시작되고 굳은 의지 아래 연습과 훈련을 거듭해야 열매를 맺게 됩니다. 강한 의지 없이 감사하기란 쉽지 않습니다. 혼자서 힘들다면 온 가족이 함께 감사 일기를 쓰면 좋습니다. 가족끼리 '감사 일기 쓰기 모임'을 만들면 더욱 효과적입니다.

아이가 초등학교 고학년이 되면 자신의 생각을 정리하고 상황을 이성적으로 파악할 수 있습니다. 매일 감사 일기를 쓰다보면 긍정적인 아이로 성장하게 됩니다. 바쁜 어머니들은 감사 일기 쓰기가 어렵다면 짬짬이 종이에 현재 자신의 현실에서 감사할 내용들을 적어 내려가 보십시오. 생각 외로 감사할 내용이 많다는 것을 알게 될 것입니다. 감사는 감사를 낳는 힘이 있습니다. 생활 속에서 감사할 내용을 발견하며 진심으로 감사하다보면 감사가 습관이 됩니다.

✈ 2. 즐거움 넘치는 가정을 만들라

'감사'가 기본적으로 갖춰야 할 내면적 가치라면 보다 실제적인 삶의 방식은 '즐거움'이 되어야 합니다. 우리는 매사에 즐거워야합니다. 가정은 '즐거운 우리집'이 되어야 합니다. 감사하는 가정은 늘 즐겁습니다. 행복이 넘치는 즐거운 가정이 되기 위해서는 즐거움을 만들려는 노력이 필요합니다.

사회심리학자 에리히 프롬(Erich Fromm, 1956)은 그의 책 '사랑의 기술'에서 어머니를 약속의 땅으로 비유합니다. 하나님이 주신 약속의 땅 가나안이 젖과 꿀이 흐르는 땅이듯, 어머니는 자녀에게 젖을 주고 또 꿀을 주는 사람이라는 비유입니다.

젖이란 자녀의 생존과 성장을 위한 기본적인 돌봄을 뜻합니다. 그런데 사람은 젖만으로 살 수 없습니다. 하나님께서 이스라엘 민족에게 젖이 흐르는 땅이 아니라 '젖과 꿀이 흐르는' 가나안 땅을 주시겠다고 하실 때에는 그만한 이유가 있습니다. 꿀이란 젖만으로는 부족한 그 무언가를 채워 인생을 건강하고 행복하게 만들어줍니다. 인간에게 젖이 주는 단순한 보호를 넘어 삶에 대한 사랑, 생의 달콤함, 살아 있다는 행복감을 제공하는 것이 꿀입니다. 어머니는 그 꿀까지 줄 수 있어야 한다는 것이 에리히 프롬의 주장입니다. 그에 따르면 젖과 꿀 두 가지 모두 자녀의 전 인격에 깊은 영향을 줍니다.

꿀은 지금처럼 과자나 다양한 간식거리가 없었던 옛날에는 식사로 충족되지 못한 달콤함을 주는 강력하고도 효과적인 식품이었습니다. 어렸을 때 달콤한 행복감을 맛 본 아이들의 경험은 건강한 성장에 긍정적 영향을 미칩니다. 유대인은 자녀들이 3 살이 되면 꿀로 만든 과자에 히브리어 알파벳을 적어 혀로 핥으며 글자를 배우게 합니다. 아이들은 꿀처럼 달콤함을 느끼며 글자를 배우는 기쁨을 맛봅니다. 그리고 알파벳을 다 익히면 기도문을 외우게 하고 율법서인 토라를 배우게 합니다. 토라를 배우기 전 토라의 첫 장에 꿀 한 방울을 떨어뜨려 아이들에게 학문의 성과가 달콤하다는 것을 맛보게 합니다.

"주의 말씀의 맛이 내게 어찌 그리 단지요. 내 입의 꿀보다 더 다니이다."(시편 119:103)

위의 성경말씀처럼 유대인 아이들은 꿀 과자로 히브리 알파벳을 처음 접하고, 꿀맛을 보며 토라를 배우면서 행복한 경험을 하게 됩니다. 그 유아기의 경험이 평생 지속되어 그들은 일생동안 토라를 묵상하게 됩니다. 아이들로 하여금 성경말씀을 좋아하게 만드는 훌륭한 유대인 교육법이라고 할 수 있습니다.

그러나 대부분의 우리 어머니들은 자녀에게 젖을 공급해주는 데에 머물러 있을 뿐, 꿀도 공급해야 한다는 것을 잘 생각하지 못합니다. 어린이나 성인 중에서 젖만 얻은 사람과 젖과 꿀을 모두 얻은 사람 간에는 큰 차이가 있습니다. 젖과 꿀을 모두 얻은 사람의 인생이 더 풍요하다는 것은 두말할 필요가 없습니다. 어머니는 자녀에게 젖을 먹이는 것만큼 가정을 즐겁게 만드는 꿀의 역할에 대해 고민해야 합니다. 에리히 프롬은 "꿀을 주기 위해서는 좋은 어머니가 될 뿐만 아니라 행복한 사람이 되어야 한다"고 강조합니다. 참으로 맞는 말입니다. 이 땅의 어머니들은 가장 행복한 사람이어야 합니다. 그래야 그 행복을 자녀에게 그대로 전달할 수 있습니다. 지금 이 글을 읽는 어머니들은 곰곰이 생각해 보십시오. '나는 정말 행복한 사람인가?'

우리는 그동안 '좋은 어머니'라는 다소 막연한 이미지를 지향하는

데 머물러 있었습니다. 권위주의적인 사회, 가부장적인 아버지 밑에서 자란 우리나라 어머니들에겐 생의 행복을 음미할 겨를이 없었습니다. 그러나 이제는 어머니들이 본인은 물론 자녀들을 위해서라도 꿀의 역할에 관심을 가져야 합니다. 자녀에게 꿀을 주려면 어머니가 꿀처럼 달콤함과 행복감을 반드시 경험해야 합니다. 그런 체험이나 기억이 전혀 없는 어머니는 긴장해야 합니다. 인생 자체나 혹은 자녀 양육을 지겹게 생각하는 어머니들에게는 태도를 바꿀 긴급조치가 필요합니다.

'행복한 경험을 하지 못하고 성장한 어머니의 자녀들이 어느 날엔가는 정신병원이나 형무소를 메우게 될 것'이라고 무시무시한 경고를 한 학자도 있습니다. 어머니가 행복하지 않다면 자녀 또한 인생에서 행복감을 느끼기 어렵습니다. 행복하지 않은 부모 아래서 자라난 자녀의 면역력이 행복한 부모 밑의 자녀들보다 상대적으로 낮다는 연구 결과가 그것을 증명합니다. 미국 남가주대학교(USC) 연구팀이 3년 동안 2497명의 어린이를 추적 관찰한 결과, 흔히 대기오염 때문에 걸리는 것으로 인식되어 있는 천식이 자연 공해와 함께 부모의 스트레스라는 사회적 공해로부터도 영향 받는 것으로 나타났습니다. 부모의 스트레스는 자녀의 면역력을 심각히 떨어뜨려 자녀들이 쉽게 병에 걸리도록 만든다는 것입니다.

부모의 스트레스는 심지어 임신 전에 겪은 것일지라도 출산 후 아기에게 그대로 전달된다고 합니다. 이와 관련, 미국 미시건대학교 자섹 데비엑 교수팀은 흥미 있는 연구결과를 발표했습니다. 새끼를 배기 전에 박하 향과 전기충격을 함께 받은 어미쥐는 박하 향만 맡아도

전기충격의 공포감을 느끼도록 훈련 받았습니다. 그런데 놀랍게도 그의 새끼들은 어미와 같은 훈련을 받은 적이 전혀 없어도 공포에 반응하는 어미와 비슷한 반응을 보인다는 것입니다. 유대인 대학살에서 살아남은 생존자의 자녀들이 종종 그들이 경험하지 않은 트라우마에 시달려오곤 했는데 그 이유를 설명할 수 있는 실마리를 이 연구 결과에서 찾게 되었습니다.

자녀를 출산하기 전부터 부모가 겪은 어두운 경험과 기억이 자녀에게 전염되지 않도록 매일의 삶 속에서 받는 스트레스를 차단해야 합니다. 어머니가 행복하면 그 행복감은 자연스레 가정에 흘러갑니다. 그러면 가정은 즐거워집니다. 자녀에게 꿀이 공급되는 것입니다. 그런 가정은 뭔가 즐겁습니다. 가족 구성원들이 매일 왁자지껄 떠들며 목젖이 보이도록 크게 웃습니다. 지금 우리 가정의 분위기는 어떻습니까?

그럼 이렇게 질문할 수 있습니다. "좋습니다. 충분히 이해됩니다. 그런데 꿀을 어떻게 주지요?" 자, 그럼 즐거움을 만드는 꿀을 공급할 방법을 찾아봅시다.

첫째, 즐거움이 넘치는 가정은 매일의 일상적인 일을 즐긴다.

지혜로운 어머니는 매일 해야 하는 일상의 일에 재미를 불어넣어 즐거움을 만듭니다. 삶의 순간순간, 모든 과정을 즐깁니다.

오래 전, 학교 가는 자녀의 도시락에 매일 짤막한 편지를 넣어준

여성 소설가의 도시락 편지가 초등학교 국어 교과서에 소개되었습니다. 도시락을 열고 매일 사랑의 편지를 발견하는 아이의 행복한 모습을 상상해 보십시오. 그 짧은 편지가 날마다 그 자녀에게 즐거움과 행복을 주었을 것입니다. 요즘은 학교에서 급식을 제공하는 시대이니 도시락 편지가 원천적으로 불가능합니다. 그러나 간식거리와 함께 가방에 짧은 편지를 넣어준다거나 유치원이나 학교에서 돌아온 아이를 위해 준비된 간식 옆에 예쁜 메모를 남기는 등 다양하게 응용해 볼 수 있습니다. 방식이 문제가 아니라 준비된 마음이 관건입니다.

또한 스토리텔링 기법을 도입하여 자녀에게 자녀의 이름을 거꾸로 만들어 주인공에게 붙인 이야기를 들려주면 아이는 평범한 이야기를 즐겁게 듣습니다. 피아노를 좋아한다든지 하는 주인공의 특성이 자기와 똑같지만 자녀는 자신의 이야기인 줄 모른 채 흥미롭게 듣습니다. 그리고 이야기는 끝없이 전개될 수 있습니다. 혹시 아이가 알아차리면 배꼽을 잡고 함께 웃게 됩니다. "이거 해라, 저거 하지 말아라"라는 말을 하고 싶더라도 직접적인 잔소리보다 "오준아, 옛날에 옛날에 준오라는 아이가 살았대"로 시작하는 이야기에 담아 들려주면 재미를 곁들인 교육이 됩니다. 요즘 어느 분야에서나 각광 받고 있는 스토리텔링(storytelling) 기법을 도입하는 것입니다. 자녀를 주인공으로 등장시켜 이야기를 만드는 것은 아이의 반응을 살펴가며 말하는 어머니나 귀를 쫑긋 세워 듣는 아이 모두 즐겁게 이야기 속으로 빠져들게 할 수 있습니다.

주변 사물을 의인화하는 스토리텔링은 무궁무진하며 자녀가 어릴수록 즐겁고 흥미롭게 반응합니다. 자녀가 추운 겨울철에 털모자가 답답하다며 쓰기 싫어한다면 털모자를 만지면서 이렇게 말해 볼 수 있습니다. "모자야, 모자야. 너는 누구한테 가고 싶니? 세상에서 가장 착한 아이한테 가고 싶다고? 그런 아이가 누구지? 어어~ 이 모자가 막 움직이네? 모자가 우리 은서 머리 위로 올라가네?" 이렇게 하면서 모자를 살며시 씌우면 아이는 눈동자를 반짝거리면서 지켜볼 것입니다. "모자를 써라", "쓰기 싫다"하면서 옥신각신할 필요가 없습니다. 자녀는 모자가 자기를 세상에서 가장 착한 아이로 선택한 사실에 걸맞게 행동할 것입니다. 자부심과 함께….

아이들은 때때로 부모에게 감사의 마음을 담아 선물을 하고 싶어 합니다. 특히 어버이날이나 생일, 크리스마스 때는 가족 간에 선물을 주고받습니다. 그러나 돈이 없는 아이에게 선물마련은 고민거리가 되기도 합니다. 그럴 때 아이들은 '선물 쿠폰 북'을 만들어 선물하는 기발한 생각을 떠올립니다. 어깨 마사지를 받을 수 있는 쿠폰, 다리 마사지 쿠폰…. 자신이 그림을 그리고 글씨를 써서 오리고 붙인 쿠폰 북을 선물한 자녀가 스스로 즐겁게 자원 봉사할 때, 고사리 손으로 조몰락거리며 어깨를 마사지해 줄 때, 부모는 어떤 것에도 비교할 수 없는 행복을 맛봅니다.

둘째, 즐거운 가정에는 흥겨운 게임이 있다.

요즘은 가족이 한 자리에 모이기가 쉽지 않습니다. 모두 귀가했다 해도 각자 자기 방에서 TV를 시청하거나 컴퓨터 게임이나 스마트 폰에 몰두하는 게 흔히 보는 풍경입니다. 한 집에 살아도 한 가족임을 느낄 수가 없습니다.

　가족끼리 게임을 함께 하면 즐거움 지수가 빠르게 올라갑니다. 게임이라고 해서 거창하지 않아도 됩니다. 가위, 바위, 보를 가르쳐 주고 어떤 일의 순서를 정하거나 내기를 할 때 그것을 해보면 아이들은 즐겁게, 때로는 아주 심각하게 가위, 바위, 보에 열중합니다. 마치 "까꿍" 놀이에 그렇게 즐거워했던 아가 때처럼 말입니다. 이동하는 자동차 안에서는 끝말잇기를 하면 좋습니다. 끝말잇기는 자녀의 언어감각을 자극할 수 있어서 유익할 뿐 아니라 나이에 상관없이 가족 모두가 참여할 수 있다는 장점이 있습니다. 집중력이 필요한 '쌀, 보리 게임'도 가족을 순식간에 하나로 만들어줍니다. 별다른 규칙도 없고 도구가 필요하지도 않아 손쉬운 쌀, 보리 게임 앞에서 웃음을 참을 수 있는 사람은 별로 없을 것입니다. 윷놀이나 공기놀이 같은 우리 전통놀이 역시 설날, 추석 같은 특별한 절기를 포함해 언제든 즐길 수 있습니다. 올해 인공지능 알파고와 이세돌 9단 간의 세기의 대국을 통해 바둑에 대한 관심이 고조되었습니다. 가정에서 아버지가 아이들에게 장기나 바둑을 가르치는 모습이 이제는 많이 생소해졌습니다. 바둑은 장시간 숙고하며 둬야 하기 때문에 즐거움 뿐 아니라 집중력과 인지 발달에 큰 도움이 됩니다.

　이렇듯 별로 어렵지 않은 게임을 하면서 왁자지껄 웃고 떠들 때의 즐거움은 생각 외로 커서 힘든 일, 지친 일이 잠시나마 모두 날아갑니다. 아이들이 어릴 때에는 눈, 비가 오거나 바람이 불 때 밖에서 놀기가 쉽지 않습니다. 짜증내고 심심해하는 아이들과 함께 집안에서 즐거운 가족 시간을 가져보십시오. 부모는 아이들에게 어린이집이나 유치원에서 배운 노래들을 해보도록 합니다. 처음에는 쭈뼛쭈뼛하다가도 아이들은 신이 나서 서로 노래를 부릅니다. 우리 아이들이 아주 어릴 때 나는 "곰 세 마리가 한 집에 살아, 엄마 곰, 아빠 곰, 아가 곰…" 노래를 아이들에게 손동작과 함께 가르쳐 주었습니다. 아마 여러분도 잘 아는 노래일 것입니다. 우리 아이들은 동물들을 좋아했습니다. 우리 가족은 곰 가족이 되어 신나게 곰 세 마리를 다 같이 불렀습니다. 이제는 지난 추억들이지만 그때를 생각하면 빙그레 미소 짓게 됩니다. 아이들 수준에 맞춰 게임을 하며 즐거운 시간을 가지면 가정 분위기가 화기애애해지고 자녀들은 행복을 느낍니다.

우리 아이들은 보드게임, 퍼즐 맞추기, 우노게임, 카드놀이를 좋아했습니다. 우리 가정에는 부모와 자녀가 함께 각종 게임을 했던 추억들이 남아 있습니다. 생각해보니 그런 사소한 듯 보이는 놀이들이 어떤 커다란 행사보다 더 마음에 남는 것 같습니다. 아이들이 성장하면 한 달에 한 번이라도 정기적인 가족 모임을 갖는 것이 바람직합니다. 가족 모임에서는 게임을 할 뿐 아니라 중요한 문제들을 서로 나눌 수 있습니다. 또한 가족 간에 공평하게 가정 일을 분담하고 공휴일이나 방학 중에 가고 싶은 곳들을 의논합니다. 이런 대화를 통해 갈등을 해소하며 발전적이고 즐거운 미래를 함께 꿈꿀 수 있습니다.

셋째, 집안일은 충분히 놀이가 될 수 있다.

시간이 많은 아이들은 조금도 가만히 있지 못하고 심심해하며 재미있는 일을 찾거나 엉뚱한 일을 저지릅니다. 그러나 다행인 점은 어릴수록 집안일을 포함한 모든 일을 놀이로 받아들인다는 사실입니다. 상대적으로 쉬운 집안일부터 참여시키면 어머니와 함께 뭔가를 한다는 것만으로도 즐거워합니다. 게다가 눈에 보이는 효과를 경험하게 되면 성취감을 느껴 더 흥미로워합니다.

아이가 어릴 때는 집안일을 하는 엄마를 가만 놔두지 않습니다. 마냥 놀고 싶은 아이는 일하느라 바쁜 엄마에게 매달리면서 칭얼거립니다. 일거리가 많고 바쁜 엄마들은 아이와 옥신각신하기 쉬운데 이럴 때일수록 오히려 아이에게 일거리를 나누어 주는 것이 좋습니다. 설거지 하는 동안 아이에게 깨지지 않는 그릇들을 줘 보십시오. 아이는 프라이팬이나 냄비, 작은 그릇들을 두드리고 쌓기도 하며 즐겁게 놀면서 자연스럽게 감각 운동을 경험합니다. 그릇을 가지고 노는 것에 더 이상 흥미를 보이지 않으면 설거지한 그릇을 건조대에 옮겨 놓게 합니다. 물론 가볍고 깨지지 않는 그릇들을 골라서 아이에게 줍니다. 엄마와 아이는 팀이 되어 설거지를 마치고 아이가 좋아하는 놀이를 함께 할 수 있습니다.

엄마가 빨래를 정리할 때에 놀자고 떼를 쓰는 아이에게 오히려 엄마를 도와달라고 부탁합니다. 빨래 바구니에서 양말, 속옷, 바지 등을 꺼내 열심히 엄마에게 갖다 주면서 아이는 즐거움과 가족으로서의 소속감을 느낄 뿐 아니라 엄마를 돕는다는 뿌듯한 마음을 갖습니다. 엄마를 돕는 중에 아이는 자연스럽게 사물을 분류하는 것을 배우지요. 조금 더 자라면 정말로 빨래를 엄마처럼 갤 수 있는 능력이 생겨 엄마에게 작은 도움이 될 수 있습니다. 아이와 함께 사소한 집안일을 하다보면 아이는 엄마의 배려 속에서 일상의 즐거움을 찾고 엄마도 아이와 즐겁고 애정 어린 대화를 하게 됩니다.

집안일은 자녀가 흥미를 보이는 것부터 시작합니다. 어머니와 재잘재잘 이야기를 나누면서 집안일을 하는 과정 자체가 즐거움입니다. 집안일 돕기를 마친 후에는 어머니로부터 칭찬을 듣는 자녀의 얼굴에 뿌듯함이 번질 것입니다. 이를 바라보면서 어머니 또한 잔잔한 행복을 느끼게 됩니다. 식탁에 수저 내놓기, 배달된 신문이나 우유를 집안으로 들여오기, 다 마른 빨래 개기, 개어놓은 빨래를 서랍에 넣기, 화분에 물주기 등 각 연령대별로 할 수 있는 일은 생각보다 다양합니다.

즐거움이 넘치는 가정은 재정 형편에 좌우되지 않습니다. 또한 거창한 활동을 해야 하는 것도 아닙니다. 아버지나 어머니, 두 사람 중 누가 바쁘거나 한쪽이 없어서 함께 하지 못해도 얼마든지 가능합니다. 부모와 자녀가 눈높이를 맞춰 친구가 되는 그 시간, 거기에서 즐거움이 솟아납니다. 또한 그 즐거움은 반드시 이어집니다. 부모와 자녀가 함께 한 시간과 기억, 그 기억이 주는 기쁨 등이 자녀를 건강하게 성장시킬 것입니다. 그런 과정에서 자녀는 자신이 사랑받고 있다는 사실을 느낍니다. 또한 그것이 차곡차곡 쌓이면서 적극적이고 긍정적인 존재로 성장해 갑니다. 가정에서 작고 평범한 일상의 즐거움을 경험하면서 부모들도 삶에서 부딪치는 크고 작은 아픔과 어려움을 넘어설 수 있는 힘을 얻습니다.

✄ 3. 즐거운 선물인 토요일과 공휴일을 누리라

즐거운 가정을 만드는 데에 해외여행이나 스키여행 같은 값비싼 비용을 들이는 이벤트를 해야 할 필요는 없습니다. 근사한 장소로 데려가고 산해진미를 먹여야만 자녀들이 즐거워하는 것은 아닙니다. 늘 즐거움을 찾아내고 즐기는 가정에서 자란 자녀는 사소한 즐거움을 누릴 줄 압니다. 일상의 소소한 것에서도 즐거움을 찾게 됩니다. 즐거움을 찾는 그 자체가 아주 중요한 능력입니다. 아이들은 부모가 만들어놓은 기준과 환경, 부모가 제한해 놓은 틀 안에서 반응하고 움직이기 쉽습니다. 그러므로 부모 스스로 즐거움에 대한 고정관념, 선입견을 바꿀 필요가 있습니다.

주5일 근무제 시행으로 휴일이 된 토요일, 또 특별 보너스와도 같은 공휴일을 활용하는 여부는 즐거운 가정을 가꾸는 중요한 요소입니다. 아이들은 부모님이 직장에 가지 않는 날을 손꼽아 기다립니다. 그날만은 부모님이 자신에게 집중해 특별한 뭔가를 함께 해주길 기대합니다. 하지만 부모, 특히 한 주간 동안 직장생활에 시달린 바쁜 엄마라면 편안히 쉬면서 밀린 집안일을 다 처리해야 한다는 조바심이 날 수도 있습니다. 아버지는 어쩌면 잠만 자거나, 누운 채로 TV 리모컨만 누르고 있을지도 모르겠습니다.

'어제는 역사이고(Yesterday is history) 내일은 신비며(Tomorrow is

mystery) 오늘은 선물이다(Today is present)'는 말처럼 '오늘'은 하나님께서 우리에게 주신 선물입니다. 그 선물은 너무나 귀해 유효기간이 있습니다. '오늘'은 말 그대로 오늘이 지나면 다시는 오지 않습니다. 지나치면 되돌아갈 수 없습니다. 금고나 창고에 보관했다가 나중에 찾아 쓸 수도 없습니다.

자녀의 '오늘'도 유효기간이 오늘 뿐입니다. 오늘이 지나면 자녀에게 더 이상 '오늘'은 없습니다. 하루가 다르게 부쩍부쩍 자라는 아이들은 오늘 다르고 내일 다르게 성장하고 있습니다. 따라서 지나간 '오늘'에 아이가 했던 말, 보여준 행동 등을 다시는 듣거나 볼 수 없습니다. 그때서야 그것이 얼마나 소중했었는지 절감하게 됩니다. 꼭 오늘, 아이가 '그것'을 봐야 하고 '그것'을 느껴야 하는 경우도 있습니다. 그러므로 오늘 할 수 있는 것은 오늘 해야 하고, 오늘의 자녀가 누릴 수 있는 것과 느낄 수 있는 것은 오늘 누리고 오늘 느껴야 합니다. 그래서 모든 '오늘'은 소중합니다. 특히 아이들의 '오늘'은 더욱 특별합니다.

카르페 디엠(Carpe Diem, '현재를 잡아라'는 뜻의 라틴어)의 정신은 누구보다도 자녀를 양육하는 부모에게 절실합니다. 결코 오늘(현재)을 놓쳐선 안됩니다. 아이들은 기다려 주지 않기 때문입니다. 자녀에게 늘 "다음에, 다음에 하자"라고 말하는 부모들이 있습니다. 그런 분들께는 유대인의 지혜서인 '피르케이 아보트'에 나와 있는 대로 묻고 싶습니다. "만약 지금이 아니라면, 언제?(And if not now, when?)"

그러므로 오늘이 토요일이라면? 당연히 아이의 기대에 맞춰주어야 합니다. 오늘 아이가 보고 느껴야 할 것을 오늘 바로 보고 느끼도록 해줘야 합니다. 오늘에만 허락된 기회이기 때문입니다. 토요일 오전은 평소보다 조금 여유 있게 지낸 뒤 점심 식사 후 간단한 간식거리와 음료수를 준비해 외출할 수 있습니다. 행선지는 너무 먼 곳보다는 집에서 30분~1시간 거리 내에 있는 곳으로 다녀오는 것이 바람직합니다. 우리나라에 지방자치제가 도입된 후 전국 어느 지역이든 볼거리, 먹거리, 놀거리가 다양하게 정비되어 있습니다. 그래서 크게 고민하지 않아도 가까운 거리에서 원하는 곳을 찾을 수 있습니다. 특별히 역사 유산, 문화의 현장, 산이나 강 같은 자연의 품을 찾는 것이 바람직합니다. 그리고 부모나 자녀 모두 너무 피곤하지 않도록 저녁 식사 시간 전에는 집으로 돌아오면 좋습니다.

공휴일에는 아이의 기대가 더 커집니다. 자녀가 초등학생만 되어도 공휴일에는 가족보다 친구들과 지내려 합니다. 어릴 때부터 공휴일은 꼭 가족과 함께 특별한 시간을 보내는 것으로 원칙을 세우고 훈련하는 것이 중요합니다. 효과적으로 공휴일을 보내는 방법을 살펴봅시다.

첫째, 미리미리 계획을 세워야 한다.

부모가 충분히 여유 있게 구체적으로 공휴일 계획을 세운 후 자녀에게 알려줘야 합니다. 또한 자녀와 함께 계획을 세워 모두 동의하는 일정이 정해지면 평소 부모와 함께 충분한 시간을 보내지 못했던 아이는 공휴일이 오기까지 기대하며 기다리면서 더 큰 행복을 누릴 수 있습니다. 기다림의 즐거움이랄까요. 뭔가 좋은 일이 일어날 것 같다는 기대감을 가지면 뇌는 신경전달 물질인 도파민을 방출, 사람들로 하여금 행복한 기분에 빠져들게 합니다.

둘째, 가족 중 어느 한 명이 불가피하게 빠지게 되더라도 남은 가족은 공휴일 나들이를 포기하지 않아야 한다.

부모 중 한 사람이 바빠 동행하지 못한다거나 자녀 중 누군가가 빠지게 된다고 해서 가족 나들이 자체를 포기해선 안됩니다. 물론 미리 일정을 조정해 동참하도록 권유해야 하지만 불가피하게 참석할 수 없다면 과감히 다른 가족들과 떠나도록 하십시오. 아이들이 성장해 학년이 올라가다 보면 공부와 숙제 등 다양한 이유로 가족 나들이에 가지 못할 경우가 많아집니다. 그래도 포기하지 않고 "현기야, 미안해. 우리만 놀러 가서…. 일찍 올게"라고 말하며 나들이를 진행해야 합니다. 그러면 아이는 숙제를 미리 하거나 저녁에 돌아와서 나머지를 하도록 스스로 계획을 조정해서라도 가족나들이에 함께 하려 할 것입니다.

셋째, 연휴가 아니라면 먼 곳으로 가지 않아야 한다.

공휴일에는 어디를 가나 인파로 북적입니다. 사람들이 너무 많이 모여 있는 곳을 다녀오는 것은 쉼이 아니라 오히려 스트레스가 될 수 있습니다. 토요일 오후의 연장선상에서 거주지 주변 30분~1시간 거리 내로 다녀오는 것이 좋습니다.

넷째, 토요일과 달리 공휴일 오전은 집에서 보내고 김밥과 같이 간단한 점심을 준비, 11시 즈음에 출발해 저녁 전에 돌아오는 것이 좋다.

토요일에는 점심식사를 한 후 출발하고, 공휴일에는 점심식사를 준비해서 출발해야 시간과 비용을 효율적으로 사용할 수 있습니다.

이렇게 어린 시절부터 부모와 함께 다녀본 자녀는 친구들과 어울리기 좋아할 청소년기가 되어도 가족과 함께 하는 시간의 가치를 마음속에 새겨둡니다. 성인으로 성장해도, 멀리 떨어져 살게 되어도, 가족과의 끈끈한 정을 놓지 않습니다.

우리 집 아이들은 평소엔 친구들과 생활하더라도 공휴일만큼은 꼭 가족과 특별한 시간을 갖는 것을 당연한 일로 여기며 자랐기 때문에 성인이 된 지금도 가족과 함께하는 시간을 소중히 여깁니다. '어떤 경우에도 자녀와 함께 하고야 말겠다'는 엄마의 끈질긴 마음이 아이들 가슴에 새겨진 것 같습니다. 사실 나는 세 아이를 키우면서 "공부하라"고 재촉한 적은 거의 없었습니다. 그러나 "놀러가자"는 말은 정말 많이 했습니다. 토요일, 공휴일, 연휴 때마다 온 가족과 놀 생각을 가장 많이 하는 사람이 바로 나였습니다. 워낙 긴장과 책임을 요구하는 직장생활을 하다 보니 늘 아이들과 놀고 싶었는지 모릅니다. 그래서 공휴일이 다가오면 나름대로 계획을 세운 후 아이들의 의견을 들었습니다. 남편은 감사하게도 내가 계획한 가족 놀이에 언제나 참여해 주었습니다.

큰 아들은 미국에서 공부를 마친 후 한국의 직장에 잠시 취업했습니다. 그러다 창업을 하고 싶어 다시 미국으로 떠났습니다. 출국 직전에 우리 부부와 큰 아들은 함께 임진각 평화공원에 갔습니다. 그곳에선 많은 사람들이 연을 날리고 있었습니다. 한 번도 연을 날려본 경험이 없는 내가 "연을 날리고 싶다"고 말하자 아들은 일회용 연을 구입해 연을 날릴 수 있는 조금 높은 언덕으로 우리 부부를 데리고 갔습니다. 아들은 돗자리를 깔아 우리를 앉게 하더니 서서히 얼레 줄을 풀어 연을 날렸습니다. 바람이 알맞게 불어 연이 높이 올라가자 아들은 얼레 줄을 내게 건네주었습니다. 생전 처음 얼레 줄을 받아든 나는 손에 쥔 줄을 따라 하늘 높이 올라가는 연을 바라보다가 아예 돗자리에 누웠습니다. 드러누워 드넓은 하늘과 연을 바라보다보니 직장생활의 긴장은 사라지고 행복감이 물밀 듯 밀려왔습니다. 내 생일에 미국으로 떠난 아들이 동영상을 보내왔습니다. 연을 날리는 내 모습을 어느 틈에 휴대전화로 촬영해 다른 사진들과 편집한 영상이었습니다. 타국에서 창업을 준비하느라 바쁜 중에도 동영상으로 엄마를 감동시켰습니다. 무한 경쟁 세상에 던져진 아들이 경쟁적 삶에 눌리거나 치이지 않고 일상을 즐길 줄 아는 사람으로 살아가는 것이 참 감사했습니다.

4. 가족이 함께 식사하라

"네 집 안방에 있는 네 아내는 결실한 포도나무 같으며 네 식탁에 둘러앉은 자식들은 어린 감람나무 같으리로다 여호와를 경외하는 자는 이같이 복을 얻으리로다"(시편 128: 3~4)

성경 속 시인이 노래한 행복한 가정의 모습은 식탁 앞에 옹기종기 둘러앉은 자녀와 아내에게서 발견됩니다. 한 식탁에서 같은 음식을 나누며 함께 즐거워하는 사람들이 가족입니다. 그래서 가족을 식구(食口)라고 하지요. 식구는 '같은 집에서 살며 끼니를 함께 하는 사람'이라는 사전적 의미를 갖고 있습니다. 가족을 정의하기에 가장 유효적절한 단어입니다. 가족이 되기에 꼭 필요한 조건은 식구가 되는 것입니다.

같은 식탁에서의 식사가 가족에게 이처럼 중요한 의미를 가짐에도 불구하고 이제는 가족 모두가 함께 식사하기란 쉽지 않은 시대가 되었습니다. 자녀들은 학원 가느라, 부모는 각자 다른 출퇴근 시간으로 인해 식사 시간이 제각각 다릅니다. 하루에 세 차례 찾아오는 식사 시간에 가족이 다 같이 모이기가 어려운 것이 현실입니다. 설령 모두 식탁에 둘러앉는다 해도 아버지, 어머니, 자녀가 제각각 자기 스마트 폰에 정신이 팔려 대화 없는 식사시간이 되기도 합니다. 집안에서 가장 어른이 식탁에 앉으시기까지 기다렸다가 그분이 숟가락을 드신 다음에야 다른 가족들이 숟가락을 들고 식사를 시작했던 예전의 식탁 풍경과는 많이 달라졌습니다. 과거엔 온 가족이 식사를 함께 하는 가운데 기본적인 예절교육이 이뤄졌습니다. 그러나 이젠 편식을 고치며 맛있는 음식을 혼자 먹으려 욕심내지 않는 참을성과 양보를 배우는 가운데 가족 간의 소통이 이뤄지던 밥상머리교육을 더이상 기대하기 힘든 시대가 되었습니다.

교육적 차원 뿐 아니라 즐거움이란 측면에서도 가족이 함께 식사한다는 것은 매우 중요합니다. 그 귀한 시간을 결코 소홀할 수 없습니다. 정해진 매 식사 시간마다 온 가족이 모인다면 가장 이상적이겠지만 그럴 여건이 되지 않는다면 매일 아침이나 저녁, 그도 아니면 주일 아침만은 꼭 모두 함께 식사한다는 약속을 정하고 지키려는 노력이 중요합니다. 우리 가족에게는 함께 모이는 식사 날, 진정한 식구가 되는 날이 주일 아침과 저녁이었습니다.

온 가족이 모여 함께 식사하는 주일 아침 식사는 일주일 동안 섭취하지 않은 음식 중 가족이 좋아할 음식을 선택합니다. 남편의 도움을 받아 신속하게 아침을 준비하는 동안 아이들은 하나, 둘 잠에서 깨어납니다. 부모님이 함께 아침 식사를 마련하는 기분 좋은 주일 아침, 아이들은 부랴부랴 샤워를 하고 식탁에 둘러앉습니다.

찬송가 한 장을 함께 부르고 아버지가 간단히 성경 말씀을 전합니다. 셋째 아이, 둘째 아이, 첫째 아이, 나, 그리고 마지막으로 남편이 마무리 기도를 간단히 드립니다. 우리 집 그릇 중 가장 좋은 그릇에 음식을 담고 멋진 유리컵에 음료수를 따릅니다. 주일 아침 식사를 '함께' 한 이후에 '함께' 교회에 가고 돌아오는 길에 '함께' 장을 봅니다. 전 이 '함께'란 말이 너무 좋습니다. 다음 한 주일의 메뉴는 주일 오후 아이들과 장을 보면서 거의 결정이 됩니다. 아이들이 각자 먹고 싶은 것을 고르는 동안 나는 다음 한 주일간 가족 모두의 건강을 지켜줄 식재료들을 쇼핑카트에 조용히 담습니다.

주일의 저녁 식사는 직장생활을 하는 엄마가 새로운 한 주일을 시작할 여유를 갖기 위해 밖에서 하는 것으로 정해두었습니다. 저녁의 외식 메뉴는 가족들의 의견을 따라 정하는데 그날 꼭 특별하게 먹고 싶은 것이 있는 가족의 의견을 따릅니다. 그런데 대개 아이들이 먹고 싶은 것이 서로 달라 의견을 조율하는 것이 쉽지 않습니다. 아이들 의견이 통일되지 않으면 내 의견을 묻습니다. 그래도 정하기 어려우면 아빠 의견을 묻습니다. 이렇게 어렵게 의견이 모아지면 우리는 외식의 별미를 음미하며 주일 저녁을 마무리합니다. 일주일 내내 집에서 식사하면서 무엇인가 특별한 것이 필요했던 우리 모두에게 주일 저녁 외식은 청량음료와도 같이 신선합니다. 특별한 음식을 고르지만 가족 모두가 적정한 가격을 고려해 선택하기 때문에 비용상 큰 문제는 없습니다.

주일 아침부터 저녁까지 온 가족이 함께 하는 즐거움을 지키기 위해서 나는 아이들에게 "주일엔 대통령이 불러도 엄마는 나가지 않을 거야"라고 선포합니다. 사랑하는 자녀들과 지내는 주일의 안식과 즐거움을 엄마가 얼마나 소중히 여기는지 아이들도 느낄 수 있도록 솔직하게 이야기해 줍니다.

랍비 아브라함 헤셸은 "안식일은 생명을 위해 있는 날"이라면서 "안식일은 삶의 막간이 아니라 삶의 절정이다"라고 말했습니다. 그 말처럼 난 주일의 안식을 소중히 여겼습니다. 삶의 막간이 아닌, 절정으로 주일을 가족과 함께 잠잠히, 그러나 즐겁게 보냈습니다.

가족이 식사를 함께하지 못하는 현실이 안타까워서 나는 고양외국어고등학교의 초대 교장으로 학교 정책을 수립할 때 수요일은 모든 학생들이 일찍 귀가해 부모님과 저녁 식사를 함께하는 패밀리 나이트(Family Night · 가족의 밤)로 정했습니다. 지금도 고양외고 1, 2학년 학생들은 수요일엔 자율학습 없이 일찍 귀가하고 있습니다. 요즘은 공공기관과 민간기업에서도 매주 수요일을 '가족 사랑의 날'로 정하는 경우가 많습니다. 그 날엔 모든 사람들이 야근 없이 일찍 귀가하여, 가족들과 저녁이 있는 삶을 나누도록 배려하고 있습니다. 가족이 함께 하는 식사 시간을 잃어버린 후 우리 가정과 사회에 얼마나 많은 것들이 사라졌는지 돌아보아야 합니다. 부모의 직장은 물론, 학교와 학원 등에서 저녁에 가족 모두가 식사를 함께 하도록 이끄는 정책적 배려가 있어야 합니다.

하루 일과를 마치고 모이는 저녁 식사 시간은 주부가 주도권을 갖고 가족의 마음을 사로잡을 수 있는 기회입니다. 현명한 어머니는 식사 메뉴에 신경을 써 자녀를 비롯한 가족들이 좋아할 음식을 만듭니다. 식사 메뉴를 정할 때 영양과 가족의 기호를 고려합니다. 온 가족이 공통적으로 좋아하는 종류의 음식도 있지만 그렇지 않은 경우도 많습니다. 아이들이 좋아하는 음식과 싫어하는 음식을 평소에 파악해 둡니다. 누가 특별히 좋아하는 음식이지만 그날 그 아이가 집에서 식사를 못할 사정이 생기면 곧 다른 메뉴로 바꿉니다. 융통성 있게 식단을 운영합니다.

그러고 보면 저녁 식사를 준비하는 주부는 비록 피곤하고 힘이 들지만 가족의 마음을 사로잡을 수 있는 마법사와도 같습니다. 아이들은 오감이 잘 발달되어 있기에 맛있는 음식 냄새가 풍겨오면 마음이 이완되며 스트레스가 풀립니다. 맛있는 음식을 먹으면 긴장이 풀어지고 마음에 여유가 생겨서 마음을 열어놓고 부모에게 이런저런 이야기를 들려줍니다. 저녁식사 시간은 자녀들의 하루 일과를 엿들을 수 있는 소중한 자리가 되는 것입니다. 그러나 성의 없는 밥상 앞에서는 피곤이 더해지고 짜증이 나서 괜한 트집을 서로 잡을 수 있습니다.

식사 자리에서 꼭 잊지 말아야 할 일은 하나님을 초대하는 것입니다. 감사 기도를 통해 일용할 양식을 공급하시는 하나님의 은혜를 기억합니다. 집이나 외부 식당 어디에서 식사를 하든, 식사 전에 가족 중 누군가가 대표로 기도하여 하나님께 감사하며 서로를 축복합니다. 어릴 때부터 소리 내어 식사 기도를 하는 가운데 자녀들의 기도 내용이 점점 깊어지고 다양해지는 것을 체험하게 됩니다. 기도를 가장 효과적으로 배우는 곳이 바로 식탁입니다. 유대인들은 식탁을 먹고 마시는 기쁨의 장소일 뿐만 아니라 안식의 장소, 하나님의 말씀을 전하는 장소, 조상의 전통을 후세에 전하는 장소, 가정의 화목을 이루는 천국의 모형, 그리고 하나님께서 부어주시는 복을 받는 장소로 여깁니다.

감사 기도로 시작한 식사와 뒤이어지는 대화는 부모와 자녀 모두에게 깊은 행복을 느끼게 합니다. 그 행복으로 인해 더욱 더 깊은 감사가 나옵니다. TV나 스마트 폰과 더불어 식사할 때와는 비교할 수 없는 충만한 기쁨의 분위기가 부모와 자녀를 감쌉니다. 식탁공동체를 이루며 가족 모두의 영과 혼, 육이 풍성하게 되는 것은 참으로 멋진 일입니다.

[즐거운 식사 시간의 계획]

식사 시간이 진정한 소통의 시간이 되려면,

첫째, 식사 준비단계에서부터 시작되어야 한다. 장을 보고 메뉴를 정할 때 서로의 주장을 조율하는 과정에서부터 누군가의 의견이 무시된다면 불만이 생겨 즐겁게 식사하는 데에 방해가 된다. 또 아무리 좋아하는 음식이라도 혼자 독점하지 않고 골고루 나눠먹는 배려와 양보가 실천되는 식탁이라야 마음이 열려 즐거운 대화가 가능해진다.

둘째, 준비단계를 거쳐 식탁 앞에 앉을 때에는 환경부터 정리한다. TV를 끄고 스마트 폰은 멀리 떼어둔다. 장난감도 식탁에 갖고 오지 않는다. 식사와 대화에 집중할 수 있는 환경을 조성한다.

셋째, 식사의 속도는 대화를 할 수 있도록 여유를 갖고 천천히 한다. 식사가 생존을 위해 '허겁지겁 먹어치우는' 행위에 그치지 않게 한다. 부모가 아이에게 빨리 먹으라며 다그치거나 재촉하는 것도 삼간다.

넷째, 식사 중의 대화에서 숙제나 공부, 학업 등 자녀가 부담을 느낄 만한 주제는 화제에 올리지 않는다. 하루 일과에 대해 이야기를 나누되, 자녀가 어떤 말을 하든 자녀의 말을 중간에 끊지 않고 끝까지 귀 기울여 경청한다. 부정적인 반응은 절대 금물이다. 긍정적인 말과 태도로 반응해 준다.

✈ 5. 보금자리는 직장 가까이에 정하라

맹모삼천지교(孟母三遷之敎)라는 유명한 말이 있습니다. 맹자 어머니가 어린 아들의 교육을 위해 세 번이나 이사한 끝에 마침내 서당 가까이에 집을 마련하자 자녀가 서당에서 들려오는 글 읽는 소리를 따라 글을 읽기 시작했다는 것입니다.

일하는 어머니의 효과적인 자녀 양육을 위해선 그 어느 것보다도 어머니 직장 가까이에 거주하는 것이 중요합니다. 나는 우리 학교에 새로 교사를 청빙하는 면접 때에는 꼭 학교 가까이로 이사할 것을 권유합니다. 직장에 충실하면서 자녀 양육도 잘 해낸다는 것이 얼마나 어려운지를 잘 알기에 남녀 교사 모두에게 학교 근처에 거주할 것을 당부합니다.

세 아이를 기른 나는 바쁜 엄마 중에서도 바쁜 엄마였습니다. 그리고 바쁜 교장 중에서도 바쁜 교장이었습니다. 미국에서 돌아와 처음 재직한 학교는 중학교와 고등학교를 함께 책임져야 했던 병설 중·고등학교였습니다. 그 다음 해에는 우리 학교법인이 위탁받은 원당 사회복지관의 초대 관장도 역임했습니다. 중학교, 고등학교 병설 교장으로 바쁘게 몇 년을 지낸 후 2002년에 고등학교가 고양외국어고등학교로 전환돼 더욱 바쁘게 생활할 수 밖에 없었습니다. 입시철이 되면 초등학교에서 중학교로 배정 받는 학생들의 수용 계획, 중학교에서 고등학교로 진학하는 학생들의 진학 지도, 그리고 고등학교에서 대학으로 진학하는 학생들의 입시 지도와 진로 지도 등으로 내 마음과 생각이 꽉 차게 됩니다. 복지관 관장으로 6년간 봉사하면서는 지역의 일도 돌봐야 했습니다.

그렇게 18년이 흐르는 동안 미국에서 돌아올 때 초등학교 4학년, 2학년, 두 살배기였던 아이들이 무럭무럭 자라 대학 진학을 위해 다시 미국으로 돌아가고 작년에는 막내 아이까지 떠나게 되었습니다. 바쁜 엄마와 함께 살아 준 아이들, 아이들과 아내 곁에서 인내하며 도와준 남편이 참으로 감사합니다. 누구보다 바쁜 내가 셋이나 되는 아이들을 양육할 수 있었던 것은 우리 가족이 학교 내의 교장 사택에서 살았기 때문입니다.

신도시로 개발된 일산이 속해 있는 경기도 고양시는 인구 100만 명이 넘는 발전하는 도시입니다. 그런데 내가 사는 지역은 같은 고양시라도 옛 고양군 시절에 벽제읍이 있던 곳으로 도시라고 하기엔 생활기반 시설이 낙후되었고 산과 하천, 들이 있는 도농복합지역입니다. 사소한 물건 하나 사려 해도 자동차로 동네까지 가야 했기에 우리 가족은 주일 예배 후에 마트에 가서 일주일간 먹을 음식을 한꺼번에 구입하여 냉장고에 넣어둬야 했습니다. 아이들은 방음벽에 둘러싸여 있는 학교 내에서 중·고등학생들을 바라보면서 유년기와 청소년기를 보냈습니다. 아이들은 자라는 동안 "벽제 지역에 문화시설이나 편의시설이 너무 없다"고 투덜대기도 했습니다. 그러나 조금 불편은 했지만 유익이 훨씬 많았습니다. 학교 뒷산에서 뿜어내는 맑은 공기와 학교 앞을 흐르는 공릉천, 그리고 학교 정원의 나무숲을 이리저리 날아다니는 새들의 노랫소리는 나에게 큰 안식이 되었습니다. 물론 아이들의 정서에도 좋은 영향을 주었다고 믿습니다.

무엇보다도 늘 일에 쫓기며 바빴던 나의 출퇴근 시간이 절약되어 아이들과 조금이라도 더 함께 할 시간을 가진 것은 큰 행운이었습니다. 일산 신도시 중심가에서 살면 호수 공원에다 먹을거리와 문화시설이 많아 편리했겠지요. 그러나 난 아이들과 함께 있는 시간을 조금이라도 더 확보해주는 학교 안 사택에서의 생활을 포기할 수 없었습니다.

다른 여교사들의 생활도 나와 그다지 다르지 않았을 것입니다. 교과와 생활 지도, 상담 등 산더미같이 쌓여있는 각종 업무를 처리하다 보면 하루가 쏜살같이 지나가고 녹초가 되어 집으로 돌아가면 자녀들을 위해 다시 가정 일을 시작해야 합니다. 눈코 뜰 새 없이 바쁜 하루를 보내야 했을 것입니다. 교사뿐이겠습니까? 가정 일과 직장 일을 병행해야 하는 모든 기혼 직장 여성들은 하루를 숨 가쁘게 살아갑니다. 어디 직장 여성들뿐이겠습니까? 직장생활을 하지 않더라도 집안일과 아이 양육을 책임진 모든 여성들은 항상 바쁘게 살아가야만 합니다.

통계청이 발표한 '2015년 일·가정양립지표'에 따르면 우리나라 전체 기혼 여성의 가사 노동시간은 하루 평균 4시간 19분입니다. 그에 비해 전체 기혼 남성의 평균 가사 노동시간은 50분에 불과합니다. 맞벌이 부부의 경우만 따로 놓고 봐도 남성은 40분이지만 여성은 3시간 14분을 가사노동에 할애하고 있습니다. 남녀 간에 압도적인 차이가 납니다. 남편만 일하는 외벌이 가정의 경우엔 남성 47분, 여성 6시간 16분입니다. 외벌이든 맞벌이든 집안일과 육아의 책임은 여전히 어머니 몫으로 남아있는 실정입니다. 가사를 공평하게 분담해야 한다고 생각하는 비율은 47.5%로 계속 증가하는 추세지만 실제로

가사를 공평하게 나누고 있는 남편은 16.4%에 불과했습니다.

우리나라 직장인들은 하루 평균 58분을 통근에 소요하고 있습니다. 정해진 시간에 직장에 출근하기 위해선 아침에는 1시간 일찍 집에서 나와야 합니다. 마찬가지로 저녁에는 1시간 늦게 집에 도착하게 됩니다. 이런 출퇴근 환경에서 "더 자고 싶다"고 칭얼대는 아이를 깨워 어린이집에 데려다 준 다음 출근하느라 일반 직장인보다 더 일찍부터 서둘러야 하는 기혼 직장 여성의 아침 시간은 그야말로 전쟁터요, 저녁 시간은 안식 없는 제2의 일터로의 출근인 것입니다.

그러한 생활양식은 단순히 물리적인 시간의 문제에 그치는 것이 아니라 육체적 피로와 정신적 스트레스, 감정적 소모를 불러 일으켜 삶의 행복도를 심각히 떨어뜨립니다. 누구나 하루 24시간을 잘 사용해야 하지만 특히 기혼 직장 여성은 풀리지 않는 피로 속에서도 자투리 시간까지 현명하게 잘 활용해야만 육아와 직장 생활 모두를 성공적으로 해낼 수 있습니다. 이렇게 과중한 어려움 속에서 건강한 가정 생활을 하기 위해선 직장 가까이에 거주지를 마련하는 것이 필수적입니다.

집과 일터가 가까우면 직장 여성이 자녀를 키우는 데 여러 면에서 도움이 됩니다. 직장 뿐 아니라 집 근처 교회에 출석하면 더욱 좋습니다. 급할 때면 언제든 요청할 수 있는 이웃이 있다는 사실이 얼마나 마음 든든하게 하는지 모릅니다. 가족의 보금자리를 정하는 한 가지 선택만으로도 여러 문제가 해결되고 유익을 얻을 수 있습니다.

✄ 6. 밤늦게까지 고민하지 말라

인생은 결코 만만치 않습니다. 부부가 가정을 이루고 살다보면 배우자에게 위기가 닥치기도 하고 양가의 가까운 친인척이 어려움을 겪어 그 여파가 우리 가정에까지 몰려오는 경우가 있습니다. 직장 생활하는 여성은 종종 직장에서 뜻하지 않은 문제들과 부딪치기도 합니다. 직장과 가정의 두 마리 토끼를 잡으려는 어머니들은 크고 작은 위기를 어떻게 통과해야 할지 고민하게 됩니다. 고민은 즐거워야 할 가정 분위기를 싸늘하게 만드는 불청객입니다. 그런데 고민을 다루는 방법은 의외로 간단합니다. 어떻게 고민을 다뤄야 할까요?

첫째, 고민은 다음날 아침으로 미룬다.

밤늦게까지 문제를 심각하게 고민하면 그 긴장과 피곤이 가족에게 전달되어 의도하지 않았던 적대감, 공격성을 가족 구성원들에게 쉽게 노출시킬 수 있습니다. 긴장과 깊은 생각이 필요한 일들은 다음날 아침으로 미루어 둬야 합니다. 저녁 시간은 너무나 소중하기 때문이지요. 저녁에는 가족과 함께 휴식해야 하기에 밤늦게까지 고민하지 않아야 합니다.

한 심리학자가 사람들의 근심, 걱정, 고민거리를 모아서 분류해 보니 40%는 결코 일어나지 않을 일이고 30%는 이미 일어난 일이었습니다. 22%는 아주 사소한 일이고 4%는 우리가 전혀 손쓸 수 없는 일로서 고민해봐야 자신만 손해 보는 일이었습니다. 나머지 4%만 우리가 정말로 고민해야 하는 일인데 96%를 고민하느라 이 4%를 그냥 지나치는 경우가 많다는 것입니다. 우리가 끌어안고 있는 근심, 걱정, 고민 중 과거 속으로 지나간 일과 미래에 존재하는 것들을 제외해보면 막상 고민할 것이 없다는 결론입니다.

이를 두고 어느 신학자가 "현대인들은 날마다 두 강도 곧 '어제'라는 강도에게 후회를, '내일'이라는 강도에게 염려를 유린당하고 있다"고 말한 것은 적절한 진단입니다. 아무리 고민을 해도 소용없는 이미 엎질러진 과거의 일과 미래에 있을 근심, 걱정, 고민 때문에 오늘의 행복을 희생시키지 말아야 합니다. 그래서 예수님께서도 마태복음 6장 34절에서 "내일 일을 위하여 염려하지 말라 내일 일은 내일이 염려할 것이요 한 날의 괴로움은 그 날로 족하니라"고 말씀하셨습니다.

둘째, 해결해야 하는 일들은 즉시 메모한다.

어떤 습관을 갖는가에 따라 한 사람의 인생 결과가 달라질 수 있습니다. 바쁜 삶을 사는 우리는 늘 기억해야 할 일들이 많습니다. 자칫 그것을 놓치기라도 하면 문제가 되어 큰 괴로움이 될 수 있지요. 따라서 해결해야 하는 일들은 즉시 메모하는 것이 중요합니다.

이토 모토시게 도쿄대 교수가 메모의 중요성을 제자들에게 소개한 바에 의하면 역사상 천재로 불렸던 인물들은 대부분 메모하는 습관을 가졌습니다. 링컨은 모자 속에 항상 종이와 연필을 넣고 다니면서 갑자기 떠오른 생각이나 남에게 들은 말을 즉시 기록하는 습관이 있었습니다. 슈베르트는 악상이 떠오를 때마다 식당의 식권이나 입고 있던 옷 등 손에 잡히는 대로 가리지 않고 메모를 했답니다. 천재들이 메모에 자신의 기억을 맡겼다니 다소 의외지만 메모하는 습관은 단순한 습관이 아니라 성실함과 책임감 그리고 지적능력을 발달시키는 놀라운 습관입니다.

아이들이 성장해가면서 그들의 삶에도 기억해야 할 중요한 일들이 조금씩 쌓입니다. 딸은 어린 시절, 자신에게 중요한 일이 생기면 나에게 기억해 뒀다가 자기에게 알려 달라고 사정할 때가 종종 있었습니다. 나는 딸아이에게 메모하는 습관을 갖게 되면 잊어버리는 것에 대한 염려를 덜 수 있으며 아무리 많은 일도 순서대로, 능률적으로 할 수 있게 된다고 말했습니다. 그리고 아이 방 책상 위에 탁상용 달력을 놓아주고 달력에 중요한 내용이나 일정을 기록한 후 아침 마다 꼭 달력을 보고 확인할 것을 당부했습니다. 엄마에게 의지하려는 아이에게 자신의 삶에 스스로 책임을 지도록 간단한 방법을 알려준 것입니다.

바쁜 엄마들은 여러 가지 해야 할 일 중에 자칫 깜박해서 어떤 일을 놓치고 후회할 때가 많습니다. 그래서 중요한 일을 잊어버리지 않으려고 애쓰다 보면 어떤 때는 그것 때문에 스트레스를 받습니다. 아이나 남편에 관한 일들을 그만 잊고 넘어가면 가족들의 마음에 서운함을 남길 수도 있습니다. 그래서 메모하는 습관이 꼭 필요합니다. 중요한 것을 잊어버리지 않으려면, 그리고 잊어버릴 염려에 대한 스트레스에서 벗어나려면 냉장고 위나 화장대 앞에 메모지를 놓았다가 메모할 일이 생길 때마다 놓치지 말고 그때그때 기록해 두는 것을 생활화할 필요가 있습니다. 화장대와 책상, 수첩에 언제나 붙어있는 노란색 포스트잇 메모지는 중요한 사항들을 놓치지 않도록 나를 일깨워줍니다. 기록하는 작은 행동이 큰 문제를 막아준다는 진리를 메모지는 날마다 확인시켜줍니다. 세 아이들도 포스트잇을 즐겨 사용하며 책임감을 갖고 독립적으로 생활하는 습관을 길렀습니다.

셋째, 평안하게 충분한 수면을 취한다.

해야 할 일들을 메모지에 기록해둔다고 해도 해결할 문제는 없어지지 않고 우리를 기다립니다. 그러나 무겁게 짓눌러 오는 문제들로 인해 더 이상 마음을 끓이지 않도록 해야 합니다. 하루를 마무리 지은 후 모든 것을 하나님께 맡긴 채 잠자리에 들어 평안한 잠을 자는 것은 매우 중요합니다. 엄마가 안고 있는 개인적이거나 복잡한 문제로 인해 귀중한 저녁 시간에 가족 전체의 분위기가 가라앉지 않도록 마음을 지키고 잠잠히 하나님의 도우심을 구하면서 잠자리에 들어야 합니다.

성경 시편의 시인은 "여호와께서 그의 사랑하시는 자에게는 잠을 주시는도다(시편 127:2)"라고 노래하고 있습니다. 새 번역 성경에는 이 구절이 "진실로 주님께서는 사랑하시는 사람에게는 그가 잠을 자는 동안에도 복을 주신다"라고 쓰여 있습니다. 잠을 자더라도 "이스라엘을 지키시는 이는 졸지도 아니하시고 주무시지도 아니하시리로다(시편 121:4)"는 말씀을 신뢰하십시오. 그 분께 우리의 문제를 내어드린 후에 그 분이 주시는 잠의 세계로 빠져드십시오. 몸과 마음이 피곤에 지쳐있을 지라도 잠자리에 들자마자 주님이 주시는 평안함으로 깊은 잠에 빠져들 것입니다.

넷째, 아침 일찍 일어나면 가장 먼저 해결할 문제를 갖고 하나님께 기도로 의논드린다.

깊은 수면과 휴식을 거쳐 원기를 회복한 몸과 맑은 정신으로 하나님께 기도드리면 어젯밤엔 스트레스에 가려 보이지 않았던 나아갈 방향과 문제 해결에 대한 눈이 새롭게 뜨일 때가 많습니다. 미처 생각하지 못했던 참신한 시각을 발견하기도 합니다. 충분한 휴식을 통해 어렵게만 생각되었던 문제를 풀어갈 실마리가 잡히기도 합니다.

무엇보다도 평안하게 잠을 자는 동안 하나님께서는 자신을 믿고 의지한 우리의 영혼을 만지시어 문제를 해결할 새로운 통찰력을 주십니다.

다섯째, 메모 중에서 오늘 처리해야 할 것들의 순서를 정한 후 힘차게 아침을 시작한다.

어제 그토록 마음을 어둡게 했던 문제로부터 벗어나 아침을 홀가분하고 즐겁게 맞이하는 것은 매우 중요합니다. 새 날을 즐겁게 맞이하는 주부의 상큼한 모습을 바라보며 남편과 아이들도 염려나 두려움에 짓눌리지 않고 유쾌하게 하루를 시작할 수 있습니다.

그러나 고민이 간단하지 않고 가족을 흔들만한 위기라면 부부가 힘을 합해 하나님께 간구해야 합니다. 분명한 것은 고린도전서 10장 13절에 기록된 대로 하나님은 감당할 시험밖에는 허락하지 않으시며 시험당할 즈음에 또한 피할 길을 주셔서 능히 감당하게 하신다는 사실입니다. 하나님의 약속을 믿고, 그 분을 굳세게 의지하며, 그 분으로 인해 기뻐하는 것이 우리를 향한 하나님의 뜻입니다. 크고도 놀라운 아버지의 능력이 여러분 가정의 문제와 함께 하며, 그 모든 문제가 합력하여 선을 이룰 것을 굳게 믿으십시오. 그리고 기뻐하십시오.

에이브러햄 링컨은 "사람은 행복하기로 마음먹은 만큼 행복하다"고 말했습니다. 행복을 선택한 가정에는 동터오는 새 아침의 밝은 기운이 가장 어린 자녀부터 아버지에 이르기까지 온 가족을 포근하게 감쌉니다. 집안 가득한 환한 햇살을 받으며 "오늘은 어제와는 다를 거야. 그리고 어제보다는 오늘이 더 좋을 거야"라고 말해 보십시오. 희망으로 하루를 열어 가십시오.

우리의 자녀들은 너무도 빠르게 자라갑니다. 그들의 '오늘'을 놓치지 않도록 하십시오. 자녀로 인해, 자녀안에서, 자녀와 더불어 감사하며 즐거운 가정을 만드십시오. 가정과 자녀의 미래가 든든히 세워져 갈 것입니다.

원칙 2

자녀와 대화하는
능력을 키워라

"자식은 주님께서 주신 선물이요, 태 안에 들어 있는 열매는, 주님이 주신 상급이다."(시편 127:3)

성경은 자녀를 하나님의 선물이며 상급이라고 말씀합니다. 자녀를 양육하는 동안 부모는 자녀의 발달을 지켜보며 놀라움을 느낍니다. 자녀의 성장에 따른 자부심을 가지며 어디에서도 경험하지 못할 큰 행복을 맛봅니다. 자녀가 선물이요 상급이라는 말씀을 실감하는 것입니다.

그러나 때때로 자녀를 키우는 것이 참으로 힘들다는 생각에 좌절감을 느끼기도 합니다. 자녀가 부모의 말과 지시대로 잘 따라주면 좋지만 아주 어린 아이 조차도 부모가 원하는 대로 행동하지 않을 때가 종종 있습니다.

그것은 하나님이 인간을 로봇으로 만들지 않으셨기 때문입니다. 하나님은 인간을 자유의지를 가진 인격체로 창조하셨고, 아이도 인격체로 창조하셨기 때문에 부모가 원하는 대로 무조건 순종하며 행동하지 않습니다. 따라서 부모와 자녀 간에 갈등이 발생할 수 있는데 때때로 그러한 갈등이 자녀에게는 상처가 되고 부모에게는 좌절감으로 남게 됩니다.

하나님이 인간을 자유의지를 가진 인격체로 창조하시고 인간과 인격적인 사귐을 갖기 원하시는 것처럼, 부모는 자녀가 비록 어리더라도 인격적으로 대하며 양육에 따른 문제들을 대화로 해결하려는 자세가 필요합니다. 부모-자녀가 효율적으로 대화하기 위한 첫 걸음은 순종을 올바르게 이해하는 것입니다.

⨯ 1. 신뢰감부터 쌓으라

"자녀들아 주 안에서 너희 부모에게 순종하라 이것이 옳으니라 네 아버지와 어머니를 공경하라 이것은 약속이 있는 첫 계명이니 이로써 네가 잘되고 땅에서 장수하리라"(에베소서 6:1~3)

위의 성경 말씀에서 알 수 있듯이 성경은 부모에 대한 자녀의 순종과 공경을 강조합니다. 하나님께서 모세에게 직접 주신 십계명의 제 1계명부터 제 4계명까지에는 우리가 하나님과의 관계에 있어서 지켜야 할 것이 기록되어 있습니다. 그 이후 사람들과의 관계에서 지켜야 할 것들이 나옵니다. 그 시작이 되는 제 5계명이 '네 부모를 공경하라'는 명령일 만큼 부모 공경이 강조됩니다.

조선시대 이래로 우리 민족의 생각과 생활 방식에 깊은 영향을 끼쳐온 유교사상도 부모에 대한 자식의 효를 매우 강조합니다. 그러나 막상 자녀에게 부모님을 공경하고 부모님의 말씀에 순종하며, 나아가 효도하도록 가르치는 것은 생각보다 쉽지 않습니다. 지나치게 순종을 강조하면 오히려 부모-자녀 간에 깊은 갈등을 유발할 수 있으며 심지어 아이가 반항적으로 변할 수 있습니다.

그와 같은 부작용을 줄이려면 부모가 먼저 아이의 발달 및 그에 따른 아이의 특징을 이해해야 합니다. 그 이해가 선행되어야 부작용을 극복하며 아이의 성장을 도울 수 있습니다. 나아가 애정적이고 인격적인 부모-자녀 관계도 형성할 수 있습니다. 부모가 이해하고 알아두어야 할 것들을 살펴보면 다음과 같습니다.

첫째, 아이는 흥분되고 불쾌한 상태에서 태어난다.

　세상 밖으로 갓 태어난 아이는 엄마 배 안에 있을 때와는 모든 것이 매우 다르다는 것을 느낍니다. 필요한 것은 무엇이든 최소한의 노력으로 해결할 수 있었던 작고 캄캄한 엄마의 배 안에서부터 넓고 허전하고 온도도 맞지 않는 장소로 이동하면서 겪었을 아이의 감정을 헤아려보십시오. 아이는 그 급작스러운 변화가 몹시도 힘들었을 것입니다. 그래서 불안하고 불쾌한 감정을 갖고 세상에 태어난 아이의 첫 번째 반응이 울음으로 나타납니다.

　그러므로 일단 아이가 태어나면 부모를 비롯한 주위의 어른들은 아이를 무조건적인 사랑으로 돌봐야 합니다. 아이의 기본적인 필요를 채워주며 새로운 세계에 잘 적응하도록 도와주어야 합니다. 그래서 성경은 자녀에게 순종을 강조하면서 또한 부모에게도 자녀를 잘 양육할 것을 강조합니다.

　성경에는 "또 아비들아 너희 자녀를 노엽게 하지 말고 오직 주의 교훈과 훈계로 양육하라(에베소서 6:4)"고 기록되어 있습니다. 부모는 자녀에게 자신들을 향한 순종과 공경을 지도해야 하지만 그와 동시에 자녀를 노엽게 해서는 안됩니다.

　많은 부모들이 그들의 말을 듣지 않는 자녀에게 벌을 주면서까지 자신들의 뜻에 따르도록 요구합니다. 이와 같은 상황에서 아이는 일시적으로 부모의 말을 따르는 것 같지만 사실 마음속에는 적개심과 반항심을 쌓아갑니다. 신뢰성이 기초된 따뜻한 부모-자녀 관계로 발전하기보다는 차갑고 냉랭한 관계가 될 수 있습니다.

이러한 부모-자녀 관계는 가까운 이웃, 또래 친구와 관계를 맺는 것에도 부정적인 영향을 미칩니다. 놀이방, 어린이집이나 유치원은 아이들이 가는 첫 번째 학교입니다. 그 곳에서 즐겁고 유쾌하게 자라야할 아이들 중에 말썽쟁이, 심술쟁이, 욕구불만의 아이들이 있습니다. 아주 작은 사회지만 안타깝게도 바람직하지 않은 모습으로 행동하는 아이들을 발견할 수 있습니다. 선생님 말을 잘 듣지 않고 친구들과 싸우며 자기중심적인 행동을 하는 아이를 들여다보면 거의 대부분이 부모와의 관계에서도 문제가 많습니다.

둘째, 갓난아기 때부터 아이는 수유와 배변, 취침을 제공하는 부모와 관계를 맺어간다.

갓난아기였던 아이가 부모의 말을 따르고 사회에서 인정받는 행동을 배우기까지는 부모의 사랑의 수고, 부모-자녀간의 끊임없는 대화, 소통이 필요합니다. 갓난아기는 생소한 미지의 세계에 덜렁 도달합니다. 아기는 자신이 그 상황과 환경에 얼마나 불편해 하고 있는지를 울음이라는 형태를 통해 표현합니다. 그 때, 어머니가 따스한 사랑으로 아기를 편안하게 해주고, 배고프고 불편함을 해결해 주면 아기는 편안히 세상에 적응해 갑니다.

비록 갓난아이지만 아기는 부모의 음성을 듣고 있습니다. 젖을 먹일 때나 기저귀를 갈아줄 때 엄마가 곁에서 다정하게 건네는 목소리를 듣고, 자신을 섬세하고 부드럽게 다루는 손길을 경험하면서 아기는 서서히 사물과 환경에 대해 배워갑니다.

생후 1년 동안 아기는 그렇게 부모를 통해 불편을 해소하고 만족을 얻으며 행복감 속에서 성장합니다. 신체적으로 무럭무럭 자라며 정서적으로는 부모에 대한 신뢰감을 쌓아갑니다. 그런데 이때 아기의 버릇을 잘 들여놔야 한다며 억지로 시간을 맞춰 아기에게 수유하거나, 기저귀를 제때 갈아주지 않거나, 잠자기 싫어하는 아기를 강제로 재우거나 하면 아기는 불쾌감을 느끼고 양육자에 대한 불신감을 쌓아갑니다.

셋째, 한 살이 되면 아기는 걷기 시작하면서 주변 환경을 적극적으로 탐색한다.

부모의 세심한 주의와 도움으로 아기는 자율성을 확보해가며 자신의 세계를 확장해 갑니다. 아가는 만지고, 붙잡고, 입에 넣고, 걷고, 뛰면서 자유롭게 자신의 세계를 알아갑니다. 마치 부지런한 개미처럼 땅바닥이나 벽을 닥치는 대로 만지고, 오르고, 붙잡습니다. 결코 지치지 않으며 집안을 어지럽힙니다. 만약 아기가 조용하다면 조심해야 합니다. 분명 무언가 문제를 일으키고 있을 테니까요.

아기가 세상을 알아가는 과정에서 위험한 일을 저지를 수 있습니다. 그런데 이때 자율성의 욕구가 강하면 강할수록 말을 안 들어 부모에게 좌절감을 안겨줍니다. 하지만 이것은 연약한 새싹이 이른 봄의 단단한 대지를 뚫고 솟아나오는 이치와 비슷합니다. 아직은 연약하기 짝이 없는 아기들의 내부에서 용솟음치는 호기심과 탐구심은 하나님이 주신 새 힘이며 놀라운 생명력입니다. 그 힘을 부모가 이해하고 아기를 미지의 세계로 잘 이끌어주면 아기는 자율적이며 자신감 있는 아이로 성장합니다. 그러나 부모가 안전과 청결, 예의 등을 이유로 사사건건 간섭하며 충분히 경험할 자율성을 주지 않는다면 늘 아기와의 전쟁을 치르게 될 것입니다.

넷째, 아이는 부모의 관심과 격려 안에서 성장하면서 부모와의 대화 능력을 기른다.

한 살, 두 살, 세 살이 되는 동안 아이는 자율적인 행동을 함과 더불어 부모의 가르침 아래 사회적으로 올바른 행동, 가치, 태도를 습득하게 됩니다. 아이가 성장하면서 자율성, 자기주도성, 사물에 대한 호기심이 많아지는데 그에 따라 문제도 더 많이 일으키게 됩니다. 또한 언어능력이 놀랍도록 빠르게 발달하고 인지 능력 역시 크게 발달합니다.

아이가 말을 하게 되면 "이건 뭐야?", "이건 왜 그래?" 등의 질문을 끝없이 쏟아냅니다. 때로는 그 질문에 답변하기 막막한 순간도 있지만 부모가 아이의 말에 따뜻하고 정감 있게 반응하고 답변해 주는 것이 아이의 언어 및 인지ㆍ사회ㆍ정서 발달에 도움 됩니다. 반면 부모가 차갑고 일방적이며 지시적인 대화만을 한다면 결국 아이는 좌절감을 느끼며 분노하게 됩니다.

아이는 유아기를 지나면서 부모뿐 아니라 또래, 그리고 다른 어른들과 관계를 맺으며 기쁨과 즐거움을 맛봅니다. 또한 부끄러움, 공포, 분노 등을 느끼기도 합니다. 아이들의 감정, 인지능력, 언어능력, 사회성 등은 서로 관련되어 있기 때문에 이 시기엔 언어 뿐 아니라 미소, 눈짓, 손짓, 몸짓을 통해 아이와 의사소통을 하면서 대화의 능력을 길러가는 것이 중요합니다. 아이와 부모의 대화능력이 발달할수록 아이는 부모의 말을 더 잘 따르게 됩니다. 그렇게 되면 아이는 자신이 원하는 것을 기다릴 줄 알게 되고, 부모의 뜻에 순종하는 태도를 갖습니다. 또한 대화는 부모-자녀 간의 애정적인 관계를 향상시키며 자녀의 언어 및 인지, 사회, 정서 발달을 도와줍니다. 효율적인 대화를 위한 첫 단계는 들어주는 것입니다.

✄ 2. 적극적으로 들어주라

여성가족부가 청소년(만 9세~24세)이 있는 2000가구의 주 양육자와 청소년 3000명을 대상으로 실시한 '2014 청소년종합실태조사'에서 부모와의 대화 시간이 많을수록 청소년의 일상 중 스트레스와 가출 충동은 낮아지고 행복감은 높아지는 것으로 나타났습니다.

하지만 우리나라 부모-자녀의 하루 평균 대화시간이 35초라는 방송 캠페인이 있었습니다. 물론 평균시간이라 각 가정별로 차이는 있겠지만 하루 중 자녀에게 건넨 말이 "학교 가야지", "왔니?", "밥 먹어라", "공부해라"등이 전부가 아니고서는 35초라는 수치가 나올 수 없습니다. 대화라고 할 수 없는, 대화 아닌 대화가 우리나라 부모-자녀 간 소통의 전부라는 뜻입니다.

우리나라 초등학교 5~6학년 어린이로 한정해 살펴보아도 어린이들의 절반은 부모와 대화하는 시간이 하루에 30분이 채 되지 않는다는 통계가 있습니다. 그들의 스마트 폰 사용 시간이 부모와 대화하는 시간의 10배에 달한 것과 대비됩니다.

또 2013년 통계청 사회조사에 의하면 청소년이 고민을 상담하는 대상은 어머니가 18.5%, 아버지가 3.2%입니다. 아이들이 성장하면서 부모와 원만하게 대화하기보다는 갈등하고 마찰을 빚기 때문에 대화하기를 점점 피하게 됩니다. 특히 아버지는 직장생활로 바빠서 자녀와 대화하기가 더욱 어려운 실정입니다. 부모-자녀 간 대화가 실종된 우리나라 가정의 민낯을 보는 것 같아 안타깝습니다.

2014년 청소년 건강상태 온라인 조사에 따르면 13.1%의 학생은 자살 생각을 갖고 2.9%는 자살 시도를 했다고 합니다. 자살의 원인 중 51.7%가 가정문제, 그 다음 24.1%가 학업문제로서 가정문제 대부분이 부모와의 갈등 및 꾸지람에서 비롯된 것이라는 통계는 부모-자녀 간 대화의 실종이 어떤 결과를 가져오는지 알려줍니다.

최근 우리나라 가정에서 부모에 의해 자녀에게 가해지는 폭력과 학대가 도를 넘어 끔찍한 범죄로 이어지는 경우가 늘어나고 있습니다. 아이는 부모의 소유물이 아닙니다. 아이는 태어나면서부터 부모에게 의존해야 하는 존재지만 동시에 분명히 독립된 존재입니다. 아이는 애정 어린 보살핌을 통해 부모와 애착되며 부모와의 애정적 관계를 통해 정서적 안정감을 갖고 자신의 세계를 넓혀갑니다.

모든 부모는 자녀가 자신들을 신뢰하고 의지하며 서로 좋은 관계를 맺어가기 바랍니다. 그러나 부모-자녀 사이에 대화가 잘 되지 않아 관계가 점점 멀어지고 악화되는 경우가 많습니다. 그러므로 부모는 자녀와의 의사소통을 위해 효율적으로 대화하는 방법을 배우고 길러야 합니다. 자녀와의 효율적인 대화를 위해서는 먼저 아이의 말을 적극적으로 들어줘야 합니다.

아이는 자라가면서 신체적 필요 뿐 아니라 정신적 갈등을 경험합니다. 아이는 어른과 달리 배고픔, 피곤함을 참는 것이 어렵습니다. 갖고 싶은 마음, 놀고 싶은 마음을 누르기도 어렵지요. 또래들과 어울려 놀 때에는 문제 상황에 부딪히기도 합니다. 학교에 가면 가정과는 다른 상황에 적응해야 하고요. 아이가 이렇게 문제를 갖고 있을 때에는 부모가 일단 아이의 말을 잘 들어주는 것이 중요합니다. 부모는 자녀가 자신의 감정과 생각을 터놓고 이야기할 수 있도록 감정, 때로는 불평까지 들어주어야 합니다. 부모가 들어주면 자녀는 마음을 열고 자신의 이야기를 하게 됩니다.

부모가 자녀의 이야기를 들어주면서 자녀의 감정에 공감하는 표현으로 반응할 때 대화는 부드럽게 이어집니다. 부모가 어른과 대화할 때처럼 고개를 끄덕이거나 미소를 지으며 자녀의 이야기를 들어주면 자녀는 마음을 열고 점차 자신의 감정까지도 이야기하게 됩니다.

그렇게 눈앞에 드러나는 현상 외에도 부모가 적극적으로 들어줄 때, 아이는 단순히 부모에게 자신의 감정을 털어놓는 것만으로도 긴장과 불안에서 벗어나는 경험을 할 수 있습니다. 또한 편안한 마음 상태가 되면 아이 스스로 문제에 대한 통찰력을 얻을 수 있습니다.

따라서 부모가 적극적으로 들어주는 동안에 아이의 마음이 풀려 어떤 특정한 문제가 저절로 해결되거나 문제 해결책을 아이 자신이 깨닫기도 합니다. 이밖에도 적극적으로 들어주는 동안 부모-자녀 간에 긍정적이고 친밀한 관계가 형성됩니다.

자녀의 말에 집중하지 않고 평소 생각을 바탕으로 책망하듯 묻는다거나 성급하게 자녀의 말을 끊고 자녀의 행동을 교정하려는 듯한 자세는 지양해야 합니다. 부모가 자녀의 말을 무시하거나 책망하듯 물으면 대화가 어려워져 아이는 부모에게 더 이상 말을 하지 않게 됩니다.

마음이 닫힌 자녀의 말을 적극적으로 듣기 위해 반영적 경청기술을 사용합니다.

반영적 경청은 부모가 자녀의 느낌이나 이야기를 이해하려고 노력하면서 자신이 이해한 것을 말로 표현해 아이가 확인할 수 있도록 피드백을 보내는 것입니다. 이때 부모가 아이에게 충고와 비난을 하거나 따지듯이 질문하면 아이는 마음을 닫고 더 이상 이야기를 하지 않습니다. 이미 마음이 상해 더 이상 어떻게 해야 할지 모르는 아이를 다그치거나 몰아세우지 말아야 합니다. 이야기를 계속하도록 적극적으로 들어주면서 아이의 이야기를 통해 추측할 수 있는 느낌이나 생각을 말해 줍니다. 예를 들면 "속상했겠다", "힘들었겠다", "무서웠겠다" 등의 느낌을 아이에게 피드백 해줍니다. 자녀가 느끼는 불안이나 공포의 감정을 부모가 그대로 아이에게 이야기해주면 자신의 말에 공감하는 부모를 통해 아이는 스스로의 감정에 갇히지 않게 되고 이완되는 경험을 함으로 문제가 해결되기도 합니다. 때때로 자녀가 마음을 열고 이야기하다 보면 감정이 복잡해져서 순서나 상황이 뒤섞일 때가 있습니다. 이 때 부모는 아이가 느꼈을 감정에 공감을 표시하며 내용을 순서대로 정리해줘야 합니다. 이렇게 반영적 경청으로 아이의 마음을 열게 하고 아이의 감정을 정리해주면서 대화하다보면 자녀는 부모님이 자신의 마음을 잘 이해해 준다고 느끼며 더 많은 이야기를 털어놓습니다. 적극적으로 자녀의 이야기를 들어주는 것은 아이가 겪는 감정적 문제를 해결할 수 있을 뿐만 아니라 부모-자녀의 애정적 관계형성에도 도움이 됩니다.

아이의 이야기를 적극적으로 들어주는 부모의 반영적 경청 속에는 부모가 아이를 이해하고 이야기를 들어줄 준비가 되어 있으며 그 문제를 함께 고민하겠다는 의지가 담겨 있습니다. 그러므로 부모가 그렇게 아이를 공감해 줄 때 아이는 보호받고 있다는 특별한 감정을 느끼게 됩니다.

그러나 자녀를 이해하며 양육하려 할 때조차도 부모는 아이 때문에 힘들어질 경우가 많습니다. 그래서 아이에게 화를 내고 야단을 치며 때로는 벌을 주기도 하지만 근본적인 문제는 해결되지 않고 오히려 대화 단절로 답답하고 속상해지기도 합니다.

그럴 때에는 '나' 전달법을 이용해 대화하는 것이 부모의 힘든 마음을 아이에게 알리는 데에 효과적입니다. '적극적인 경청'은 아이가 겪는 힘든 상태를 부모가 잘 들어주는 방법인 데 비해, '나' 전달법은 부모의 힘든 상태를 아이에게 전달하는 방법입니다.

⤳ 3. '나' 전달법을 활용하라

부모-자녀의 대화에 있어서 자녀의 말을 효과적으로 듣는 것만큼이나 자녀에게 효과적으로 말하는 것이 중요합니다.

'나'를 주어로 한 메시지를 보냄으로써 자녀의 그릇된 행동으로 인해 부모가 겪는 감정 상태나 입장을 객관적으로 자녀에게 알려 아이가 자신의 행동을 조절하도록 하는 의사소통법이 '나' 전달법입니다.

아이는 자라면서 하고 싶은 일은 많아지지만 경험이 적어 자주 실수를 하게 됩니다. 아이는 바람직한 행동과 바람직하지 않은 행동을 구분하지 못할 때가 많습니다. 또한 바람직한 행동이 무엇인지 알고 있어도 그대로 행동하지 못하는 경우가 흔합니다. 사실 그래서 아이입니다. 성인인 부모조차도 자신이 결심한 대로 행동하기란 쉽지 않습니다. 그럼에도 아이의 부적절한 태도와 행동은 분명 부모를 속상하게 하고 화나게 합니다.

부모가 자주 아이의 부적절한 태도와 행동을 지적하며 속상하고 화난 감정으로 벌을 주면 아이는 자존심이 상해 반항심이나 열등감이 생깁니다. 그리고 부모와 자녀 간에 틈이 생기고 대화가 단절될 수 있습니다. 이런 경우에 부모가 자녀를 향해 "너는 왜 그러니?", "너 또 그랬니?"와 같이 '너'를 사용한 강한 메시지를 보내는 것 보다는 부모의 감정을 담은 '나' 전달법으로 대화하는 것이 좋습니다. '나' 전달법을 사용할 때 부모는 자신의 감정을 효과적으로 표현하기 위해 부모를 괴롭히는 자녀의 행동에 대해 비난 없이 말해야 합니다. 또한 분노와 같은 격한 감정을 터뜨리지 않아야 하며 부모 자신 내면의 진실한 느낌을 솔직히 전달하는 것이 중요합니다. 가능하면 행동의 대안적 방법도 제시하는 것이 서로에게 도움이 됩니다.

유아기를 지나 아동기가 되면 아이는 자기중심적인 사고에서 벗어나 다른 사람의 입장을 생각할 수 있게 됩니다. 그때가 되면 '나' 전달법 대화를 통해 자신의 행동과 태도가 부모의 마음에 어떤 영향을 주었는지 깨달을 수 있고 자신의 행동을 되돌아 볼 수 있습니다. 자신의 행동이나 태도로 인해 부모님이 겪는 감정이나 어려운 상황을 이해하게 됩니다.

상황 1

어릴 때에 아이는 부모가 전화 통화를 하는 동안에도 칭얼거리며 자신이 원하는 대로 해달라고 떼를 씁니다. 물론 부모는 아이와 함께 있을 때에는 될 수 있는 한 긴 전화 통화를 하지 않는 것이 좋습니다. 그러나 불가피하게 긴 통화를 할 수 있습니다.

'나' 전달법 대화 1

엄마는 전화 통화를 잠시 멈추고 "네가 그렇게 큰 소리로 조르면 엄마는 상대방의 말소리가 잘 안 들려 속이 상하고 상대방에게 미안한 마음이 들어. 전화 끝날 때까지 조금만 기다려 줄 수 있겠니?"라고 '나' 전달법으로 말합니다.

'나' 전달법은 부모가 먼저 아이의 행동을 서술하고 그 다음, 부모 자신의 감정을 서술하는 것입니다. 자녀의 행동을 비난하지 않고 부모의 진실한 마음과 감정을 드러냅니다. 그러므로 아이는 부모에게 자신의 도움이 필요하다는 것을 깨닫게 되어 방어적이 되지 않고 오히려 스스로 책임감을 느끼며 상황에 따른 적절한 행동을 하게 됩니다.

상황 2

사내아이들은 집안에서도 씨름을 하거나 몸싸움을 하면서 매우 소란하고 위험하게 놀이를 합니다. 이 때 부모는 화를 내며 "너희들, 왜 그렇게 뛰어다니니? 그만 뛰어다녀"라고 쉽게 말합니다. 그리고는 아이들이 계속 말을 듣지 않으면 쥐어박고 벌을 주기도 합니다. 사내아이들은 활동적이어서 좁은 공간에서도 무언가를 하고 싶어 조금도 가만있지 않습니다. 아파트에서는 층간 소음으로 인해 아래층 사람으로부터 항의 받을 수 있습니다. 집안에서의 놀이는 위험하기도 합니다. 이래저래 부모 마음은 상해집니다.

이런 상황에서 어머니는 솔직하고 간단하게 자신의 감정 상태를 이야기해주어야 합니다. 가능하면 행동의 대안적 방법을 제시하는 것이 서로에게 도움이 됩니다.

'나' 전달법 대화 2

"그렇게 뛰어다니며 방 안에서 씨름을 하면 너와 동생이 다칠까봐 엄마는 걱정이 참 많이 된다. 그리고 아래층에서 시끄럽다고 불편함을 이야기할 것 같아 많이 걱정되기도 하고. 이제 밖에 나가서 놀 수 있겠니? 아니면 지금은 조용히 있으렴. 조금 있다가 엄마, 아빠와 함께 시간을 내어 나가보도록 하자."

엄마의 이런 '나' 전달법 대화는 아이로 하여금 자신의 행동을 스스로 멈추게 하고 부모의 마음을 헤아려보게 합니다. 엄마의 입장을 고려해 보는 것이지요. 때론 부모가 아이에게 대안적 행동까지 제시하면 아이는 부모의 감정과 상황을 이해해 비록 어릴지라도 부모의 제안에 맞춰 자신들의 행동을 조절하려고 합니다.

이와 같은 '나' 전달법이 가져오는 긍정적 효과를 살펴보자면 어른이 아이를 비난하거나 문제 행동에 대해 협박함으로써 '나는 나쁜 아이야', '나는 할 수 없어'라는 감정을 갖게 되는 것을 막을 수 있습니다. 어른의 입장이나 느낌을 아이도 이해하며 자신의 행동을 객관적으로 바라보고 바람직한 행동을 하도록 도와줍니다. 부모의 속상하고 힘든 입장과 감정이 아이에게 전달되고 아이도 자신의 행동을 돌아보기 때문에 부모-자녀 간에 존중과 신뢰의 관계를 쌓아갈 수 있습니다. 또한 부모-자녀 간에 애정적이며 서로 존중하는 관계를 쌓아가다보면 아이는 자신의 감정을 더 많이 표현하게 되어 부모-자녀 간 대화가 점점 깊어집니다. 자녀는 이렇게 자신의 감정을 표현하고 '나 전달법'을 통해 가족들의 감정을 경험하면서 사랑스럽고 밝게 성장합니다.

부모는 자녀가 감정을 쉽게 표현하도록 잘 들어주고, 문제가 있을 때 뿐 아니라 평소에도 즐겁게 이야기 하도록 대화할 기회를 많이 만들어줘야 합니다. 아이와 대화를 많이 할수록 단순한 의사소통 뿐 아니라 깊은 대화를 나눌 능력이 생깁니다. 뿐만 아니라 아이와의 깊은 대화를 통해 가정도 성장합니다.

부모라면 누구나 자녀가 명랑하고, 활발하고, 예의 바르고, 사랑스럽기를 바랍니다. 그런 아이들은 언제나 표현이 자연스럽습니다.

"안녕하세요?"
"고맙습니다."
"참 좋아요."
"예뻐요."
"하고 싶어요."

이런 등등의 사랑스럽고 호감이 가는 표현을 주저 없이 잘 하는 특징을 갖고 있습니다. 자녀가 다정다감하게 표현하면 따뜻하고 애정적인 부모-자녀 관계가 형성되고 가정의 분위기도 밝아집니다.

사실 아이들은 즐거움, 행복감 등의 감정뿐 아니라 지겨움, 분노, 슬픔, 속상함 등의 감정도 갖고 있습니다. 사랑스런 표현을 잘 하는 아이조차도 이런 부정적 감정을 갖고 있습니다. 다만 적절한 표현을 통해 억눌린 감정을 해소하며 부정적 감정 표현을 통제하는 능력이 다른 아이들보다 조금 더 있을 뿐입니다.

그런데 이와 같은 능력은 타고 나는 것 보다는 부모의 양육 태도에 따라 달라진다는 것을 알아야 합니다. 부모들은 아이들이 자신의 감정을 조절하고 적절히 표현하며 부모와 즐겁게 대화하도록 환경과 기회들을 마련해 주어야 합니다. 아이들과 즐겁게 대화하기 위해서 부모들이 알아야 할 몇 가지를 살펴보면 다음과 같습니다.

첫째, 감정의 표현은 경험에 영향 받는다는 사실을 주목해야 한다.

　가정에서 부모님과 감정을 나눈 경험, 특히 즐겁고 행복하게 대화했던 경험은 아이들이 자신의 생각과 감정을 상황에 따라 적절히 표현하고 통제하는 능력을 키우는 데 중요한 역할을 합니다. 아이들의 표현력은 직접적으로 가르친다고 해서 쉽게 습득되지 않습니다. 모처럼 큰맘 먹고 아이들과 마주 앉아 "자, 이제부터 엄마, 아빠와 이야기해 보자"라고 해도 대화는 저절로 이뤄지지 않습니다. 오히려 어색함만 더해질 뿐이지요.

　조금 한가한 토요일이나 주일 그리고 공휴일에 가족과 즐거운 경험을 하는 가운데 대화를 나눌 때 아이들은 감정을 넣어가며 자연스럽게 표현하게 됩니다. 어릴 때부터 평소 식사 시간이나 가족과 함께 있는 시간에 일상적으로 자신의 감정을 표현하고 나누는 경험을 해왔던 아이라면 언제든 감정 표현을 어렵지 않게 할 수 있으며 여간해선 감정의 혼동을 겪지 않습니다.

둘째, 풍성한 대화를 위해 즐거운 가족시간을 계획한다.

　바쁜 엄마는 자녀와 함께 있을 시간은 물론 대화할 시간도 적습니다. 또한 대화하고 있다고 생각하지만 따져보면 대화가 아닌 지시와 명령을 하기 쉽지요. 늘 하는 이야기라도 아이에게 즐거움과 용기를 주기 위해선 부모의 지혜가 필요합니다. 일상에서 간단하지만 격려와 유머가 곁들여진 이야기를 하다보면 가족나들이나 휴가철 여행 같은 특별한 가족시간에선 더 속 깊고 풍성한 이야기를 나눌 수 있게 됩니다.

　일상생활이 바쁜 나는 여간 노력하지 않는다면 아이들과 정말 간단한 것들만 이야기 하고 지낼 수밖에 없었습니다. 그래서 나는 여름과 겨울 휴가철을 이용해 아이들과 많은 대화를 하려고 애썼습니다. 휴가철에 자동차를 타고 이동하는 시간이 아이들에게는 퍽 지루하게 여겨집니다. 자동차 안에서 게임도 하고 책도 보고 졸기도 하지만 평소보다 먼 길을 가야하기에 짜증이 나기 마련입니다. 특히 막내에겐 얼마나 더 가야 목적지에 도착하는지가 늘 걱정거리였습니다. 나는 자동차 안에서도 쉽게 할 수 있는 끝말 이어가기 게임을 아이들과 많이 했습니다. 간단한 게임이지만 막내는 아직 어리기 때문에 일단 구경을 합니다. 누나와 형이 점점 열기가 고조돼 게임에 몰입하면 막내도 제 몫을 하려고 이 말, 저 말을 하여 웃음바다가 되고 어느덧 자동차는 목적지에 도착합니다.

　그러는 사이에 아이들은 마음을 열게 되어 그동안 쌓아두었던 불평들을 쏟아냅니다. 대부분 학교 친구와 교사, 환경 등과 관련되어 축적된 불쾌한 감정들이었습니다. 나는 아이들이 이러쿵저러쿵 말하는 것을 듣다가 가끔씩 추임새를 넣습니다.

"그래?"

"그랬어?"

"정말이야?"

"아, 속상했겠다."

그 정도의 반응을 했을 뿐인데 아이들은 서로 자기 이야기를 하느라 바쁩니다. 이윽고 얼마 후에는 이 모든 것을 다 잊은 듯 맑은 얼굴로 남은 휴가 일정을 보냅니다.

셋째, 아이들의 고민이 쌓이지 않게 적절한 환경과 기회를 만든다.

바쁜 부모들은 아이들의 고민을 그다지 심각하게 생각하지 않고 지나칠 때가 많습니다. 그러나 어른들에게 대수롭지 않아 보이는 고민들이 아이들에게는 큰 문제가 되어 학교 가기 싫어하고 밥도 먹지 않으며 방 안에 틀어박혀 있기만 하는 경우도 있습니다. 대수롭지 않게 보이던 아이의 고민이 쌓여 부정적 행동으로 표현되면 부모는 당황해서 그때야 비로소 아이와 대화하려고 하지만 아이는 도무지 말을 하려 하지 않습니다. 그런 경우 대부분의 아이들은 친구에게 고민을 털어놓기도 하지만 친구들은 문제 해결에 큰 도움이 되지 못합니다. 그럼에도 친구에게는 이야기하는 고민을 정작 자기 부모에게는 말하지 못하는 경우가 많습니다.

우리 학교법인 산하 고양외국어고등학교에는 기도실이 있습니다.

학생들이나 교사들이 답답하고 힘겨울 때 하늘 아버지께 찾아가 마음을 털어놓고 대화하는 공간입니다. 나도 막막한 어려움에 부딪칠 때에는 하나님 아버지께 내 마음을 쏟아내기 위해 기도실로 갑니다.

고양외고 학생들은 특별히 선발된 우수한 인재들입니다. 그러나 아무리 뛰어난 그들도 경쟁에서 언제나 승자가 될 수는 없습니다. 시험을 치른 후 예상치 못한 점수가 나오면 부모님께 차마 알릴 수 없어 가슴이 타들어 가는 아픔을 겪기도 합니다. 부모님은 부모님대로 자녀의 성적에 조바심을 내며 참다가도 진전이 없으면 매정한 소리를 하게 됩니다. 그러면 가뜩이나 위축되어 있던 아이는 그만 마음의 문을 닫고 괴로워하기만 합니다. 그렇게 아픈 영혼들이 기도실 문을 열고 들어가 하나님과 대화하다보면 주님이 주시는 평강으로 마음이 평안해져서 모든 걱정 근심을 주님께 맡기고 일상으로 돌아옵니다. 연약한 우리들이 기도실 문을 열고 들어가 하나님 아버지께 이런저런 말씀을 드리듯, 그리고 그 때에 하나님께서 우리에게 반응해주시듯, 아이들이 부모와 마음의 문을 열고 대화를 나눌 수 있는 조용한 장소와 시간이 필요합니다.

아이들의 고민에 귀 기울일 수 있는 조용하고 안정된 장소도 좋지만 때로는 아이와 함께 밀착하여 대화하는 여행지와 같은 역동적인 환경도 필요합니다. 그리고 자녀의 수준과 기호에 맞춰 환경을 선택하고 일정을 계획하는 것이 중요합니다. 이 모든 과정에서 가족과 함께 대화하면 아이들의 고민은 어느새 풀리고 창의적인 생각이 떠오르며 생각지 않은 것들을 저절로 배우게 됩니다.

나는 여름이나 겨울 방학 중에는 가족들과 여행하면서 아이들 눈높이에서 생각을 함께 나눠왔습니다. 여행을 빌미로 아이들과 모처럼 한 방에서 함께 자고 좋아하는 음식과 놀이 등을 하다보면 아이들은 그동안 심각히 고민했던 문제가 작게 느껴지는지 엄마에게 슬그머니 자신의 이야기를 해 줍니다. 때로는 형제들끼리는 이미 알고 있는 문제를 우리 부부만 모르고 있다가 뒤늦게 알기도 했습니다.

여행지에 가서는 온 가족이 한 방에 모여 잠을 자고 대충 만들어진 식탁에서 식사를 합니다. 마치 오래 전 비좁은 단칸방에서 온 가족이 함께 자고 함께 먹으며 몸을 부딪치면서도 불편함을 모른 채 살아가던 시절처럼 애틋한 정이 되살아나는 것을 느낄 수 있습니다. 부부 방, 자녀 방, 거실, 부엌, 식당이 널찍하게 구분된 최신식의 편리한 주거지에 살게 되면서 놓쳐버린 가족애가 그 부족함과 불편 속에서 오히려 피어오르는 것을 느끼게 됩니다. 서로의 체온을 나눌 만큼 옹기종기 모여 이야기꽃을 피우면 여행의 피로는 사라지고 즐겁기만 합니다.

나는 사내아이 둘과 딸아이 등 세 명을 키웠습니다. 사내아이들은 활동적이고 딸은 조용한 편입니다. 고궁에 가면 나와 딸은 천천히 이 것저것 살피고 안내문까지 일일이 읽으며 걷습니다. 반면 아빠와 두 아들은 빠르게 걸어 다니며 "다 보았으니 빨리 나가자"고 재촉합니다. 그런 아들들이 몇 해 전 옛 신라의 도시 경주로 가족 여행을 가는 것에 동의를 해서 의외라고 생각했습니다. 경주의 유적지들을 관광하는 동안 아들들도 제법 옛 서라벌 정취에 감동을 받는 것 같았습니다. 아이들의 관심사가 시간의 흐름에 따라 변하고 차원이 달라진다는 것이 흥미로웠습니다.

우리나라 부부 세 쌍 중 한 쌍은 하루 동안 배우자와 30분도 대화를 나누지 않는다고 합니다. 여성가족부가 전국 5018가구를 면접 조사해 발표한 '2015년 가족실태조사' 결과에 따르면 하루 평균 대화시간이 30분미만(전혀 없음 포함)인 부부가 전체의 30.9%나 됐습니다. 이는 5년 전(17.5%)보다 두 배 가까이 증가한 수치였습니다. 30분~1시간미만 대화하는 부부(34.5%)까지 합하면 세 쌍 중 두 쌍(65.4%)은 하루 1시간도 대화를 하지 않고 있는 것입니다.

반면 오래 대화하는 부부는 갈수록 줄어들고 있습니다. 하루 평균 30분~1시간 대화하는 부부는 2010년 39.9%였지만 이번 조사에서는 34.5%로 줄었고, 1~2시간은 26.2%에서 20.9%, 2시간 이상은 16.5%에서 13.7%로 모두 감소했습니다.

'침묵은 금'이라는 격언이 있지만 부부 사이의 침묵은 금이 아니라 '금이 가게' 합니다. 부부가 서로 대화하지 않는 가정에서 부모-자녀 간의 대화가 건강하게 이뤄질 수 없습니다. 부부가 서로의 감정을 건강하게 표현하고 즐겁게 대화할 때 자녀들도 직·간접적인 영향을 받아 감정을 표현하고 대화를 하게 됩니다. 즐겁게 대화를 나누는 부모님의 모습 속에서 상대방을 인정하고 용납하는 배려, 유쾌한 사회성 및 평화로운 가정 분위기, 행복한 삶을 경험하게 됩니다.

[즐거운 대화를 위한 제안]

1) 일상의 일들을 통해 쉽고 간단하며 즐겁게 대화하는
   습관을 갖는다.

2) 즐거운 경험을 하면서 풍성한 대화로 이끈다.

3) 자녀의 부정적 감정 표현을 이해하고 적극적으로 들어준다.

4) '나' 전달법을 통해 부모의 감정을 전달한다.

5) 자녀의 고민이 쌓이지 않도록 적절한 환경과 기회를 만든다.

6) 자녀와의 즐거운 대화를 위해서는 부모도 마음을 터놓고
   서로 대화한다.

원칙 3

기본에 충실하도록 양육하라

"마땅히 행할 길을 아이에게 가르치라 그리하면 늙어도 그것을 떠나지 아니하리라."(잠언 22:6)

이 잠언의 말씀은 "세 살 버릇 여든까지 간다"는 우리 속담을 연상시킵니다. 어린 시절에 받은 가르침이 한 사람의 인생을 좌우한다는 것입니다. 그 이야기는 한 사람이 살아가기 위해 마땅히 갖춰야 할 기본적인 생활습관이나 성장에 필요한 기본 능력들을 어린 시절에 가르쳐야 한다는 의미입니다. 그 시기를 놓치면 아이들에게 가르치기가 쉽지 않고 아이들도 자연스럽게 삶을 통해 배우기 어렵습니다. 인생길을 출발하는 아이에게 최적의 환경은 즐겁고 행복한 가정과 애정 어린 부모와의 관계입니다. 자녀는 곧 가정의 둥지를 떠나 더 넓은 세상으로 날아갑니다. 아이가 세상에 적응하며 성장, 발전하기 위해서는 기본 생활습관과 기본 능력들을 가정에서 충분히 익히고 습관화해야 합니다. 생활습관 및 자율적 선택과 책임의식, 학습능력, 독서습관 등은 아이들의 운명을 바꾸는 기본적인 습관이자 능력들입니다. 그리고 아이들의 삶에 평생 영향을 미칩니다. 이와 같이 중요한 기본생활습관, 기본 능력들은 부모가 가정에서 자녀들을 양육하는 동안 길러집니다. 그러므로 부모는 자녀들을 기본에 충실하게 양육해야 합니다.

↘ 1. 자녀 양육과 훈육의 원칙을 세워라

"예수는 지혜와 키가 자라가며 하나님과 사람에게 더욱 사랑스러워 가시더라"(누가복음 2:52)

　자기 자녀나 혹은 이웃의 자녀를 위해 기도할 때에 우리는 흔히 누가복음의 말씀을 즐겨 인용합니다. 하나님 보시기에도, 사람 보기에도 사랑스러운 아이는 모든 부모의 소망입니다.

　예수님은 유대 가정에서 성장하셨습니다. 유대 부모들의 자녀 양육방식은 성경 잠언을 통해 유추해 볼 수 있습니다. 성경(개역개정)에 '훈계'라는 단어가 34회 등장하는데 그 가운데 24회가 잠언에 나타납니다. 그 중 몇 가지만 살펴봐도 훈계에 대한 잠언의 말씀은 상당히 단호합니다.

"훈계를 굳게 잡아 놓치지 말고 지키라 이것이 네 생명이니라"(잠언 4:13)

"훈계를 지키는 자는 생명 길로 행하여도 징계를 버리는 자는 그릇 가느니라"(잠언 10:17)

"매를 아끼는 자는 그의 자식을 미워함이라 자식을 사랑하는 자는 근실히 징계하느니라"(잠언 13:24)

　'잘못하지 않도록 타일러 주의시킴'이란 의미의 '훈계'로 대표되는 잠언의 자녀 양육방식은 오늘날 우리 가정의 자녀 양육에도 적용될 수 있습니다. 아이가 성장하면서 습득해야 하는 여러 가지 기본생활

습관과 기본능력들은 부모의 양육과 훈육에 의해 길러집니다. 사전적 의미로 양육은 '아이를 잘 자라도록 기르고 보살핌'입니다. 훈육은 '품성이나 도덕 따위를 가르쳐 기름'입니다.

그런데 아동 양육에 있어 극단적인 허용론자들은 아이를 향한 부모나 교사의 훈계 및 훈육에 불편한 마음을 나타냅니다. 또 직장에 나가는 어머니는 자녀와 함께하지 못한 낮 시간의 부재에 대한 보상심리로 자녀를 훈계하지 않아야 한다는 그릇된 판단을 하기도 합니다. 그러나 자녀의 요구를 무조건 다 받아주며 문제를 피하기보다는 그들로 하여금 잘못된 행동을 깨닫게 하고 바르게 인도하는 것이 자녀에게 더 유익합니다. 세상은 자신의 감정과 생각을 조절하며 타인과 더불어 조화롭게 살 수 있는 사람을 요구합니다. 그런 사람은 누구보다 이 세상에서 성공할 가능성이 높습니다. 한 아이가 성숙한 사람으로 성장하기까지는 따스한 돌봄의 양육과 더불어 훈계가 필요하다는 것을 성경의 잠언은 강조하고 있습니다.

넓은 의미에서 훈육은 아동양육 과정에 포함되어 있습니다. 그러나 앞서 말한 것처럼 훈육이나 훈계에 대한 부정적 견해로 인해 양육과정에서 훈육이 점점 약화되는 경향이 있습니다. 훈육이 빠진 양육은 문제가 있습니다. 그러나 너무 어른 중심의 일방적인 훈육 또한 문제입니다

자녀의 올바른 훈육을 위해서 지켜야 할 기본 원칙이 있습니다. 세 가지로 정리한다면 다음과 같습니다.

첫째, 일관성을 유지해야 한다.

부모는 일관성 있는 행동 규준을 제시하고 공평한 규칙을 적용해야 합니다. 부모의 '안 돼'라는 지시가 정말 안 된다는 의미로 인식되도록 일관성 있는 태도를 유지해야 하는 것이지요. 부부가 함께 똑같은 방향을 결정하고, 함께 지도해나가는 것이 중요합니다. 부모의 일관성은 자녀에게 심리적 안정감을 제공합니다.

'아이가 아직 어리니 크면 나아지겠지'라는 막연한 생각 속에 부모가 일관성을 잃거나 행동규준을 포기하면 아이는 점점 더 통제하기 어려운 행동을 보이게 됩니다. 부모가 바른 행동 규준과 규칙을 일관성 있게 제시하지 않고 자녀에게 지나치게 허용적이면 만족할 줄 모르는 아이, 자기 행동에 대해 올바른 판단을 하지 못하는 아이로 자라기 쉽습니다. 또한 허용적인 가정 분위기와 규율과 원칙을 요구하는 사회 사이의 괴리감 속에서 고민하고 갈등을 겪는 아이로 자랄 수 있다는 사실을 기억해야 합니다.

둘째, 자유와 허용의 범위를 점차적으로 넓혀가야 한다.

성숙한 사람만이 자신에게 주어진 자유와 기회를 최대한 사용하여 발전의 계기로 삼습니다. 부모는 자녀가 성숙한 사람이 되도록 적절한 지도를 통해 자유와 허용의 범위를 점차적으로 넓혀가야 합니다.

우리 옛말에 '아이를 예뻐하면 할아버지의 턱수염까지 당긴다'는 말이 있습니다. 대부분의 어르신들은 손주를 매우 사랑합니다. 할머니, 할아버지들은 손주의 요구를 엄마, 아빠보다는 확실히 더 많이 들어줍니다. 그런데 그 결과는 손주가 할머니, 할아버지에게 버릇없게 행동하는 것으로 돌아오는 경우가 많습니다. 이것은 늦둥이나 외동이의 경우도 비슷합니다. 늦둥이나 외동이의 부모는 아이가 원하는 것을 모두 들어주려고 하는 경우가 많기 때문에 아이가 스스로 조절할 기회를 갖지 못하는 경향이 있습니다. 부모로서 자녀에게 많은 관심을 쏟으며 사랑하려고 애쓰지만 그 노력에 아랑곳하지 않는 자녀의 반응에 난감함을 겪기도 합니다.

이렇듯 아이에게 주어지는 무한정의 자유와 허용은 사고와 실수, 부작용을 초래할 수 있으며 감사할 줄 모르는 자기중심적인 미성숙한 아이로 자라게 할 수 있습니다. 늘 모든 것을 소유했던 아이는 자기 마음대로 되지 않을 때 견딜 수 없는 갈등을 겪으며 막무가내로 부모에게 떼를 씁니다.

아이가 부모의 말을 듣기보다는 일방적으로 떼를 쓰고 고집을 부리면 인내심이 많고 이해심 많은 부모라 할지라도 좌절감과 수치심을 겪게 됩니다. 아무리 허용적인 부모도 무한정으로 인내할 수 없기 때문에 결국 바람직하지 않은 방법으로 자녀를 지도하기도 합니다.

셋째, 권위 있는 부모가 되어야 한다.

앞에서 지나친 허용과 절제 없는 자유의 부작용을 언급했다고 해서 자녀의 요구를 무시하고 부모가 원하는 대로 양육하라는 뜻은 절대 아닙니다. 지혜로운 부모는 부모의 권위를 갖고 옳고 그름에 대한 행동 규준을 제시하며, 자녀가 사랑을 느낄 수 있는 안정된 환경 속에서 성장하도록 돕습니다. 그런데 부모로서의 권위를 갖고 자녀를 양육한다는 것은 무엇을 의미할까요? 부모는 자녀가 태어나면서부터 자녀를 사랑과 훈계로 양육해야 하는 책임과 더불어 부모의 권위를 갖습니다. 그러나 모든 부모가 부모로서의 권위를 적절하게 사용하여 자녀를 양육하는 것은 아니지요. 부모의 유형은 자녀 양육의 상반된 두 요인인 애정과 통제에 대한 양육태도에 따라 크게 권위 있는 부모, 허용적인 부모, 독재적인 부모로 분류할 수 있습니다.

심리학자인 다이애나 바움린드(Baumrind, 1966)의 연구에 따르면 지나치게 허용적인 부모의 아이들은 인내심이 부족하고 대단히 의존적이기 때문에 미성숙한 아이들로 성장하며 때로는 가족에게 공격적으로 행동합니다. 반면에 부모의 권위가 있는 집 아이들은 성격이 쾌활하고 자신의 감정을 조절할 줄 알며 자율적이고 탐구적으로 행동하는 특징을 가지고 있습니다. 허용적인 부모와 권위 있는 부모 모두 공통적으로 아이들에게 많은 관심과 사랑을 표현합니다. 그러나 허용적인 부모는 아이들에게 행동 규준을 잘 제시하지 않고 아이들이 원하는 대로 허용하는 반면에 권위 있는 부모는 아이들에게 행동 규준을 제시하고 설명해 준다는 차이점이 있습니다. 그와 더불어 권위있는 부모는 아이들과 자주 대화하고 아이들 연령보다 조금 높은 규준을 제시하는 경향이 있습니다. 권위 있는 부모는 따뜻한 사랑을 주지만 단호한 통제를 가한다는 점에서 행동의 통제 규준을 정하지 못하는 허용적 부모와 다르며 통제만 하고 따뜻한 사랑을 주지 않는 독재적인 부모와도 구별됩니다. 독재적인 부모는 애정과 동정심을 갖고 아이를 돌보지 않습니다. 대신 힘으로 누르며 행동을 지시하는 경향이 있습니다. 따라서 이들의 자녀는 매사를 불만족스럽게 받아들이고, 비사교적이며, 사회적 적응을 제대로 못하는 아이들로 성장하기 쉽습니다.

양육태도에 따른 부모의 유형과 자녀의 성격을 간단히 표로 만들면 다음과 같습니다.

[부모 양육태도에 따른 자녀의 특징]

	권위 있는 부모	허용적인 부모	독재적인 부모
사랑과 관심	많은 관심과 사랑을 표현하면 양육함	많은 관심과 사랑을 표현하면 양육함	관심과 사랑을 잘 표현하지 않음
행동규준 제시	행동규준을 제시하고 설명함. 아이의 연령보다 약간 높은 규준을 제시	행동규준을 제시하지 않고 허용의 폭이 큼	이미 설정해 놓은 행동규준에 의해 자녀의 행동에 대한 즉각적이고 장기적인 통제와 강요
통제	제한된 범위안에서의 자율성. 설득과 권위의 통제		
자녀의 특징	쾌활하고 감정을 잘 조절하는 자율적이고 탐구적인 성향의 아이	징징대며 의존적인 성향의 아이	불만족, 비사교적, 사회적 적응을 잘 못하는 아이

일반적으로 훈육이 필요하다는 말은 벌이 필요하다는 의미, 특히 신

체적인 체벌을 의미하는 것으로 받아들여져 거부감을 갖게 합니다. 그러나 훈육이란 아이를 지도하는 통제적인 체계를 말합니다. 광범위한 그 체계 안에서 벌은 일부분에 지나지 않습니다. 효율적인 자녀 양육을 위해서는 따스한 보살핌과 함께 훈육이 필요합니다. 부모는 훈육을 제대로 이해하는 한편 아동양육에 관한 전략들을 알고 있어야 합니다.

✄ 2. 아동양육의 효율적 전략들

벌을 사용하지 않고 유아를 지도하기란 쉽지 않습니다. 어린 아이에게 바른 행동과 습관을 지도하기 위해 벌과 함께 칭찬을 사용함으로써 아이의 자아 존중감을 손상시키지 않고 지도할 수 있습니다.

1) 칭찬과 벌을 조합한 5·3·1 전략을 사용하라.

유아기는 일생의 중요한 습관들을 조금씩 익혀가야 하는 때입니다. 그런데 자기중심적이고 직관적인 유아기의 사고는 단편적이고 일관성이 없습니다. 그래서 부모가 아이에게 지도를 하면 아이는 "네", 또는 "응" 하고 대답하지만 그 때 뿐이고 돌아서면 다른 행동을 하곤 합니다.

이 시기에 아이는 급속한 언어발달을 하게 되는데 여기서 가장 가깝고도 강력한 모델은 어머니입니다. 어머니는 아이의 말을 주의 깊게 듣고, 조급하지 않게 기다려주며, 아이가 자신과의 대화 내용을 이해하고 잘 받아들일 때까지 설명을 반복해야 합니다. 아이의 자율성과 주도적 행동을 위축시키지 않는 범위 안에서 행동의 제한을 정한 후 반복해서 지도하고 칭찬하면 아이는 바람직한 행동과 습관을 형성해 갑니다.

유아기의 가장 큰 과제인 배변훈련은 부모나 아이 모두에게 좌절감을 줄 수도, 성취감을 줄 수도 있는 부모-자녀 공동의 과제입니다. 아이는 만 2세가 되면서 신체적으로 자신을 조절할 수 있는 능력과 자신의 내적 변화에 대한 인식, 그리고 표현할 수 있는 능력이 갖추어져서 배변훈련을 할 준비를 하게 됩니다.

하지만 배변훈련을 할 준비는 아이마다 시기에 있어 조금씩 차이가 납니다. 그러므로 부모는 아이가 제대로의 조건을 갖춘 때를 잘 관찰해야 합니다. 준비 되지 않은 상태에서 아이를 밀어붙이면 아이가 수치심을 갖게 되거나 무력감을 느끼게 되니까요.

아이가 준비되어 있는 상태에서 '잘 해 낼 수 있다'는 믿음으로 지도하면 아이는 칭찬받고 싶어서라도 부모의 지도에 협조하고 대소변 가리기를 성공적으로 마칠 수 있습니다. 부모의 세심한 지도와 칭찬을 통해 아이는 성취감을 느끼고 자기 존중감을 발달시켜 바람직한 습관을 형성해 갑니다. 배변훈련은 누구나 겪어야 하는 과정이지만 그 과정을 어떻게 통과하느냐에 따라 아이에게 미치는 영향이 달라집니다.

유아들에게 쓰레기 버리기, 방 청소하기, 우유 가져 오기 등의 사소한 집안일을 할 기회를 주고 칭찬과 격려로 북돋아 주면 아이의 독립성과 책임감, 자아 존중감이 자라게 됩니다.

만 3~4세는 자신감이 자라나는 것과 더불어 방해물에 대한 강한 반발과 반항을 나타내는 시기입니다. 어른들이 이때를 '미운 네 살'이라고 부르는데는 다 이유가 있습니다. 이 시기에 아이는 자아의식이 발달하고 탐구력이 왕성해지면서 부모나 성인, 또는 다른 아이들과 부딪힐 때 강한 반발을 하게 됩니다. 다행히도 강한 반발은 1~2년 정도 지속하고 나서 자연스레 지나갑니다.

이 시기에 부모가 지나치게 압박하여 활동을 억제시키거나 강력하게 방해한다면 아이는 정서적으로 왜곡된 성격을 지닌 고집 세고 반항적 아이로 자라나기 쉽습니다. 인정받으며 독립적으로 활동하고 싶어 하는 아이에게 자신의 능력을 발견하고 주변을 탐색할 수 있는 풍부한 환경을 제공해 주십시오. 그러면 아이는 자신의 경험 세계를 넓히고 강한 소속감을 느끼게 될 것입니다. 이 때 바람직한 행동을 형성하기 위해 부모가 원칙을 세워 일관성 있게 지도하는 것이 중요합니다. 아이들의 바람직한 행동을 위한 지도 원칙으로 5 • 3 • 1 전략을 소개합니다.

① 5 (다섯 번)

일반적으로 아이에게 바람직한 행동을 할 것을 요구할 때에는 적어도 다섯 번은 같은 내용을 반복해서 아이를 지도해야 합니다. 반복적인 부모의 요구는 아이가 자신의 행동을 집중할 수 있게 해 줍니다. 어떤 목적을 위해서 반복해서 교육을 하면 그것이 마음에 깊이 새겨지며 행동으로 나타나게 된다. 아이에게 한두 번 말한 것으로 교육을 다 했다고 생각해선 안됩니다. 반복해야 합니다.

② 3 (세 번)

아이가 부모의 요구와 지시에 따랐을 때는 확실하게 칭찬을 해 주어야 합니다. 다섯 번 지도했다면 세 번은 칭찬해 줘야 한다는 사실을 명심하십시오. '칭찬은 고래도 춤추게 한다'는 말이 있지요. 칭찬은 어른의 마음도 즐겁게 하는데 하물며 어린 아이들은 칭찬을 들으면 몹시 기분 좋아해 하는 것이 당연하겠지요.

부모의 칭찬은 곧 관심을 의미합니다. 아이는 부모에게 원하는 것은 '잘했다. 못했다'라는 평가가 아니라 관심입니다. 아이가 해낸 것을 부모가 지켜보고 있다는 사실을 알려주면 아이는 스스로 자신의 노력과 행동을 평가하는 과정 속에서 자신감을 키우게 됩니다. 그 자신감이 동력이 되어 행동이 바뀌고, 바뀐 행동은 습관으로 형성될 수 있습니다.

③ 1 (한 번)

칭찬 받을 행동만 하는 아이는 이 세상에 아무도 없습니다. 그런 아이가 존재한다면 더 이상 아이가 아닙니다. 아이는 실수하고, 반항하고, 때로는 중요한 것을 잊어버리고 넘어가기도 합니다. 그래야 아이인 것입니다. 그런 아이가 기억력과 언어능력이 놀랍게 발달하면서 사회적인 존재가 되어 갑니다. 아이가 사회적 존재가 되어가기 위해서는 사회의 규칙과 옳고 그름에 대한 판단력을 키우고 도덕성과 양심을 발달시키는 데에, 상과 벌이 중요한 역할을 합니다. 부모는 칭찬과 격려를 하면서 인내를 갖고 아이의 행동을 지도하지만 꼭 벌을 주어야 할 때는 단호하게 훈육해야 합니다. 아이의 올바르지 못한 행동을 바로잡기 위해서 무한 인내하거나 너무 자주 벌을 주기보다는 다섯 번의 지도를 할 때 한 번(1) 정도 따끔하게 벌을 줄 수 있습니다. 물론 벌도 효과적인 방법으로 줘야 합니다. 벌을 주어야 할 때 주의할 점은 다음과 같습니다.

- 벌은 벌을 받을 자녀가 이미 알고 있어야 한다. 부모가 자녀에게 어떤 행동을 기대하며, 그 기대에서 어긋났을 때는 어떤 결과가 발생하는지, 어떤 벌이 주어지는지 자녀가 미리 알게 한 상태에서 벌이 가해져야 한다.
- 벌은 자녀가 문제 행동을 했을 때 바로 준다. 문제 행동이 행해진 한참 후에 벌을 받는 아이는 자신이 벌을 받는 것에 대해 납득하지 못할 수 있다.
- 벌은 자녀 수준에서 벌 받을 만 하다는 생각이 들어야 한다. 자신이 벌을 받는 것이 공정하지 않다고 생각한다면 그 벌은 아이에게 부정적인 영향을 줄 뿐 벌의 효과를 달성할 수 없다.
- 벌은 자녀의 행동과 관련해 줘야 효과적이다. 예를 들어 가구에 크레파스로 그림을 그렸다면 잠시 크레파스를 갖지 못하게 하는 식으로 관련성 있게 벌을 준다.
- 벌은 사랑과 존중의 관계 안에서 줘야 한다. 부모가 화풀이하는 심정으로 벌을 준다거나 심각한 체벌은 자녀에게 모욕감, 불안감 등이 쌓이게 할 수 있다. 자녀를 사랑하고 존중하는 방법으로 벌을 준다면 아이는 모욕감이나 불안감에 빠지지 않고 벌을 받아들인다. 유대인들의 속담에 "오른손으로 벌을 주었으면 왼손으로 껴안아주라"는 말이 있다. 벌은 사랑의 표현과 적절한 조화를 이뤄야 함을 말하는 지혜이다.

'5·3·1-다섯 번의 지도와 세 번의 칭찬, 한 번의 벌'의 원칙을 마음에 담고 자녀를 훈육한다면 아이는 건강한 자아를 갖고 자기와 주변 환경을 꾸준히 탐구하면서 바람직한 사회인으로 성장할 것입니다.

2) 문제행동들에 대한 전략을 수립하라.

아이가 어떤 행동을 한다면 그것은 아이가 자신의 생각, 감정, 욕구, 동기, 가치 등을 밖으로 표출하는 행위입니다. 그러므로 아이가 문제행동을 보이면 먼저 왜 그런 문제행동을 하는지, 동기와 목표가 무엇인지를 파악해야 아이의 문제행동을 해결할 수 있습니다. 아이가 문제행동을 할 때에는 대부분 그릇된 목표를 갖기 때문입니다. 주의 집중을 받으려 한다든지 힘 행사하기, 반항, 복수하기, 무기력함을 나타내기 위해서 문제행동을 보입니다.

아이가 문제행동을 하는 목표를 제대로 알아내는 것은, 아이가 그릇된 행동을 하는 이유를 이해함으로써 아이를 변화시키고 나아가 앞으로 또 있을 문제행동을 예방하는 데에 기초가 됩니다. 아이가 문제행동을 하는 목표를 객관적으로 파악할 수 있는 능력은, 아이를 자세히 관찰하고 아이와 함께 상호작용하면서 발달시킬 수 있습니다.

아이의 행동목표가 파악되면 그에 따른 대처방법을 선택해야 합니다. 아이에게는 사랑과 관심이 필요합니다. 그러나 아이가 지나치게 주의집중을 받으려고 부적절한 행동을 한다면 무시하는 것도 필요합니다. 무시함으로써 아이 자신의 부적절한 행동이 주의집중을 받는 데에 별 도움이 되지 않는다는 것을 깨닫게 하는 것입니다. 문제행동을 함으로써 부모를 이기려고 힘을 행사한다든지 자기 고집대로 하려는 의지, 반항이나 복수의 의도가 보인다면 단호한 훈육이 요구됩니다.

훈육을 할 때 가장 중요한 원칙은, 아이의 영혼과 정신을 해치지 않으면서 아이의 행동양식을 바람직하게 형성시켜야 한다는 점입니다. 아이의 자존감을 해치지 않으면서도 아이가 스스로 자율적으로 훈련할 수 있는 능력을 기르도록 지도하는 것이 중요합니다.

그런데 어떤 훈육 방법은 힘과 순종의 관계를 강요하기 때문에 일시적으로 행동을 변화시킬 수는 있으나 아이를 성장하도록 돕지는 못합니다. 가정에 질서와 안정감을 주고, 아이의 의지를 꺾거나 좌절감을 주지 않으며, 그들의 생각과 행동을 바람직하게 형성하도록 돕는 방법을 소개합니다.

① 직접적이고 단호한 지도와 '나' 전달법

부모는 평소 친절하고 부드러운 대화를 통해 부모 자신의 생각과 견해를 아이에게 알리며 부모-자녀간의 마음을 주고받습니다. 여기에서 대화는 언어적 대화뿐만 아니라 비언어적 대화를 포함합니다.

그런데 아이가 위험한 일을 하고 공격적인 행동으로 타인을 해치거나 귀찮게 하는 등 명백하게 바람직하지 않은 행동을 할 때에는 문제행동을 그치도록 즉시 단호한 어조로 아이의 잘못을 지도해야 합니다.

아이가 다른 아이와 싸울 경우에는 단호하게 즉시 중단하도록 지도하면서 아이들을 떼어 놓아 아이들이 신체적으로 피해를 당하지 않도록 해야 합니다. 아주 위급하고 다급한 상황이 아니라면 부모는 아이를 무릎에 앉히거나 옆에 세운 뒤, '나'전달법을 통해 상황을 설명하고 대안적 행동을 제시해야 합니다.

"집안에서 씨름하거나 뛰어다니는 것은 시끄럽고 위험해요. 엄마는 너와 동생이 다칠까봐 걱정이 된단다. 다른 사람들을 방해하지 않고 위험하지 않게 밖에 나가서 할 수 있겠니?"

"동생도 그 장난감을 무척 갖고 놀고 싶어 하는구나. 네가 동생에게 빌려줄 때를 기다리며 저렇게 애태우는데 엄마의 마음도 안타깝구나. 조금만 놀게 해주면 안 되겠니? 10분만 놀게 해주렴. 엄마가 시계를 보고 있을게. 10분이 지나면 동생이 다시 돌려주도록 동생한테 얘기하자."

"네가 친구에게 '바보 같아'라고 말하는 것을 들으니 내 마음이 아프다. 그 친구는 바보가 아니야. 그 친구도 자기가 원하는 대로 놀고 있을 뿐이란다."

"나는 네가 친구가 다쳤는데도 그렇게 웃고 있는 것을 보니 속이 상한다. 친구가 다쳐서 정말로 아플 것 같아. 친구가 상처를 닦을 수 있도록 네가 휴지 좀 가져다주겠니?"

"그렇게 큰 소리로 울면 아주 시끄러워서 엄마에게도, 다른 사람들에게도 방해가 된단다. 울지 말고 말로 해보렴."

"네가 친구를 때린 것처럼 내가 너를 때리면 너도 아플 거야. 엄마의 마음도 아프다. 말로 해야지. 그러니 너도 친구를 때리기 전에 말로 해보렴"

"나는 네가 친구들에게 한 욕을 들었단다. 엄마는 정말 놀랐다. 그런 말은 우리 집에서는 쓰지 않는 말인데… 어떤 말을 써야 할까?"

부모가 위와 같은 '나'전달법으로 대화를 하면 부모의 돌봄의 마음과 감정을 아이에게 안정감 있게 전달할 수 있습니다. 아이가 몹시 반항하거나 몸을 비틀고 발을 동동 구르면서 펄쩍펄쩍 뛰는 등 비정상적인 행동을 하는 경우 부모는 아이의 몸이나 팔을 꼭 붙잡고, 아이의 눈높이에서, 명확하고 확실한 어조로, 잘못된 행동을 이야기 한후, 아이가 다른 행동을 생각하도록 제시해야 합니다.

아이는 부모가 자신을 꼭 붙들고, 똑바로 쳐다보면서, 단호한 어조로 대화해 오면 반항하거나 힘으로 몸부림치다가도 자신을 꺾고, 권위를 가진 어른의 통제력을 수반한 훈육을 받아들이게 됩니다. 그러나 부모가 이렇게 직접적인 대화를 회피하며 때리거나, 감정과 힘을 동반해 "너 이렇게 하면 혼난다", "이렇게 하면 ○○해 주지 않을 거야"라는 식의 위협을 하는 경우 아이는 부모의 훈육을 마음으로 받아들이지 않습니다. 아이는 부모나 어른의 협박을 받게 되면 자신에 대해 부정적인 감정을 갖거나 반항할 수 있습니다. 또 임시방편적인 보상은 효과적인 훈육법이 아닙니다.

아이를 훈육할 때에는 아이의 문제행동에 대한 직접적 언급이 필요하며 동시에 아이를 부정적인 감정으로 빠트려서는 안 된다는 점에 유의해야 합니다.

② 문제행동과 상황에 따른 지도

상담 1

"저희 아이는 툭 하면 "엄마 싫어", "미워"하면서 저를 때리거나 발로 차요. 집에서는 물론이고 밖에 나가서도 그러고, 저 혼자 있을 때에든 누구 다른 사람이 있을 때에든 상관하지 않아요. 그럴 때에는 어떻게 해야 할까요?"

상담 2

"저희 아이는 자기 마음에 들지 않으면 장소를 가리지 않고 바닥에 누워 떼를 써요. 백화점이나 대형마트에 가서 자기가 원하는 것을 사달라고 조르다가 안 된다고 하면 고래고래 소리를 질러요. 그래도 통하지 않으면 아예 바닥에 누워 버리는 거예요. 그럴 때에는 정말 식은땀이 나요."

위의 상담에 등장하는 유형의 아이들을 주변에서 종종 목격하게 됩니다. 그 때마다 부모가 아무 제재도 하지 않고 쩔쩔매며 끌려 다니는 것을 보면 안타깝기 짝이 없습니다.

올바르게 양육되지 않은 아이는 자신의 욕망을 조절하지 못하는 것은 물론 다른 사람을 고려하지 않고 자신의 불만을 언제, 어디에서나 표현하는 미숙한 아이로 자라게 됩니다. 그런 아이는 문제 행동을 계속하는 가운데 부모와 힘겨루기를 하며 부모를 이기려 듭니다. 힘겨루기를 그치지 않을 뿐 아니라 부모에게 반항하고 더 나아가 부모에게 복수하려는 마음까지 가질 수 있습니다. 올바르게 양육되지 못함으로써 부모-자녀의 관계는 치명적으로 손상되게 됩니다.

그러므로 아이가 부모와 힘겨루기를 하는 상황이 벌어지면 부모는 아이의 눈높이에 맞게 무릎을 꿇고 아이를 똑바로 쳐다보면서 문제 행동을 그치도록 지시해야 합니다. 아이에게 부모의 권위와 통제력을 느끼게 하고 문제 행동이 적절하지 않음을 깨닫게 해주면 대부분의 힘겨루기 상황을 극복할 수 있습니다.

상담 3

"그렇게 해도 말을 듣지 않고 계속 징징거리면 어쩌지요? 저희 애는 일단 떼를 쓰기 시작하면 누구도 못 말려요. 결국은 자기 뜻대로 되어야만 멈추는 아이랍니다."

부모의 권위와 통제력을 느끼게 하면서 문제 행동을 그치도록 지시해도 듣지 않는 아이의 행동에는 더 이상 관심을 두지 않아야 합니다. 그런 아이의 행동을 일단 무시하십시오. 부모의 과민 반응, 과보호적 반응은 아이의 징징거림을 더욱 부추길 수 있기 때문입니다. 부모로서 떼쓰고 소란 피우는 아이의 행동을 견디기가 다소 힘이 들더라도 일단은 무시해야 합니다. 아이의 미숙한 행동을 모른 체하고 있으면 아이는 얼마 있다가 자신의 행동을 그칠 것입니다. 아이가 보통 때보다 더 심하게 징징댄다면 혹 몸이 불편하기 때문은 아닌지 검사해 볼 필요는 있습니다. 물론 아이의 고집이 워낙 센 탓에 부모의 이런 노력이 수포로 돌아가는 경우도 있습니다. 건강상의 특별한 사유 없이 계속 징징거리거나 떼를 쓸 때에는 조용한 곳에 데리고 가서 아이 스스로 혼자 생각할 시간을 갖도록 하는 것이 좋습니다.

매우 허용적인 부모는 이런 무시, 혹은 격리의 훈육법에 불편한 마음을 지닐 수 있습니다. 때로는 부부간의 훈육 방법이 일치되지 않아 부부 마찰을 겪기도 한다는 점을 유념해야 합니다.

상담 4

"남편과 저는, 아이를 양육하는 방식에 있어서 의견 차이가 심해요. 그래서 번번이 부딪치죠. 저는 아이와 규칙을 정하고 그 규칙대로 지내려 노력하고 있는데 남편은 휴일에 집에 있으면, 제가 아이와 세워놓은 규칙을 다 허물어버리는 거예요. 정말 속상해요."

상담 5

"시부모님은 저의 양육방식이 마음에 안 드시나 봐요. 저희 가족이 시댁을 찾아뵙거나 시부모님이 저희 집에 오시거나 하게 되면 문제가 발생해요. 특히 시어머님은 제가 아이에게 방금 전에 안 된다고 한 것을 '그러지 마라, 괜찮다' 하시면서 허용하세요. 제 나름의 방침을 정해놓고 가르쳐오는데 그걸 번번이 뒤집으시니까 속상해요. 어른 앞에서 반박할 수도 없고 난감하지요."

각 가정마다 훈육 방법에 대한 견해 차이로 크고 작은 갈등을 빚는 일이 많습니다. 부모 간의, 부모와 조부모 간의 의견 불일치가 가정 불화를 일으키기도 합니다. 하지만 일단 가정의 훈육법이 결정되면 가족은 모두 일관성 있는 태도를 보여야 합니다. 가족 구성원 간에 훈육 태도가 일관성이 없다는 사실을 아이가 파악하게 되면, 아이는 그것을 이용해서 더 혼란스러운 행동을 할 수 있기 때문입니다.

처음 훈육하는 사람이 단호한 입장을 보이면 아이는 자기편이 될 사람들을 주위에서 찾습니다. 그러나 집안의 다른 어른들, 형제들도 모두 훈육하는 사람과 마찬가지 입장이라는 것을 확인하면 아이는 생각을 바꿉니다. 물론 행동을 바꾸기까지에는 시간이 필요하지요. 이때 아버지나 할머니, 할아버지, 때로는 형제들까지 아이가 올바른 반응을 하도록 격려하며 도와줄 수 있습니다. 모든 가족이 "그래 잘 생각했어. 엄마 말 듣고 밥 먹어야지", "옳지, 이리 와서 조용히 앉아야지" 등의 말을 통해 아이의 바람직한 행동을 유도하면 아이는 자연스레 가정의 질서 세계로 유입됩니다. 가족의 적절한 조치를 통해 행동 바꾸는 시간을 단축시키는 것입니다. 아이가 생각과 행동을 바꾸면 가정의 분위기는 보다 빨리 회복됩니다.

어른들은 아이를 충분히 사랑하고 존중하는 가운데 아이가 선택할 수 있는 자유를 주어야 합니다. 그러나 동시에 자유에는 한계가 있으며 모든 것을 할 수는 없다는 것을 가르쳐야 합니다. 부모는 아이에게 옳고 그름, 해야 할 일과 하지 말아야 할 일을 어려서부터 지도하면서, 아이가 할 수 있는 영역을 점차 넓혀가도록 도와야 합니다. 그러면 아이는 예의 바르게 자라고 자신을 조절할 줄 알게 될 뿐만 아니라 동시에 자신감 넘치고 건강하게 성장할 수 있습니다. 부모를 무시하거나 때리는 등 버릇없는 행동을 하는 아이는 결국 사회의 질서를 파괴하는 사람으로 성장할 수 있습니다. 그래서 그런 식으로 아이로 키워서는 절대 안 됩니다. 고집 세고 공격적인 아이는 학교에 가서도 다른 아이들과 사귀는 것이 어렵고 친구를 자기중심적으로 통제하려 합니다. 그것이 뜻대로 안 될 경우엔 친구를 왕따 시키기도 합니다. 극단적으로는 교사나 웃어른들에게 반항하며 기존의 질서를 무너뜨리는 행동을 할 수도 있습니다. 이런 아이가 사춘기가 되면 부모와 교사는 훈육하는데 더욱 어려움을 느끼게 됩니다.

가정은 아이가 이 세상에서 경험하는 첫 번째 사회입니다. 아이는 가정으로부터 시작하여 어린이집, 유치원, 학교 등으로 점점 확대되는 환경 속에서 수많은 경험을 하며 성장합니다. 아이가 건강하고 능력 있는 개인으로, 더불어 살아가는 성숙한 사회인으로 성장하기 위해서는 일찍부터 기본적인 생활 습관을 습득해야 합니다.

⚒ 3. 기본 생활습관을 지도하라

동물은 생존에 필요한 본능만으로 삶을 영위해 갑니다. 하지만 인간은 동물과 다릅니다. 인간은 집단의 기준에 따라 자신을 통제, 조절하며 살아가면서도 동시에 자아 성취나 자율성에 대한 커다란 욕구를 갖고 있습니다.

두세 살밖에 안 된 유아가 자기주장과 자기중심성이 강해 마음대로 행동하려고 애쓰는 것을 보게 됩니다. 엄마들 표현으로 '반항'하는 유아의 이런 자기중심적인 사고 앞에는 두 가지 가능성이 열려 있습니다. 자기중심적인 사고가 이기심으로 발전할 가능성, 그리고 자기중심적인 사고가 자율성으로 발전할 가능성입니다. 두 살 박이 유아 앞에 놓인 두 개의 갈림길에서 자기중심적인 사고가 자율성으로 발전한다면 아이의 잠재력은 무한대로 꽃피울 수 있게 됩니다. 이것이 부모의 지도가 필요한 이유이며, 부모의 지도가 왜 그렇게 중요한지 설명해 주는 근거입니다.

부모는 아이의 이야기를 들어주는 가운데 아이 스스로 대안을 찾도록 돕고, 선택한 경험을 바탕으로 스스로 깨닫도록 격려하며, 훈육을 통해 올바른 방향을 제시하는 도우미 역할을 해야 합니다. 올바른 방향으로 아이를 훈육하기 위한 첫 걸음은 기본 생활습관을 지도하는 데서부터 시작됩니다. 기본 생활습관을 지도하기 위해서 유의해야 할 점은 다음과 같습니다.

첫째, 효과적인 규칙을 정하는 것이 필수적이다.

아이에게는 규칙이 필요합니다. 규칙이 있다면 언제나, 모두에게 평등한 원칙이 적용될 수 있기 때문입니다. 규칙은 숫자가 적고 간단해야 하며 아이의 입장을 고려하여 정할 수 있습니다.

규칙이 너무 많고 강제적이 되면 오히려 반항적인 아이, 또는 소심한 아이가 될 수 있다는 점을 유의해야 합니다. 규칙은 가족 상황을 고려하고 아이를 포함한 모든 가족 구성원의 합의하에 정해져야만 아이도 규칙을 지키는 데에 책임감을 느끼게 됩니다.

반대로 아이의 자율성과 자존심을 길러 준다는 명분 아래 아이가 하고 싶은 대로 모든 것을 허용하는 것도 바람직하지 않습니다. 숙제하기 싫어서 숙제하지 않고, 게임하고 싶어 게임하고, 정해진 시간에 식사하기 싫어서 식구들과 함께 식사하지 않고, 밤늦게까지 자지 않고, 아침 일찍 일어나지 않고, 세수하지 않고 이 닦지 않는 등 모든 것을 아이 하고 싶은 대로 해 줄 수는 없습니다. 아이에게도 규칙이 반드시 필요합니다. 기본 생활규칙 없이 하고 싶은 대로 하도록 아이를 내버려 두면 아이는 처음에는 편할지 모르나 결국은 그 대가를 지불하게 됩니다. 그릇된 자존심만 커져 자기 마음대로 되지 않을 때의 좌절감을 이겨내지 못하고 부모나 교사가 조금만 통제해도 받아들이지 못하는 막가파식 아이가 될 수 있습니다.

요즘 십대들의 자살률이 높아져 사회문제화 되고 있습니다. 청소년들 가운데 작은 스트레스도 견디지 못하고 너무 쉽게 자신의 목숨을 끊는 어처구니없는 사건이 늘고 있습니다. 또 한편으로는 자기 마음대로 행동 하면서 성장한 십대들이 동료 친구들에게 가혹하게 폭력을 휘두르거나 그들을 왕따 시켜, 견디다 못한 친구가 자살을 하는 경우도 있습니다. 때때로 군대에서 제대로 적응하지 못하는 관심 병사가 일으키는 사건으로 인해 온 국민이 걱정과 두려움에 빠지기도 합니다.

십대뿐 아니라 어른들의 자살도 늘어나고 있습니다. 성인임에도 불구하고, 자신에게 닥친 문제를 해결하려 하거나, 그 문제와 맞서 극복하려 하기 보다는 스스로를 포기하는 쪽을 선택하는 행동의 원인을 거슬러 올라가면 유아기 양육방식에 문제가 있다는 사실을 발견하게 됩니다. 가정 내에 가족을 묶어주는 정서적 끈이 든든하지 못할 때 아이는 자신을 쉽게 포기하는 경향이 있습니다.

이제는 성장한 나의 세 자녀들은 어릴 때 식사 규칙이 있었습니다. 적어도 일주일에 네 번은 부모와 온 가족이 함께 저녁식사를 하며, 식사 기도는 온 가족이 돌아가면서 한다는 등의 규칙이었습니다. 말하기를 막 배운 늦둥이 막내아들도 자신의 기도 순서가 돌아오면 제 역할을 하려고 더듬대면서 애를 썼습니다. 우리 가족은 어눌하게나마 기도하는 막내를 아낌없이 칭찬해 주었습니다. 시간이 지나면서 막내의 기도는 점점 발전해 갔습니다. 식사 준비를 할 때면 위로 두 아이는 돌아가면서 식탁에 숟가락과 물 컵 놓기, 밥 푸기 등의 도우미 역할을 했습니다.

TV와 비디오는 한 번에 한 시간 이상 연속적으로 시청하지 않도록 지도했습니다. 아이들은 주로 저녁 식사 전에 TV프로그램을 시청했지만 가끔 저녁 식사 후에도 시청하기 원하는 프로그램이 있으면 거실이 아닌 여분의 TV가 있는 곳에서 보도록 했습니다. 저녁 식사 후는 부모가 거실에서 뉴스를 보는 것을 우선하도록 했습니다. 그것도 일종의 규칙이었습니다. 아이들이 모두 자란 요즈음에는 TV보다는 주로 컴퓨터나 휴대전화를 통해 게임을 하거나 영화를 보기 때문에 컴퓨터와 휴대전화 사용에 관한 시간을 정해 놓는 것이 필요합니다.

초등학생 때는 토요일, 주일을 제외하면 10시 전에 잠자리에 드는 것을 저녁 취침 규칙으로 두었습니다. 그 밖에도 학교생활과 가정생활에 필요한 몇몇의 규칙을 설정했습니다. 여름방학과 겨울방학 때는 효율적으로 시간을 보낼 수 있게 하기 위해 아이들로 하여금 일일 시간표를 계획하도록 했습니다. 아이들은 시간에 대한 개념이 부족하기 때문에 재미있는 것에 몰두하기 시작하면 그 한 가지 일에 너무 오랫동안 시간을 보내기 쉽습니다. 부모는 적당한 때에 아이들이 하던 일을 끝내도록 지도해 주어야 합니다.

아이가 초등학교, 중학교, 고등학교로 진학함에 따라서 집안의 규칙도 변해야 합니다. 예를 들면 초등학생에게는 밤 10시 취침 규칙이 적당하지만 고등학생은 밤 12시가 되어야 비로소 잠자리에 들 때가 많음을 고려해야 하는 것입니다. 어떤 형태로든 기본 생활습관을 기르는 규칙이 필요합니다. 온 가족이 세운 규칙은 무슨 일이 있더라도 지킬 수 있도록 지도 해야 합니다.

둘째, 아이에게 허용될 수 있는 것과 허용될 수 없는 것을 가르쳐 준다.

부모가 사랑으로 돌봐 주는 것 못지않게 아이에게 중요한 사항이 있습니다. 바로 아이로 하여금 자신에게 허용되지 않는 것이 무엇인지 알게 하는 것입니다.

아이가 TV를 시청하다보면 특정한 장르나 프로그램을 즐겨 찾아보게 됩니다. 대개는 만화영화나 인기가수들의 뮤직 쇼를 좋아하기 마련입니다. 그러나 다양한 문화 환경 속에서 특정의 단편적인 문화만을 지속적으로 접하는 경우, 포용적이고 다각적인 시각을 갖지 못하고 행동기준의 판단력을 상실해 결국 그 문화 속에 빠져버리고 말 수 있습니다.

우리 집 막내 아이는 로봇들이 서로 공격하고 파괴하는 TV 만화영화를 가장 좋아했습니다. 제법 언어로 자기 생각을 표현할 줄 알게 될 무렵, 막내 아이가 "너 목자를 거야", "칼로 찌를 거야" 등의 말을 가족들에게 하거나 때로는 혼자 중얼거리는 것을 들으면서 나는 깜짝 놀랐습니다. 로봇 만화를 워낙 즐겨 보다보니 프로그램에 등장하는 험악한 말을 본받아 내뱉는 것이 자연스럽고 당연했습니다.

나는 아이에게 "그렇게 험악한 말을 하면 사람들이 무서워하고 엄마도 속상하니까 앞으로 그런 말을 하지 말아요"라고 당부했습니다. 그 대신 "신난다", "재미있다", "멋있다" 등의 표현을 자주 하도록 부탁했습니다. 다른 가족들에게는 내가 출근해 집에 없는 동안 아이가 TV를 볼 때 너무 공격적인 프로그램이 나오면 부드러움과 용기, 생동감을 전달해 주는 비디오테이프를 찾아 보여줄 것을 부탁했습니다. 대표적인 것이 디즈니회사에서 나온 비디오들이었습니다. 주말에 디즈니회사에서 나온 밤비, 인어공주, 라이언 킹 같은 비디오를 아이들과 함께 보았습니다.

나의 자녀들이 어릴 때는 아이들의 TV 시청이 부모들의 큰 골칫거리였습니다. 그러나 요즈음은 TV보다도 컴퓨터와 휴대전화로 각종 문화생활을 접촉하게 되어 부모의 관심과 지도가 과거보다 훨씬 더 많이 필요합니다. 컴퓨터는 정보를 얻고 학습하는 데에 필요하며 휴대전화는 신체의 일부처럼 가까이 두고 지내는 도구가 된 시대가 되었습니다. 따라서 이를 너무 과도하게 사용해 중독에까지 이르는 현상을 어떻게 방지할 것인가가 부모의 큰 과제가 되었습니다. 컴퓨터와 휴대전화를 통해 아이에게 선정적인 내용이 마구 유입되고 있습니다. 휴대전화와 컴퓨터의 역기능을 어떻게 방지하고 차단할지가 요즘 부모의 주요 고민이 되었습니다.

언제나 TV가 켜져 있는 가정, 컴퓨터와 휴대전화를 무절제하게 사용하는 가정은 먼저 부모부터 스스로의 생활습관을 개선해야 합니다. 크리스천 가정이라면 찬양이 은은하게 들려오는 환경을 조성해 자극적인 미디어를 찾는 아이의 관심 방향을 돌리는 것도 효과적입니다. 아이와 함께 자동차를 타고 이동할 때에는 라디오나 CD를 통해 자연스레 찬양과 성경 말씀 등을 들려줄 수 있습니다. 늘 좋고 바람직한 것을 아이에게 제시함으로써 바람직하지 않은 것에 휩쓸려가지 않도록 보호 장치를 마련해 주는 것은 부모만이 할 수 있습니다. 부모가 평소 무엇을, 어떻게 접하며 살아가느냐 하는 것은 아이의 생활 습관에 조용하지만 강력한 영향을 줍니다.

셋째, 기본 생활습관의 지도는 긍정적인 관계 안에서 이뤄져야 한다.

부모가 아무리 기본 생활습관을 지도하려 노력해도 아이는 나름 대로 자존심과 원하는 바가 있으므로 떼를 쓰며 자기주장을 할 때가 종종 있습니다. 하지만 그동안 부모가 아이에게 관심을 갖고 마음을 열어 대화해 왔다면 아이는 결국 부모의 말에 순종할 뿐 아니라 부모의 말을 믿고 자신의 행동을 조절합니다. 이것이 바로 부모-자녀 간의 신뢰감을 바탕으로 한 존경과 사랑의 관계입니다.

아이들은 존경이란 단어보다는 "엄마, 아빠가 좋아요"라고 표현합니다. 아이가 엄마, 아빠를 좋아해 부모의 말과 제안을 열린 마음으로 받아들인다면 따뜻하고 애정적인 부모-자녀 관계가 형성됩니다. 기본 생활습관은 그와 같은 존경과 사랑의 관계 안에서 순조롭게 지도되고 형성됩니다. 그러한 관계는 아이가 성장하면서 이웃이나 다른 어른과의 관계에도 확대됩니다. 아이는 부모-자녀 간에 형성된 신뢰를 바탕으로 더 많은 사람들과 상호작용하며 건강한 개인으로 성숙해 갑니다.

⚓ 4. 자율적 선택과 책임의식을 지도하라

아이가 초등학교에 들어가면 많은 시간을 학교에서 또래들과 생활하게 됩니다. 열심히 공부하고 운동하며 근면하게 활동하면서 아이의 사고 능력이 발달합니다. 직관적 사고를 하던 유아기에서 벗어나, 사건의 전후 순서를 알고 원인과 결과를 추측하면서 사고의 틀을 확장해 갑니다. 이러한 사고의 특징으로 인해 공포나 불안감이 적어지고 새로운 활동을 통해 자신감을 얻습니다. 또한 정서적으로 안정되고 도덕성도 발달해 갑니다.

이 시기의 아이에게는 배워야 할 과업이 많습니다. 따라서 아이가 자율적으로 다양한 활동을 선택하고 선택에 대한 책임감을 갖도록 지도하는 것이 중요합니다. 그런데 자율성이 많아질수록 부모와의 갈등도 증가할 수 있습니다. 부모는 자녀가 자율성을 갖고 행동하면서도 그에 따른 책임의식을 갖도록 지도하는 방법은 다음과 같습니다.

첫째, 자연적·논리적 귀결법으로 지도하라.

자연적 귀결법이란 자녀가 자신이 행한 행동 결과를 자연스럽게 경험하도록 함으로써 자신의 문제행동을 스스로 해결하게 하는 방법입니다. 자연적 귀결법은 유아기에도 적용할 수 있습니다.

예를 들어 아이가 밥을 먹으려 하지 않으면 쫓아다니며 먹이거나 잔소리하며 먹이는 대신 먹지 않게 내버려 두어 배고픈 경험을 하게 하는 것입니다. 가족이 함께 가려고 계획한 곳에 혼자만 가고 싶어 하지 않으면 집에 남겨 두어서 자신의 행동에 대한 결과, 즉 심심함과 후회스러운 감정과 같은 부정적인 결과를 아이가 자연스럽게 경험하게 하는 방법입니다. 아이가 부모의 설득이나 권고도 아랑곳하지 않고 식사 때마다, 또는 외출 때마다 다른 가족들을 곤란하게 한다면 부모는 결단성 있게 자연적 귀결법을 사용해야 합니다. 그러면 아이로 하여금 자신이 선택한 결과를 경험케 하는 효과를 얻을 수 있습니다. 모질고 야박해 보일 수 있지만 가족 전체, 또는 부모가 일방적으로 당하는 괴로움을 아이도 겪게 함으로써 아이 스스로가 자신의 문제와 잘못을 깨닫도록 해줍니다. 결과적으로 아이의 잘못된 판단과 고집을 꺾는 방법입니다.

논리적 귀결법이란 행동의 부정적 결과를 자연스럽게 경험하게 하기 보다는 논리적으로 정해놓아 그 결과를 경험케 하는 방법입니다. 인간의 평등성을 기초로 아이는 자신의 권리를 요구할 수 있습니다. 또한 책임감을 갖게 되어 의사결정과정에 어른과 동등하게 참여하게 됩니다. 유아기보다는 만 5세 이후 초등학교 아동들에게 더 효과적인 방법이라고 할 수 있습니다.

예를 들면 많은 부모가 등교 시간마다 꾸물거리는 아이와 옥신각신합니다. 그런데 아이에게 잔소리하는 대신 아이로 하여금 늦어서 허둥지둥하는 것을 경험하게 합니다. 그 경험을 통해 아이는 지각하기 싫다면 일찍 자야 한다는 규칙을 심각하게 받아들일 마음의 자세를 갖게 됩니다. 따라서 부모는 아이와 함께 취침시간을 합리적으로 정할 수 있게 됩니다.

또 다른 예를 들자면 과제물 정리를 잘 못하거나 계획성이 없는 아이에게 부모가 도움을 주거나 잔소리하기보다는 제시간에 내지 못해서 겪는 어려움의 결과를 경험하게 하는 것입니다. 그런 상황을 겪으면 아이는 제때 과제물을 하지 않아 생기는 수치심과 속상한 경험을 더 이상 겪고 싶지 않은 마음을 갖게 됩니다. 이때에 부모는 아이가 저녁 한 시간을 과제물 준비 시간으로 합리적으로 계획하고 다른 일을 하지 않도록 지도할 수 있습니다.

자연적·논리적 귀결법을 사용할 때 부모가 알아야 할 점이 있습니다. 아주 고집 센 아이의 경우는 아직도 자신이 부모와 힘을 겨룰 수 있는지, 자기에게 유리한 선택을 할 여지가 있는 지 등에 대해 마지막까지 부모를 테스트 한다는 것입니다.

그러므로 일단 이 방법을 선택했다면 부모의 공허한 협박이 되지 않도록 결단성 있게 실행해야 효과적인 결과를 얻을 수 있습니다. 또한 말은 적게 하고 행동은 먼저 할수록 좋습니다. 부모는 일관성 있는 행동을 취함으로써 문제행동을 했을 때 어떤 일이 일어날지를 아이가 예상할 수 있게 해야 합니다. 메시지는 다정한 음색과 표현을 사용해 친절하게 전하되 행동은 단호하게 하십시오. 아이에 대한 동정심을 남용하지 말고 행위자와 행위를 분리해 생각해야 합니다. 마지막으로 자연적·논리적 귀결법과 벌을 함께 사용하지 말것을 주의하십시오.

앞서 말씀드린 대로 자연적·논리적 귀결법은 아이로 하여금 자신의 행동에 대한 결과를 경험하게 하는 것입니다. 그에 비해 아이가 성장하면 아이 스스로 다양한 해결책을 생각해내고 그 해결책을 통해 대안을 찾아가도록 지도하는 것이 가능해집니다. 대화로 대안을 찾고 선택에 따른 결과들을 객관적으로 평가함으로써 아이는 부모와 공동의 책임의식을 갖게 됩니다.

둘째, 대안 찾기로 지도하라.

부모-자녀 관계에서는 수시로 갈등이 생깁니다. 그 갈등을 해결할 때 부모가 이기거나 또는 아이가 이기는 일방적 승부가 아닌, 서로 윈-윈 (Win-Win)하는 것이 가장 바람직합니다.

부모-자녀 간의 갈등 해소를 위해 힘이 사용될 수도 있습니다. 비록 자녀가 어리다 해도 힘겨루기를 통해 부모에게 졌다고 생각한다면 문제가 해결된 상황이라 볼 수 없습니다. 어릴 때는 그런대로 자신의 감정을 누르기도 하지만 성장하면 사고가 확장되어 부모가 미처 생각하지 못한 부정적인 감정에 빠질 수 있습니다. 그러므로 부모-자녀가 모두 '윈-윈'의 감정을 갖게 되어야 바람직한 관계가 형성되고 아이의 문제 해결력도 향상됩니다. 또한 아이의 자신감과 자율성도 발달하게 됩니다.

성장과정에 따른 아이의 주장과 부모의 기대 차이로 갈등이 발생할 때 어떻게 해야 할지 아래와 같이 정리하면 다음과 같습니다.

• 먼저 아이에게 좋은 해결책이 있는지 물어보아 아이가 해결책을 생각할 시간을 줍니다. 이 때 가능한 한 다양한 해결책을 아이가 생각하도록 합니다. 부모와 자녀가 서로 합의할 수 있는 해결책을 찾는 것이 최종적인 목적이므로 가능한 한 많은 대안을 생각할 기회를 먼저 아이에게 줍니다. 부모는 나중에 생각할 시간을 얼마든지 가질 수 있습니다.
• 아이가 생각해낸 해결책을 이야기하게 한다. 이 때 아이의 해결책에 대한 평가나 비판을 피합니다.

- 아이의 이야기를 적극적으로 들어주고 가능하면 나중에 재검토하기 위해 메모를 합니다.
- 아이의 생각이 정리되면 부모의 생각을 나눕니다. 생각이 더 이상 나지 않으면 문제점을 다시 적어볼 수 있습니다.
- 대개의 경우 문제점과 해결책을 모두 나열해 보면 분명 좋은 해결책이 드러납니다. 자녀에게 해결 방법을 강요하거나 설득하는 것은 좋은 방법이 아닙니다. 아이는 자신이 자유롭게 해결책을 선택하지 못한다면 부모가 제시한 해결책을 받아들이더라도 책임감을 갖고 실천에 옮기지 않을 가능성이 높습니다.
- 부모–자녀가 해결책을 거의 결정했다면 서로 그 해결책을 이해했는지 확인합니다.

위와 같은 과정은 단순한 문제 해결 차원이 아니라 아이와 함께 대안을 찾아가는 것입니다. 이 대안 찾기를 위해선 다양한 각도에서 사고해야 함은 물론 다른 사람의 감정도 함께 고려해야 합니다. 이렇게 하다보면 아이의 지적 사고 능력이 개발되며 정서적 발달에도 긍정적 영향을 미치게 됩니다. 또한 여러 각도에서 문제 해결책을 찾아가는 과정 속에서 아이의 책임감은 향상됩니다.

물론 대안을 찾아가는 것이 쉽지는 않습니다. 합의한 대안이 반드시 성공적이지 않을 수도 있습니다. 그때에는 문제를 객관적으로 다시 평가해 또 다른 대안을 선택하고 이를 행동에 옮겨 검증하면 됩니다. 이같은 과정을 거치는 동안 부모-자녀는 서로 책임감을 느끼게 되고 문제 해결에 대한 자신감을 갖게 됩니다. 그 결과, 인격적으로 서로 존중하는 부모-자녀 관계로 발전합니다. 이러한 과정을 어릴 때부터 많이 경험하다 보면 아이는 어느덧 부모보다 더 융통성 있는 대안들을 제시할 수 있게 됩니다.

이런 일련의 과정은 부모-자녀간에 갈등이 있을 때에만 경험할 수 있는 것이 아닙니다. 자녀가 성장함에 따라 정기 가족 모임에서 가정의 의사결정과정에 참여시킴으로써 책임감을 길러줄 수도 있습니다.

아이들이 어렸을 때에는 주일 아침 가정예배 시간을 우리의 가족 모임으로 삼았습니다. 성장하면서 우리 아이들은 부모 뿐 아니라 형제간에도 서로 의사소통하며 대안을 찾아가는 능력이 커져갔습니다. 지난 겨울에는 아이들의 미래 계획과 진로를 결정하기 위해 잠시 휴가를 나온 큰 아이가 미국으로 돌아가기 전에 가족회의를 했습니다. 아이들 각각 회의 자료를 만들어 설명하며 다른 가족의 의견을 구하는 모습이 매우 대견하고 흐뭇했습니다.

아이는 만 2세가 되면 가정을 떠나 어린이집에 갑니다. 요즈음은 더 어린 나이에 놀이방에 맡겨지기도 합니다. 학령 전 아이는 유아기관에서 놀이를 통해 건강한 삶과 사회생활을 배우는 한편 학습 능력도 발달시킵니다.

아이가 원하건 원하지 않건, 학습은 어린 나이때부터 아이가 반드시 경험해야 할 과제입니다. 아이는 초등학교에 가면 본격적으로 공부를 하게 됩니다. 공부는 선택이 아닙니다. 아이 삶의 기본 가운데 하나입니다. 따라서 스스로 공부하는 아이로 기르는 것이 중요합니다.

5. 스스로 공부하는 아이로 기르라

"어떻게 하면 우리 아이가 공부를 잘 할 수 있을까?"

이 질문은 자녀가 학교에 입학하고 아이의 학습 능력이 객관적으로 평가되기 시작하면서부터 부모의 마음에서 떠나지 않습니다. 어떤 부모는 어린이집이나 유치원에 다닐 때부터 아이의 지적 능력이나 학습능력에 관심을 갖습니다. 신체적으로 건강하고 건전한 성격을 가진 아이의 부모조차 자녀가 공부를 잘해 다른 아이들과 비교해서 뛰어난 결과를 얻으면 마치 부모 자신이 성취한 것처럼 기뻐합니다. 그래서 부모의 욕심은 끝이 없다고 하는 것 같습니다. 끝없는 욕심을 다스리지 않고는 부모로서 만족할 수가 없습니다.

하지만 부모는 아이의 학습 능력을 길러주기 위해 효과적인 학습 지도 방법이 무엇인지도 알고 있어야 합니다. 아이의 양육자로서 아이가 삶의 기본이 되는 학습의 능력을 익히도록 도울 수 있어야 하기 때문입니다.

'천릿길도 한 걸음부터' 라는 말이 있듯이 공부도 처음부터 잘 할 수 없습니다. 기본부터 차근차근 성실히 할 수 있도록 부모가 도와주고 학습 분위기를 조성하는 것이 중요합니다.

아이는 새로운 것에 대한 흥미와 기대가 있지만 동시에 새로운 것에 대한 두려움도 많습니다. 아이는 규칙을 필요로 하지만 규칙보다는 자기 마음대로 하고 싶어 합니다. 학교에 대한 기대감으로 초등학교에 입학한 아이도 얼마 되지 않아 집단생활에 적응하기가 쉽지 않음을 느낍니다. 심각한 경우 학교에 가지 않으려 합니다. 사춘기 청소년 중의 어떤 아이들은 부모에게는 학교에 간다고 하고 학교에 가지 않거나 심지어는 가정과 학교생활에 불만을 갖고 가출하기도 합니다. 대부분의 장기 결석자나 결석이 잦은 아이들, 가출 아이들의 학업성적은 거의 하위권입니다. 학습 능력은 학교 및 집단의 적응 생활에도 영향을 미칩니다.

대부분의 부모는 아이가 별 탈 없이 자라고 공부를 잘 하면 얼마나 행복해하는지 모릅니다.

"아이가 건강하게 자라는 것으로 만족해요."

"아이가 다른 아이들과 잘 어울리고 행복해하면 그것으로 나는 만족해요."

이런 식으로 말하는 부모들도 정작 마음 깊숙한 곳에서는 '그래도 내 아이가 공부까지 잘 해주었으면'하는 바람을 갖습니다.

어린이집, 유치원, 요즈음에는 초등학교 저학년까지, 획일적인 교사의 학습지도보다는 아이가 학습 영역을 선택하고, 선택한 교과영역에서 활동을 통해 스스로 공부하는 교육 방법을 강조하고 있습니다. 그러나 아이가 성장할수록 규율과 훈련이 집단생활이나 학습에 점점 더 적용되기 때문에 학습활동에서도 자아 통제력을 기르도록 자녀를 교육하는 것이 학업성취도에 중요한 요인이 됩니다.

1) 학습 능력 배양을 위한 지도방안을 세워라

어른들의 삶은 많은 분야에서 자기희생, 노력, 그리고 결과에 대한 책임을 요구합니다. 어릴 때부터 자기가 하고 싶은 것만 하고 규율과 공동생활에 대한 지도를 받지 못한 아이는 성장한 후에도 성인에게 요구되는 행동을 하기보다는 유치하고 무책임한 행동을 하는 경향이 있습니다. 일생 동안 삶에 영향을 주는 학습 능력은 어렸을 때부터 놀이와 교육활동을 통해 발달해 갑니다. 학교에 들어가면 숙제를 통해 학습에 대한 자기 훈련이 시작됩니다. 부모는 아이가 스스로 공부하며 평생 학습자가 될 수 있도록 지도하고 때로는 훈련해야 합니다. 아이의 학습 능력을 기르기 위한 효과적인 지도방안을 살펴보면 다음과 같습니다.

첫째, 부모는 아이가 숙제를 미루지 않도록 지도한다.

아이가 학교에서 귀가하면 부모는 집단생활에서 돌아온 아이를 따뜻하게 맞아주어 긴장을 풀고 쉴 수 있는 환경을 만들어주며 허기지지 않도록 영양을 보충해줍니다. 그리고 학교에서 보낸 가정통신문과 숙제를 확인하고 지도합니다.

대개의 아이는 학교에서 돌아오면 숙제를 하기보다는 TV 시청이나 컴퓨터게임 등 놀이부터 하려 합니다. 이 때 부모는 아이의 생활에서 학습과 놀이가 조화 있게 균형을 이루도록 배려해줘야 합니다. 학교생활에 피곤한 아이가 집에 돌아와서 간단한 간식을 먹으면 긴장이 풀어지고 기분이 좋아집니다. 마냥 놀고 싶은 아이에게 잠시 쉴 수 있는 시간을 주고 다음날 순조롭게 학교생활을 할 수 있도록 숙제를 지도합니다.

하기 싫다고 숙제를 저녁 식사 후까지 미뤄두면 오히려 피곤하고 집중력이 떨어집니다. 그러면 성의 있게 숙제를 준비하지 못할 뿐 아니라 짜증이 나며 심지어 학교나 선생님이 미워질 수도 있습니다. 그러므로 부모는 아이가 조금 힘들더라도 숙제를 미루지 않고 성실하게 마칠 수 있도록 도와주어야 합니다. 이렇게 양육된 아이는 점차 부모의 도움이 없이도 자기가 해야 할 분량의 숙제를 자발적이며 계획성 있게 할 수 있는 능력을 갖게 됩니다.

둘째, 방과 후 과도한 학습은 지양한다.

학교생활로 피곤한 자녀를 방과 후에 다시 학원 학습으로 보내거나 학습지 공부를 과도하게 시키는 것은 아이를 수동적으로 만들고 학습 부담에서 오는 갈등을 겪게 할 수 있습니다. 하기 싫기에 밀려 쌓이는 학습지, 가기 싫은 학원, 학원에서 새로운 친구들과의 어색한 만남, 지치고 피곤함 등은 밝게 자라야 할 아이의 생활에 짜증과 부정적인 감정들을 쌓이게 합니다. 꼭 필요한 과목의 학습을 보완해 주는 적절한 양의 학습지와 특기 신장을 위한 학원 수업은 아이의 학습 능력 향상과 재능교육에 도움을 줄 수 있지만, 부모의 과도한 욕심과 경쟁적인 투자는 오히려 부정적인 결과를 초래합니다. 이런 투자로는 일시적인 효과를 거둘 수는 있을지 모르나 장기적인 효과를 거두기는 어렵습니다.

셋째, 자녀가 공부하는 습관을 갖고 공부에 지속적으로 몰입할 수 있는 환경과 분위기를 만들어 준다.

나는 가족이 함께 공부하고 함께 책 읽는 공간을 만들기를 권장합니다. 아이마다 방 하나씩 주기보다는 형제 또는 자매가 함께 한 방에서 생활하도록 하고, 대신 부모와 자녀가 함께 할 수 있는 공부방을 확보하는 것이 바람직합니다.

예전에는 온 가족이 한 방에서 자고, 먹고, 놀며 지냈습니다. 다소 불편하긴 했지만 함께 지내면서 가족 구성원 간에 끈끈한 정을 키워왔습니다. 생활 형편이 나아지고 개인 생활이 강조된 요즘에는 부모와 자녀들이 각자의 방에서 지냅니다. 이런 편리한 환경에서 오히려 부모-자녀간의 대화가 단절될 수 있습니다. 또한 가족 구성원들끼리 서로의 삶을 통해 자연스럽게 배울 수 있는 기회가 박탈됩니다.

나는 아들 둘과 딸 한명을 두었습니다. 딸은 자기의 방이 있고 사내아이 둘은 2층 침대가 있는 방에서 함께 지냈습니다. 아이들이 자라면서 놀이보다는 학습과 책 읽는 시간이 많아지자 조용하게 몰입할 수 있는 장소가 필요해졌습니다. 나는 개인적으로 사용하던 방에 책상 3개와 책장을 넣어 공부방으로 꾸몄습니다. 책상 한 개에는 컴퓨터와 프린터를 올려놓았습니다.

나는 아침 일찍 일어나 공부방으로 들어가 아침 기도를 드립니다. 기도를 한 후에는 성경말씀을 읽습니다. 묵상을 통해 느낀 점과 어제 있었던 일, 오늘 할 일 등을 노트에 간단히 기록합니다. 하나님과의 조용한 대화 시간이 끝나갈 무렵에 아이들이 일어나 학교 갈 준비를 시작합니다.

　학교에서 집으로 돌아온 아이들은 잠시 쉬면서 힘들었던 학교생활을 정리합니다. 그리고 3개의 책상이 있는 공부방에서 각자 숙제를 비롯해 공부와 독서를 합니다. 늦둥이 막내는 때때로 책상에서 좋아하는 건담 만들기를 하며 시간을 보냅니다. 공부방에는 연필, 종이, 색종이, 색도화지, 크레용, 크레파스 등과 선물 포장지, 셀로판테이프, 스테플러 등의 문구류를 갖춰놓아 공부에 지치면 그림을 그릴 수 있게 했습니다. 때론 거기서 책을 읽고 글을 쓰기도 합니다. 그 곳은 누군가를 축하하기 위해 조용히 선물 포장을 하는 작업 공간이기도 합니다. 둘째는 공부하다가 모르는 게 있으면 오빠에게 물어보고, 형과 누나는 동생의 건담 만들기를 도와줍니다. 아이들은 그 공간에서 놀고, 공부하고, 서로 도와주면서 많은 시간과 추억을 공유했습니다.

　아이들이 잠들면 공부방은 온전히 나의 몫이 됩니다. 난 그 곳에서 집중해 책을 읽고 글도 쓰면서 하루를 마무리 합니다. 아이들은 잠자다가 깨어나도 내가 어디에 있는지 잘 알고 있습니다. 공부방은 아이들을 건강하게 키워 낸 우리 집의 소중한 공간이었습니다. 그 곳에서 공부하고, 책을 읽고, 창의적인 활동을 하면서 아이들은 미래를 준비했습니다.

　21세기에는 학교 수업을 넘어 평생교육이 강조됩니다. 평생교육이란 말의 의미는 인간의 교육이 유아기부터 노년기에 이르는 전 생애에 걸쳐 가정·학교·사회에서 이루어져야 한다는 뜻입니다. 지금 우리는 평생 배우지 않으면 안 되는 시대에 살고 있습니다.

　아동기에서 청년시절까지 배운 지식을 바탕으로 경험을 축적해 가며 일평생 직업인으로서, 생활인으로서의 삶을 충분히 영위할 수 있었던 시대는 이미 과거가 되었습니다. 이제는 끊임없이 더 배우지 않으면 하루가 다르게 발전하는 사회 환경 앞에서 한계에 부딪칩니다.

더욱이 우리나라는 세계에서 가장 빠르게 고령화가 진행되고 있습니다. 곧 고령화 사회를 지나 초 고령화 사회가 될 전망입니다. 이처럼 수명은 급속하게 연장되고 제반 환경이 빠르게 변화하는 시대에 사회의 건강한 일원으로 오랫동안 더불어 살아가려면 끊임없이 학습해야 합니다. IT기술의 발달과 전국에 확대된 정보망으로 인해 우리나라에는 스스로 공부할 수 있는 환경이 잘 갖춰져 있습니다. 정보화 시대에 특히 요구되는 자질은 자가학습능력입니다. 그러한 자가학습능력은 저절로 습득되어지는 것이 아닙니다.

부모는 자녀들이 평생 공부 할 수 있는 내적인 동기를 갖도록 도와줘야 합니다. 평생학습시대를 맞아 자녀들이 학습에 대한 긍정적 태도를 갖고 스스로 연구할 수 있도록 지도해야 합니다.

2) 정보화시대를 맞아 스스로 연구하게 하라

사람은 학습한 내용들을 다 기억하지는 못합니다. 그러나 일단 학습이 시작되면 그 내용이 어느 영역, 어느 범주에 속해 있으며, 어떻게 찾을 수 있는지를 알게 됩니다. 학습 훈련이 되어 있고 긍정적 태도가 형성된 아이는 평생 동안 지식의 바다에서 원하는 정보를 찾아내어 자신의 실력을 기를 수 있습니다.

20세기에는 노하우(know-how), 즉 실질적인 지식과 경험이 중요했지만 21세기에는 지식 그 자체보다도 노웨어(know-where), 즉 지식이 어디에 있는지를 아는 것이 더 큰 힘이 됩니다. 빛의 속도로 쏟아지는 엄청난 정보의 홍수, 평생교육까지 받지 않으면 안 되는 현실 속에서 개인이 엄청난 분량의 지식과 정보를 습득하고 실질적인 경험까지 갖춘다는 것은 불가능합니다. 노웨어(know-where)를 빠르게 간파하는 능력을 갖춰 자신에게 가장 필요한 정보를 언제든지 유효적절하게 수집하고 추출해 자신의 것으로 활용하는 역량이 핵심인 시대가 되었습니다.

학교 교육 과정도 자기주도학습 강화를 지향하고 있습니다. 아이가 각급 학교에서 경험하는 자기주도학습은 결국 평생교육 시대를 능동적·주체적으로 살아갈 수 있는 역량을 배우고 훈련하는 과정입니다.

종래의 학교 중심 교육에서 벗어나 교육을 위한 별도의 장소와 시간이 없더라도 어느 때, 어느 곳에서나 필요한 경우 교육받을 수 있는 평생교육시스템이 우리나라에 이미 갖춰져 있습니다. 우리의 인터넷 인프라는 세계 어느 나라보다도 잘 갖춰져 있습니다. 인터넷이 두메산골, 낙도 오지까지 전국적으로 보급되어 있고 그것을 활용한 원격교육시스템, 사이버 교육 프로그램 등이 개발되어 있습니다. 중요한 점은 그러한 시스템과 콘텐츠를 유효적절하게 활용하는 것은 전적으로 개인의 역량에 달려있다는 사실입니다.

우리나라는 IT 강국으로 컴퓨터, 인터넷 이용률이 세계 최고 수준입니다. 초등학생, 청소년 자녀를 둔 가정은 거의 모두 한 두 대 이상의 개인용 컴퓨터나 노트북을 보유하고 있습니다. 하지만 인프라, 하드웨어의 보급률과 실질적인 정보 활용 능력이나 활용도는 전적으로 다른 문제입니다.

　예전에 TV에서 정보화시대에 관한 대담 프로그램을 시청한 적이 있습니다. 우리나라 젊은이들의 인터넷 접속률과 개인 PC 보유량은 세계적인데 반해 대부분의 용도가 채팅이나 게임용이라는 이야기를 듣고 대단히 실망했습니다. 최근에는 인터넷과 휴대전화를 통한 금융결제, 쇼핑 등의 경제활동이 빠르게 증가하고 있습니다. 그러나 아이들은 여전히 정보 검색 등 교육적으로 인터넷을 활용하기보다 게임과 채팅, 문자 보내는 것으로 더 많이 사용하는 실정입니다. 아무리 첨단 기기가 주어져도 채팅이나 게임을 하는 데에 그친다면 아이들의 놀이가 외부 공간에서 컴퓨터나 휴대전화로 이동된 것에 불과합니다. 뿐만 아니라 친구와의 직접적인 관계가 배제되기에 더 부정적인 형태의 놀이라고 하겠습니다.

　특히 청소년들은 채팅을 통해 커뮤니케이션을 하지만 때로는 잘못된 채팅 내용으로 심각한 상처를 서로 주고받습니다. 요즘은 연령과 관계없이 인터넷 게임에 쉽게 빠져들고 있습니다. 그 내용이 대부분 너무나 폭력적인데도 중독을 염려할 만큼 심하게 몰입한 아이들이 많은 실정입니다. 이들에게 컴퓨터 게임을 금지시키면 곧장 휴대전화의 게임으로 이동합니다. 현재 부모들은 '게임과의 전쟁'을 치르고 있다고 해도 과언이 아닙니다.

　손쉽게 인터넷에 접근할 수 있고 휴대전화를 쥐고 사는 요즘 아이들이 채팅이나 게임으로 시간을 보내는 것을 부모가 무조건 막을 수는 없습니다. 자녀의 인터넷과 휴대폰 사용을 지도하기 위해서는 주의해야 할 것들이 있습니다. 주의사항은 다음과 같습니다.

① 자녀가 너무 많은 시간을 게임이나 채팅에 매달리지 않도록 적절한 시간 제한을 둔다.

② 저속하고 불량한 내용에 접근하지 못하도록 장치를 해둔다.

③ 컴퓨터를 거실이나 공동의 공부방에 두어 아이의 인터넷 사용을 모니터 할 수 있도록 한다.

④ 스마트폰은 원천적으로 부모의 모니터링이 어려운 기기이므로 아이 스스로 절제가 가능한 일정 연령까지는 주지 않는다.

⑤ 유익한 홈페이지나 모바일 앱을 자녀에게 소개하고 함께 방문해 보거나 다운 받는다.

평생교육의 시대를 살아가는 나는 세계 각국의 유익한 인터넷 사이트를 비롯해 국내의 여러 사이버스쿨이나 EBS교육방송, 환경보존에 관한 홈페이지 등에 접속, 유용한 정보를 습득하고 있습니다.

우리나라에는 전 세대에게 유용한 정보를 제공하는 홈페이지들이 많습니다. 유료강좌는 물론, 잘 찾아보면 무료 사이버 강좌도 분야별로 제공되고 있습니다. 유익한 정보를 마음껏 활용할 수 있는 홈페이지의 앱을 휴대전화로 다운 받을 수도 있어 아주 편리합니다. 그 앱을 부모-자녀가 공유해 정보를 찾고 게임과 노래도 하면 아이는 사이버공간을 선택적으로 이용하는 즐거움을 얻으면서 동시에 그 사이버 세계를 주체적으로 활용하는 능력을 갖게 됩니다. 이렇게 어릴 때부터 학습에 대한 긍정적 태도를 갖고 과제 해결을 위한 용도 등으로 인터넷을 생산적으로 활용한 아이는 부모가 일일이 간섭하지 않아도 게임이나 채팅을 하기 보다는 지식과 정보의 바다에서 자신이 필요한 것을 마음껏 찾아냅니다. 그런 가운데 정보를 이해하는 능력이 향상됩니다. 정보의 숲에서 보물을 찾아내는 역량이 날로 향상하게 되며 자신에 대한 자존감도 높아갑니다. 어떤 분야에 종사하든 스스로 계획을 세워 탐구하는 인재상이야말로 평생학습시대를 살아가는 우리 아이들이 궁극적으로 추구해야 할 모델이라고 생각합니다.

3) 무한경쟁시대에 하나님을 경외하게 하라

이 시대를 가리켜 무한 경쟁시대라고 합니다. 전 세계가 신자유주의 체제에 편입되면서 나라 안은 물론 나라 밖 전 세계 사람들과도 무한 경쟁해야 살아남을 수 있는 시대입니다. 내 아이가 무한 경쟁 속에서 살아야 한다고 생각하면 마음이 아픕니다.

그러나 긍정적이고 발전적인 학습태도로 무장된 아이들은 이런 시대에서 오히려 세계적 인물로 성장 할 수 있습니다. 학습능력이 탁월한 아이는 지적 능력과 자율적 탐구력을 갖추고 있을 뿐 아니라 그에 못지않게 학습에 대해 자기 훈련이 잘되어 있습니다. 공부와 노는 것을 성공적으로 병행하며 유아기를 지내고, 성장하면서 공부에 우선순위를 두다보면 자연스레 우수한 학습자가 됩니다. 우수한 학습자는 좋은 학습 습관을 지닌 사람입니다. 좋은 학습 습관을 지니면 결국 평생 학습자가 됩니다. 학습이 학습을 이끄는 일종의 학습의 선순환이 이뤄집니다.

중·고등학교학생들의 75%가 학창시절에 한 번쯤 공부 슬럼프에 빠진다는 통계가 있습니다. 공부 슬럼프에 빠진 학생들은 유아기나 초등학교 시절에 기본 개념 습득을 위한 기초 교육이 부실했거나 자율성 및 자기 훈련을 통한 학업성취의 경험이 부족한 경우가 대부분입니다. 따라서 학습에 대한 긍정적 태도를 갖기 보다는 과도한 공부 부담감과 열등감을 느낍입니다. 하지만 학교나 가정은 이같은 현상에 효율적으로 대처하지 못하고 있습니다.

어떤 부모는 아이의 학업 성적이 부진하면 무턱대고 화를 내거나 꾸중을 합니다. 어떤 부모는 "공부를 잘 하면 원하는 것을 사주겠다"는 등의 조건부 타협을 하기도 합니다. 또 어떤 부모는 초라한 성적 앞에서 좌절감을 느껴 아이에 대한 지도를 아예 포기해 버리기도 합니다. 포기는 쉽습니다. 그러나 포기의 결과는 치명적일 수 있습니다. 학습 부진아와 학교 중도 포기자 대부분은 그 결과를 일생에 걸쳐 맛보게 됩니다. 종종 "공부만 잘 하면 다 되느냐?"라고 이의제기를 하는 사람도 있지만 중·고등학교 시절의 학업 성적이 대학 진학에 결정적으로 작용하며, 대학 진학 여부는 직장 선택 등 한 인간의 진로와 일생에 크게 영향을 미치는 것이 현실입니다. 최근에는 대학에 가지 않았어도 어떤 분야에서 특기를 가진 사람들이 신지식인으로 불리며 고학력자들보다 더 우대받는 경우가 있긴 합니다. 그러나 여전히 학교 교육에서의 성취도 정도가 앞날의 성패를 가름하는 중요한 척도가 됩니다.

의무교육이 고등학교까지 적용되는 미국의 부모들 가운데 상당수가 엄청난 학비와 기숙사비를 지불해서라도 자녀를 사립 고등학교에 입학시키려 합니다. 무상으로 제공되는 공립교육을 거절하고 추가비용을 들여서라도 자녀를 사립학교에 진학시키려는 미국 부모들의 이유는 단순합니다. 질 높은 교육을 통해 자녀를 명문 대학에 입학시켜 더욱 안정된 미래를 제공하고 싶어 하기 때문입니다. 직장 종류도 많고 대학 입학의 문도 넓어 선택 폭이 큰 선진국에서조차도 대학교육이나 학업 성취도가 장래를 좌우하는 척도가 되는 것이 현실입니다. 그러므로 미국 등 선진국에서는 효율적인 학습 방법에 대한 연구를 많이 진행합니다.

그러나 아무리 효율적인 학습 방법을 연구하고 명문 고등학교 등 좋은 교육환경에 들어가 공부하더라도 그 곳에서도 여전히 경쟁은 불가피하며 학습 능력에 대한 차별은 여전합니다. 그러니 부모는 끊임없이 자녀의 학교 성적에 관심을 가질 수밖에 없습니다. 비용이 드는 사교육을 통해서라도 자녀의 학습능력을 향상시키려 합니다.

우리나라 부모의 교육열은 대단합니다. "우리나라에는 기독교, 불교, 유교보다 더 강력한 종교인 '대학교'가 있다"는 우스갯소리까지 있습니다. 사실 모든 종교는 '대학교라는 종교' 앞에만 서면 힘을 잃습니다. 대학교란 종교는 크리스천 가정의 풍경마저도 바꿔놓았습니다. 교회 마다 이미 고등부 공동화 현상이 일어났습니다. 교회 고등부 출석 학생이 현저히 줄어든 것입니다. 부모와 아이 모두 '신앙생활은 대학 입학 이후로 미뤄도 된다'고 생각한 결과입니다. 교회 중등부는 학교 시험기간마다 자리가 텅 비어있습니다. 학원 스케줄에 따라 주일 교회 출석이 좌우됩니다. 어떤 경우에도 '성수 주일'했던 과거엔 상상도 못할 풍경입니다. 부모가 교회의 중직자여도 사정이 크게 다르지는 않습니다. 주일 아침에 "교회 가야지"라면서 잠을 깨우면 아이는 "시험기간인데 교회 갔다가 성적 떨어지면 엄마가 책임질 수 있어?"라고 볼멘소리를 합니다. 그 소리에 교인인 엄마가 대답을 못했다는 이야기는 '대학교'의 위력을 단적으로 증명합니다. '학교-학원-집'으로 생활패턴이 정해진 우리나라 중·고등학생들의 일과에서 교회가 사라졌다고 말해도 과언이 아닙니다.

그러면서도 대학수학능력시험을 앞두고는 교회마다 자녀의 수능 대박을 기원하는 어머니들의 기도소리가 높습니다. 정작 시험을 치르는 당사자들이 수능 전에 교회에서 예배드리고 기도하는 모습은 찾기 힘든 형편입니다. 이런 아이러니가 어디 있습니까? 어둠 속에서 글을 쓰는 한석봉과 떡을 써는 어머니를 빗대어 "너는 공부를 하렴. 기도는 엄마가 대신 할게"라는 말이 연상됩니다. 그러나 성경은 분명히 말씀합니다.

"여호와를 경외하는 것이 지혜의 근본이요 거룩하신 자를 아는 것이 명철이니라."(잠언 9:10) 여기에서 '명철'은 새번역본에서는 '슬기'로, 영어 성경에서는 'understanding'으로 번역됩니다.

그렇습니다. 우리 아이들이 세상을 살아가는 데 필요한 모든 지혜의 근본은 하나님을 경외하는 것이요, 슬기로운 자가 되기 위해 갖춰야 할 근본은 거룩하신 하나님을 아는 것이라는 가르침을 마음에 새겨야 합니다. 어떠한 학습방법과 연구를 총동원해 아이를 양육하고 지도하더라도 출발점은 하나님을 알고 하나님을 경외하는 것이어야 합니다. 출발점에서 우리가 배워야 할 단어는 바로 하나님입니다. 이 진리는 무한경쟁 시대에서도 여전히 유효합니다. 오히려 무한경쟁이라는 혹독한 현실 앞에서 하나님을 알고 하나님을 경외하는 믿음을 갖는 것은 더욱더 중요합니다. 그것이 이 시대를 사는 크리스천들의 경쟁력이라는 사실을 기억해야 합니다. 하나님을 모른 채, 당장 눈앞의 시험 점수와 학벌과 같은 간판, 부와 재물이라는 허울만을 좇는 가운데 아이의 영혼이 병들면 인격과 삶도 망가질 것은 자명하기 때문입니다. 아이가 살아가는 데 필요한 지혜와 명철은 아이를 지으시고 세계를 이끌어 가시는 하나님을 경외하는 것으로부터 시작됩니다. 그래서 성경은 "지혜를 얻은 자와 명철을 얻은 자는 복이 있나니"(잠언 3:13)라고 말합니다.

믿음의 부모는 자녀를 실력 있는 인재로 키우기 위해 여러 가지 방법을 활용해야 합니다. 그러나 그 이전에 자녀들이 어떤 것보다도 먼저 하나님을 알고 그분을 경외함으로써 참된 지혜와 명철을 얻도록 이끌어 주어야 합니다. 기억하십시오. 하나님을 경외함이 지혜와 명철의 근본입니다.

그러므로 아이가 어릴 때부터 하나님을 경외하고 신령과 진정으로 예배드리도록 지도해야 합니다. 아이가 전 생애에 걸쳐 하나님의 인도하심을 받을 수 있도록 예배의 사람으로 양육해야 합니다.

믿음생활은 결코 부모가 아이 대신 해 줄 수 없습니다. 아이가 하나님을 직접 만나고 하나님의 자녀로 거듭나는 경험을 하도록 부모가 모범을 보이며 그 길을 열어주어야 합니다. 부모가 자녀와 함께 드리는 예배 생활, 아이가 날마다 하나님 앞에 나아가 주님께 지혜를 구하는 기도 생활 속에서 하나님께서는 참 지혜를 주시며 자녀의 학습에서도 선한 길로 인도하십니다. 실망하거나 포기하고 싶어질 때조차 옳은 길과 바른 방법을 찾아가도록 인도하십니다. 물론 자녀의 올바른 학습 습관과 학업 능력 향상을 위한 부모의 간절한 기도도 필요합니다. 나는 성령의 지혜를 통해 아이들의 부족한 면이 채워지고 가정이 평안해 지는 것을 수없이 체험하며 살았습니다.

아이가 공부하기 전에 드리는 기도는 삶의 주인과 지혜의 근본이 하나님이시라는 사실을 고백하는 것입니다. 동시에 자신이 공부하는 목적이 무엇인지를 되새기게 해 줍니다. 초등학생 수준의 기도문을 소개합니다. 아이의 연령과 상황에 따라 응용해 사용할 수 있을 것입니다.

[아이의 공부 시작하기 전 기도문]

하나님.

이제부터 공부를 하려 합니다. 공부 하는 동안 다른 생각이 끼어들어 방해받지 않고 집중할 수 있도록 도와주세요. 그동안 몰랐던 것들을 깨닫도록 지혜와 명철을 주시고, 하루하루 발전해가는 즐거움과 기쁨도 주세요. 이렇게 공부하고 배울 수 있도록 저를 항상 지켜주셔서 감사합니다. 저를 변함없이 사랑해주시는 하나님의 은혜를 더 많이 깨닫도록 도와주세요.

저의 공부가 저 자신만을 위한 것이 아니라 이 세상의 약한 사람들을 돕는 데에 사용되어 하나님을 기쁘시게 하도록 이끌어주세요. 예수님 이름으로 기도 드립니다. 아멘.

4) 학습 부진아의 학습향상을 위한 전략을 세우라.

자녀의 학습이 부진하더라도 부모는 결코 자녀의 학습 지도를 포기해서는 안 됩니다. 절망해서도 안 됩니다. 아이에 대해 쉽게 단정 짓거나 조급한 태도를 갖는 것은 금물입니다.

부모는 학교와 긴밀한 관계를 갖고 숙제나 성적에 관해 교사와 늘 대화해야 합니다. 대부분의 청소년은 부모가 학교에 오는 것을 좋아하지 않습니다. 학교에서의 일을 부모에게 잘 전달하지도 않습니다. 따라서 청소년 자녀를 둔 부모는 자녀의 학교생활에 더 신경을 써야 합니다. 부모는 학교 과제물과 요구되는 결과물에 관심을 갖는 한편 학교에서 이뤄지는 특별 행사에 아이가 잘 적응하도록 관심을 가져야 합니다.

아이의 학습부진에는 여러 이유가 있습니다.

가장 일반적인 이유는 학습 능력이 있는데도 훈련되거나 동기화되지 않아서, 또는 실패한 경험으로 인해 자포자기함으로써 학습에 충분한 성과를 얻지 못하기 때문입니다. 이런 경우에는 아이가 스스로 공부에 관심을 갖겠다고 결심하는 게 중요합니다. 결심이 습관이 되도록 결심 이후에도 잘 지켜보아야 합니다. 주의점을 살펴보면 다음과 같습니다.

- 습관 형성을 위해 처음 1~3주가 매우 중요합니다. 아이가 내적으로 동기화되기에는 시간이 필요합니다.
- 부모가 아이의 노력과 발전을 격려하고 때로는 보상도 해주는 등의 긍정

적 강화를 함으로 아이의 자신감을 북돋워 주고 학습의 즐거움을 느끼게 합니다.

• 습관이 형성되고 학습에 대한 긍정적 태도가 형성될 때까지 부모와 아이 모두 인내하는 훈련 기간이 필요합니다.

• 그러한 과정 중 아이는 점차 새로운 환경 속에서 실패를 일으키는 여러 조건에 대해 대항할 수 있는 힘을 얻게 됩니다.

실패에 관한 해결책은 흥미롭게도 감정이나 정서와 같이 학습과 관련되지 않은 문제들을 어떻게 다루는가에 달려 있을 때가 많습니다. 자신의 학습결과를 기대하지 않는 것에 익숙한 아이에게 부모나 교사가 이해심을 갖고 다가가 고민을 들어 주고 함께 해결책을 찾아 조그만 성공의 경험이라도 갖게 된다면 아이는 다시 학습에 관심을 갖고 긍정적인 시도를 할 수 있습니다.

인간은 공부 잘하는 여부와 관계없이 고귀한 존재입니다. 그러므로 학습을 이유로 아이가 자기 자신을 포기하거나 부모나 교사가 아이를 포기해서도 안 됩니다. 비록 지적 능력이란 측면에서는 부족함이 보일지라도 사회 정서면에서 건강한 아이로 자라도록 도와주는 것이 필요합니다. 아이가 특별한 재능을 갖고 있는지, 좋아하는 것이 무엇인지를 부모나 교사가 면밀히 관찰해 특기와 적성을 길러 주는 것도 매우 중요합니다.

〰 6. 책 읽는 아이로 기르라

대표적인 아날로그 제품인 책은 첨단 디지털 시대에도 여전히 존재감을 발휘합니다. 신문, 방송, 컴퓨터, 모바일 앱 등을 통해 수많은 정보가 넘쳐납니다. 영상매체와 더불어 책은 아주 오래된 정보부터 오늘날의 정보까지 꾸준히 소개합니다. 무엇보다도 책은 '마음의 양식'입니다. 거기에 누구도 이의를 제기하지 않습니다. 책에 대한 명언들을 살펴봅니다.

> "책은 정신의 음식이다." - 소크라테스
> "책을 가볍게 생각해서는 안 된다. 지금까지의 세계 전체가 결국은 책으로 지배되어 왔기 때문이다." - 볼테르
> "좋은 책을 읽는 것은, 과거 가장 훌륭했던 사람들과 대화를 나누는 것과 같다." - 데카르트

역사 이래 각 시대를 대표하는 뛰어난 인물들이 모두 한 목소리로 책의 가치와 유용성을 강조해온 만큼 책이 훌륭한 교사이고 또 벗이라는 우리의 믿음은 변함없습니다.

그래서 모든 부모는 아이가 책을 가까이하고 열심히 읽으면 가슴 뿌듯해 하며 안도감을 느낍니다. 실제로 독서를 통한 배움은 많은 정

보를 얻게 함으로써 학습의 기초가 될 뿐 아니라 상상력, 창의력, 추리력, 판단력 등의 사고를 발달시키며 감성을 풍부하게 길러줍니다.

책 읽는 습관이 성공에 이르는 매우 중요한 기본 능력이 된다는 것을 증명하는 연구조사 결과가 있습니다. 최근 조선일보에서는 독서와 학업 성취도에 관한 12년간의 추적 연구조사를 기사화했습니다. 한국직업능력개발원이 지난 2004년 당시 중3 학생 2000명을 12년간 추적했는데 그 결과 책을 많이 읽은 학생(3년간 11권 이상)은 3년 후 치른 수능에서 그렇지 않은 학생보다 국어, 영어, 수학 평균 등급이 과목별로 1.9~1.4 등급 높게 나왔습니다. 이 같은 등급차를 표준점수로 환산할 경우 과목별로 18~22점 차이가 난 것으로 해석됩니다. 조사 결과는 독서 자체가 모든 선천적·후천적 환경을 넘어 학업 성취도를 높이는 효과가 있다는 내용이었습니다.

독서가 이처럼 유익함에도 불구하고 안타깝게도 모든 아이가 책을 좋아하지는 않습니다. 그래서 아이가 어릴 때부터 책에 흥미를 갖고 책을 가까이하며 책을 읽도록 부모의 지도가 필요합니다.

책 읽는 습관을 어떻게 길러야 할까요?

아이가 책 읽는 즐거움을 알고 책 읽는 습관을 갖기까지에는 부모의 관심과 노력이 필요합니다.

우선 부모가 책을 가까이 하면 아이에게 독서에 대한 동기를 부여합니다. 아이가 책을 좋아하고 책을 가까이 하는 가정을 들여다보면 부모 역시 책을 좋아하는 경우가 대부분입니다. 이들 책을 좋아하는 부모는 아이가 어릴 때부터 책 읽는 환경을 조성하고 적절한 책을 제공하는 등 독서환경을 제공해 줍니다.

이처럼 책과 가깝고 독서가 생활화된 가정 속에서 아이는 자연스럽게 책을 좋아하게 됩니다. 아이들은 일단 재미있어야 책을 읽습니다. 그리고 학교에서 책을 읽어야 한다고 숙제를 내주면 책을 읽을 수밖에 없습니다. 이런 저런 이유로 책을 읽으면, 아이는 재미도 느끼지만 책 속에서 세상을 살아가는 지혜, 올바른 가치관, 사랑하고 배려하는 마음, 어려움을 극복하는 용기 등을 배웁니다. 동시에 미지의 세계에 대한 호기심과 상상력이 커집니다. 이와 같이 책의 유익을 경험하면서 아이는 책을 좋아하게 되고 책 읽는 습관을 갖게 됩니다.

특별히 부모가 책을 읽어주는 것은 아이가 책을 좋아하게 되는 데에 결정적인 영향을 미칩니다. 아이가 좋아하거나 혹은 부모가 좋아하는 책을 선택해 읽어줍니다. 아이의 반응을 살피는 가운데 위협적이거나 부적절한 내용은 적당히 줄이고 권장할 내용은 늘리는 등 상황에 따라 수정해가며 실감나게 책을 읽어주면 아이는 너무나 즐거워할 것입니다.

부모가 들려주는 책 이야기를 통해 아이는 상상의 나래를 펼치고 책에 대해 긍정적인 생각을 갖게 됩니다. 어린 시절의 책 읽기(혹은 부모의 책 읽어주기)는 인공지능의 딥 러닝과정과 같이 인간의 뇌를 자극해 상상력과 창의력을 키워줍니다. 12세까지가 독서습관을 키우는 골든타임이라고 할 수 있습니다. 어린 시절에 독서습관을 형성하지 않으면 어른이 되어도 책을 멀리하게 됩니다. 따라서 아이 스스로 책을 읽을 수 있을 때까지 책 읽어주기를 계속해 주는 것이 좋습니다.

아이 스스로 책을 읽을 수 있을 때에도 아이가 보는 책을 부모도 읽는 것이 좋습니다. 또한 책의 내용에 대해 부모-자녀가 함께 이야기를 나누다보면 부모-자녀 간의 풍성하고 깊이 있는 대화로 이어집니다. 부모는 아이가 책을 읽은 소감을 말할 때 책의 내용에 대해 아이가 오해하거나 책으로부터 부정적인 영향을 받은 것이 있는지 관찰하여, 이를 대화를 통해 해소하고 긍정적인 방향으로 생각할 기회를 제공할 수 있습니다.

모든 아이가 책 읽는 습관을 가진 아이로 자라지는 않습니다. 이유는 다양합니다. 아이가 책을 좋아하며 책 읽는 습관을 갖게 되는 것은 부모가 아기를 양육하는 습관으로부터 시작됩니다. 엄마는 아기가 졸려 칭얼댈 때 아기를 토닥거려 주거나 업고 흥얼대면서 재웁니다. 아기는 익숙한 어머니의 소리에 편안해지며 스르르 잠이 듭니다. 모든 나라마다 아기를 위한 자장가가 있습니다.

"자장 자장 우리 아가, 예쁜 아가 우리 아가, 자장 자장 우리 아가, 달도 별도 새근 새근…" 단조롭지만 편안한 어구의 자장시에 간단한 음률을 더하면 자장가가 됩니다. 노래를 잘 못 부르는 엄마, 할머니, 심지어는 아빠도 가락에 맞춰 토닥거려 주면 아기는 뒤척이며 칭얼대다가도 잠이 듭니다. 아주 간단한 자장시가 매일 일정하게 전달되면 아기는 사람의 목소리와 음성에 친근해집니다.

사람의 말을 글로 표현해 모아 놓은 것이 책입니다. 글은 그림책, 시집, 동화, 우화, 소설, 수필집, 영웅전, 전기, 잡지, 만화 등 다양한 형태로 표현되며 전달됩니다. 어머니의 음성에 익숙해진 아이는 말하는 것을 배우기 시작합니다. 어머니는 아직 글을 모르는 아이에게는 이야기를 해 줄 수 있습니다. 잠이 오지 않는 아이에게 어머니가 옛날이야기나 성경에 나오는 인물들의 이야기를 해주면 아이는 스르르 잠이 듭니다.

아이가 책을 읽을 수 있기 전에 엄마는 아름다운 그림으로 가득한 그림책을 소개해 줄 수 있습니다. 책 속의 그림에는 아이가 알고 있는 많은 것들이 있습니다. 아가, 엄마, 아빠, 강아지, 고양이, 집, 산, 들, 강, 꽃 등 아이가 이미 알고 있는 수많은 것들이 아름다운 그림 속에 있습니다. 엄마는 그림 속에 있는 것들의 이름을 이야기하며 자연스럽게 아이에게 책의 내용을 소개해 줍니다. 아이는 반복적으로 책을 읽어주는 것을 좋아합니다. 장난감뿐 아니라 그림책으로도 아이와 놀아줄 수 있습니다. 아이용 헝겊 그림책, 입체 그림책 등 다양한 종류의 그림책들이 있습니다. 엄마가 펜으로 글을 쓰면 아이는 종이와 펜에 관심을 갖게 됩니다. 때로는 자신이 갖고 놀고 있는 장난감보다도 엄마의 펜과 종이에 더 관심을 갖게 됩니다. 아이가 크레용과 색연필, 종이 등으로 끄적거리거나 낙서를 하며 글씨와 그림에 관심을 갖게 도와주십시오. '어머, 아이가 다 커서 그런 단계는 이미 지났네요'라고 생각하십니까? 그러나 늦었다고 생각하는 그 때가 정작 아직 늦지 않은 때입니다. 바로 지금 시작하는 것이 중요합니다. 부모가 책에 관심을 갖고, 자녀가 좋아할 도서 내용을 숙지하며, 적절한 독서 지도를 할 수 있다면 아이는 반드시 책을 사랑하며 사고력과 창의력이 자라게 될 것입니다. 아이들이 책과 가까이 지낼 수 있게 하기 위해선 먼저 어른들이 친절하게 독서 지도를 해야 합니다.

아이가 학교에 입학하면 해야 할 일이 많아집니다. 일정한 장소에서 일정한 시간동안 집단생활을 통해 온종일 책을 갖고 씨름하던 아이가 집에 돌아오면 또 다시 책을 읽으려 하지 않는 것은 당연한 일일지 모릅니다. 어린 시절부터 책이 주는 즐거움을 누려온 아이들이라면 몰라도 하루 종일 공부하고 학원까지 갔다 왔다면 또 다시 책을 보는 것은 지겨움이 될 것입니다. 집에 온 아이들은 TV를 보거나 컴퓨터나 휴대폰을 통해 게임을 하며 자신만의 시간을 갖고 싶어 합니다. 책은 누워서 보기가 쉽지 않습니다. 그림책이라면 몰라도 대부분의 책은 책상 위에 앉거나 바른 자세로 읽어야 내용이 파악됩니다. 그래서 피곤한 상태의 아이들은 부모가 돈을 들여 좋은 책을 사주어도 책보다는 쉽게 즐거움을 얻는 영상매체나 게임에 빠져듭니다.

아이들의 성격도 독서 습관에 영향을 줍니다. 우리 집 큰아이는 아주 활동적이었습니다. 학교에서 돌아오면 인라인스케이트나 자전거를 타면서 시간을 보내는 경우가 많았습니다. 책 읽기보다는 미니카 조립을 훨씬 더 좋아했습니다. 그래서 큰 아이는 내가 원하는 만큼 책을 많이 읽지 않았습니다. 둘째 아이는 성격이 차분하고 그림 그리는 것을 좋아해 늘 종이와 가까이 지냈습니다. 자연스레 책 읽는 습관을 갖게 되었습니다. 막내는 운동 보다는 책 읽기와 앉아서 만드는 것을 좋아했습니다. 특히 시간이 있을 때마다 건담을 조립해 책장이 건담으로 가득 찰 정도였습니다. 막내는 일찍부터 책이 주는 즐거움을 발견한 듯합니다. 대학에 진학한 요즘에는 대학 도서관에서 파트타임으로 일하며 돈도 벌고 책도 접하고 있습니다. 활동적이었던 큰아이는 서른을 바라보는 요즘 책에 대해 큰 관심을 보이고 있습니다.

오래전 우리 가정이 미국에서 돌아와 벽제 지역에서 생활을 시작할 때 가장 어려웠던 것이 아이들의 교육 환경이었습니다. 미국에는 각 도시마다 도서관이 있고 그 안에는 어린이가 읽을 수 있는 다양한 책이 비치되어 있었습니다. 토요일에는 아이들을 데리고 종종 도서관에 가서 책을 읽어주었습니다. 도서관 지하 쉼터에는 푸른 식물들이 가득했습니다. 쉼터에서 아이스크림과 과자를 먹으며 빌린 책을 읽는 것은 행복한 추억이었습니다. 그런데 미국을 떠나 벽제에 오니 주변에 어린이들이 갈만한 도서관이 없었습니다. 이 점을 안타깝게 여기다 나는 학교를 개방해야겠다고 생각했습니다. 벽제 지역에서는 우리 학교가 가장 큰 기관 가운데 하나이며 운동장도 넓어 여러 용도로 사용될 수 있었습니다. 그래서 교정을 공원처럼 정비하고 주민들을 위해 컴퓨터, 요리, 영어회화 등의 평생교육 프로그램을 열었습니다. 그리고 학교에서 사용하지 않는 교실을 예쁘게 꾸며 지역 아동들을 위한 어린이 도서관으로 만들었습니다. 동네 아동들과 더불어 우리 아이들도 학교 안에 꾸며진 어린이 도서관에서 책을 읽고 비디오도 보면서 한국생활에 적응해 갔습니다. 토요일에는 가끔 아이들과 함께 종로 교보문고에 가서 책을 읽거나 구입하곤 했습니다. 교보문고의 어린이코너 주변엔 많은 아이들이 바닥에 앉아 책을 읽고 있었습니다. 우리 아이들도 서점 내 이곳저곳에 털썩 주저앉아 책을 읽곤 했습니다. 상대적으로 책을 그다지 좋아하지 않았던 큰 아이가 다 성장한 지금이라도 책의 유용성을 생각하고 책 읽는 사람이 되도록 한 것이 아닌가 생각합니다. 중요한 것은 어떤 경우에도 아이들에게 책 읽는 분위기와 환경을 만들어 주는 것입니다.

사실 주변에 책 읽기 자체를 싫어하는 아이들도 많습니다. 이럴 경우 부모는 아이들에게 억지로 책을 읽도록 강요해선 안 됩니다. 그저 책 읽는 환경을 만들어주면 됩니다. 동네 도서관이나 서점을 자주 방문해 많은 사람들이 책을 읽는 모습을 보여주다 보면 아이 스스로가 책 읽는 필요성을 느끼게 될 것입니다. 직접적인 강요보다는 자연스럽게 책을 읽을 수 있도록 '유도'하는 지혜가 필요합니다. 특히 어린 아이들에게는 그림책을 많이 접하게 해주십시오. 엄마와 아빠가 그림책을 읽어주며 설명해 준다면 더욱 좋겠습니다. 아이들이 그림책을 자주 보면 상상력과 사고력이 풍부해지며 글에 대한 관심이 높아집니다. 점점 그림 뿐 아니라 글자 있는 책도 가까이하게 됩니다. 그림책은 아이들 뿐 아니라 어른들에게도 잔잔한 평안함을 줍니다. 우리 모두에게는 아스라한 유년기의 추억이 있기 때문입니다. 나도 서점에 가면 반드시 어린이코너에 서서 그림책을 실컷 보곤 합니다. 그림책을 보다보면 직장 생활의 스트레스가 사라지며 차분해 지는 느낌을 갖습니다.

예전에는 집집마다 세계명작 도서전집이 있었습니다. 부모들은 비싸게 구입한 책들을 아이들이 잘 읽지 않아 속상해 했습니다. 그러다 보면 책 읽기를 강요할 수 있습니다. 그러나 독서습관은 강요로 습득되지 않습니다. 요즈음에는 어린이 도서관이 많이 생겼고 서점에도 어린이용 책이 풍성합니다. 함께 서점에 나가 보십시오. 서점에서는 아이들이 좋아할만한 책을 한 번에 3~4권 정도 구입하는 것이 좋습니다. 돌아와서 아이들이 책을 연달아 읽을 수 있게 배려해 주는 것입니다. 아이들과 함께 도서관에 가서 책을 빌려보는 것도 좋은 방법입니다.

크리스천 부모라면 '책 중의 책'이랄 수 있는 성경을 아동용으로 구입해 자녀들에게 한 권씩 주어야 합니다. 자녀들이 어떤 책보다도 성경을 꾸준히 읽도록 도와주십시오. 성경을 읽다보면 하나님과 친해지며 지혜를 얻게 됩니다. 또한 다른 책에 대해서도 관심을 갖게 될 가능성이 큽니다. 성경 전체를 통독하는 것과 더불어 매일 한 장씩 정독하는 것도 필요합니다. 아이들이 매 순간 하나님의 말씀을 생활 속에 적용할 수 있도록 하는 것 보다 더 좋은 교육은 없을 것입니다.

성경은 풍성한 이야기책입니다. 성경에는 하나님 사람들의 놀라운 이야기들로 가득합니다. 어린 사무엘, 용감한 다윗, 지혜로운 요셉, 지도자 모세, 포로로 끌려간 다니엘, 아름답고 용기 있는 에스더, 순결한 마리아, 전도자 바울, 무엇보다 하나님의 아들 예수님에 대한 이야기가 흥미진진하게 쓰여 있습니다. 그 이야기들은 자녀들에게 믿음과 용기, 사랑을 길러 줍니다. 이야기 속에 임하시는 하나님의 능력과 예수님의 사랑, 성령님의 역사를 체험하면서 아이들은 '나의 자녀'에서 '하나님의 자녀'로 성장합니다. 자녀들이 아주 어릴 때는 아가용 성경책을, 초등학교 시절에는 어린이용 성경책을, 중·고등학교 때에는 영어 본문이 함께 있는 한·영 성경책을 구비시켜 줄 것을 추천합니다. 아가용과 어린이 성경책은 그 안에 많은 그림이 있기에 쉽고 편안하게 읽을 수 있습니다. 최근 IVP 출판사에서 '하나님이 내게 편지를 보내셨어요'라는 어린이 그림 성경책을 출간했습니다. 성경 이야기들을 편지형태로 편집해 책으로 만든 것입니다. 부모가 아이들에게 읽어주어도 좋고 아이 스스로 읽어도 흥미를 느낄 수 있게 만들어졌습니다. 일독을 권합니다. 우리 아이들도 매일 성경을 읽는 습관을 가졌습니다. 막내 아이가 미국으로 떠난 후 책상에 놓인 영어 성경책을 보니 가죽 표지가 뜯겨져 있었습니다. 많이 읽어 낡아버린 성경책이었습니다. 그 낡은 성경책을 보면서 엄마로서 참 감격했고,

하나님께 감사했습니다. 떠나는 날까지 성경을 읽었던 막내의 삶에 하나님의 은총이 풍성하게 넘칠 것을 확신합니다.

[아이에게 어떤 책을 읽힐까?]

지금 이 순간에도 어린이를 위한 책은 매일 수십 종씩 출판되고 있다. 그러나 출판된 어린이 책이 다 유익한 것은 아니다. 그리고 다섯 살 어린이에게 알맞은 책이 열 살 어린이에게는 너무 쉬울 수 있고, 반대로 큰 아이에게 즐거운 책이 어린 아이에게는 이해하기 어려울 수 있다. 아이에게는 아이의 발달 단계에 맞는 책을 골라 읽히는 것이 중요하다. 다양한 장르의 책을 소개한다.

*그림책 – 그림만으로 이야기가 전개되는 아름다운 책이다. 어린 시절에 그림책을 많이 보며 자란 아이는 즐겁고 행복한 느낌을 평생 동안 간직하게 된다. 어린 시절, 책을 통해 감동과 즐거움을 맛보면 평생 동안 책을 가까이하는 독서습관을 형성하게 된다.

아주 어린 유아를 위해서는 운율이 있는 반복적인 글자로 구성된 그림책이 좋다. 아이는 부모가 읽어주는 반복적인 글귀를 따라하는 동안 우연히 글자를 익히기도 한다.

*전래동화 – 아이들은 할머니나 어머니를 통해 옛날이야기 듣기를 좋아하는데, 그런 재미난 이야기를 많이 듣고 자란 어린이가 책을 좋아하는 어린이로 발전하는 경우가 많다. 그런데 전래동

화 중에서 백설공주나 장화홍련전, 콩쥐팥쥐 등은 권선징악을 다루므로 부모로서는 교육적 효과를 기대하지만, 계모와 배다른 자매 등에 대한 편견이나 부정적인 이미지를 심어줄 수 있으므로 주의할 필요가 있다.

*창작동화 – 아이가 초등학교 저학년이 되면 창작동화를 통해 또래 아이들의 살아가는 모습을 경험할 수 있다. 초등학교 고학년 이면 더 넓은 세상의 소식을 전하는 다른 창작동화들까지 충분히 잘 읽을 수 있다. 좋은 문학작품들은 그 시대, 그 지역, 그 사회의 다양한 생활들을 가장 잘 반영하고 있으므로 이런 작품을 통해 우리 삶의 모습들을 경험하게 된다. 국내에서 간행된 창작동화뿐만 아니라 외국의 다양한 창작동화들을 많이 읽히는 게 좋다.

*영웅전, 모험 소설 – 합리적 사고가 가능한 초등학교 고학년이 되면 우화, 신화, 전설 등을 이해할 수 있게 되어 영웅전, 모험소설 을 즐기게 된다.

*시 · 소설 – 중학생은 시나 소설 등을 즐기게 된다. 여학생은 감성적인 문학을 좋아하고 남학생은 역사물, 탐정물, 공상과학물 (SF) 등에 흥미를 보인다.

아이의 독서습관을 형성하는 중요한 요소는 부모의 태도입니다. 아이가 책을 좋아하고 가까이하게 되는 요건 중에 가장 중요한 것은 부모가 책을 가까이하는 것입니다. 부모가 아이에게 "책을 읽어라,

읽어라" 한다고 해서 아이가 결코 책을 좋아하게 되지 않습니다. 어려서부터 아이와 엄마가 함께 책을 고르고 함께 책을 읽고 부모가 책 가까이에서 생활하면, 아이는 부모가 없을 때에라도 책 속에서 상상력과 사고력을 기르며 책을 좋아하게 됩니다.

더불어 살도록 가르치라

빨리 가려거든 혼자 가라.

멀리 가려거든 함께 가라.

- 인디언 속담 -

위의 속담은 더불어 살며 함께 가야 하는 중요성을 우리에게 일깨워 줍니다. 전도서는 "또 두 사람이 함께 누우면 따뜻하거니와 한 사람이면 어찌 따뜻하랴 한 사람이면 패하겠거니와 두 사람이면 맞설 수 있나니 세 겹 줄은 쉽게 끊어지지 아니하느니라"(전도서 4:11-12)고 합니다. 이 말씀은 집 안에 조용히 있을 때나 전쟁이 일어날 때에도 함께 있는 것의 중요성에 대해 강조합니다. 더불어 살아가는 것은 과거부터 현재까지 특히 네트워크 시대를 살아가는 자녀들에게 매우 중요한 가치입니다.

더불어 살아가기 위해서는 우선 혼자 스스로 설 수 있는 능력이 필요합니다. 개인이 홀로 설 수 있는 힘은 긍정적인 자아 개념을 통해서 길러집니다. 자아개념은 아주 어려서부터 싹트며 개인의 삶과 사회생활에 지속적으로 영향을 줍니다.

✔ 1. 긍정적인 자아개념

아이들이 긍정적인 감정을 갖고 성장하는 것은 잠재력을 키우며 더불어 살아가는 데 기본이 됩니다. 나는 할 수 있고, 꼭 필요한 사람이며 사랑받는 사람이라는 긍정적 개념을 갖는 것은 아이들이 어떤 지식을 얼마나 많이 소유했는가보다 살아가는 데 힘이 됩니다. 이러한 긍정적인 자아개념은 부모의 수용성과 민주적인 태도 그리고 서로 존중하는 부모-자녀 관계를 통해 형성됩니다.

아이의 긍정적인 자아개념은 부모와 교사의 언어, 그들의 관점, 아이를 대하고 아이에게 반응하는 모든 것에 영향을 받습니다. 그러면 어떻게 해야 우리 아이들이 자신에 대해 긍정적인 생각을 가지며 성장할 수 있을까요? 부모나 교사들은 아이들이 건강한 사회인으로 성장할 수 있도록 아이들에게 옳고 그름을 가르칩니다. 그러나 도가 지나쳐 죄책감이나 열등감을 갖게 한다면 아이가 자신을 긍정적으로 받아들이는 데 어려움을 겪습니다.

한편 부모는 아이가 잘못했을 때 '이까짓 것 잘못할 수도 있지, 별거 아니야'라고 무책임한 태도를 갖게 해서도 안 됩니다. 어른들은 아이들이 잘못한 것은 고쳐 주며 어떤 행동은 응분의 대가를 치러야 함을 알려줄 필요가 있습니다.

그러나 부모가 자주 아이의 상황과 마음을 이해하지 못하고 매정하게 잘못만 들추어낸다면 아이는 수치심을 느끼고 반항심이 생기며 결국 자신은 쓸모없고 무기력하며 나쁜 아이라고 생각할 수 있습니다. 더 나아가 '나는 왜 자꾸 이렇게 실수하지?'라는 부정적 생각으로 위축될 수도 있습니다. 부모로서, 우리는 자녀의 실수를 너그럽게 받아들일 줄 알아야 합니다. 사람이기에 실수할 수도 있습니다. 중요한 것은 잘못을 고쳐 나가는 태도와 자세입니다.

아이들은 자라면서 자신을 이웃과 비교합니다. 좋은 옷, 멋진 차, 예쁜 아이 등 부러울 것 없는 아이들을 보면 그렇지 않은 아이들은 열등감에 빠지고 때로는 심술을 부립니다. 그러나 '사람은 자신이 무엇을 소유하고 있는 것보다 자신의 상황을 어떻게 생각하며, 어떻게 받아들이는지'가 더 중요하다는 것을 알도록 대화와 어른들의 행동을 통해 아이들에게 알려 주어야 합니다.

모든 인간은 고귀하며, 아이들의 가치는 피부색이나 입고 있는 옷이나 집안의 재산, 부모의 직업, 살고 있는 집에 의해 좌우되지 않는다는 것을 아이가 배우도록 도와주어야 합니다. 어른들의 사고와 행동은 아이들이 가치관을 세워 가는 데 직접적인 영향을 줍니다. 도시화, 핵가족화 되면서 개인주의, 물질주의 가치관으로 변해 갑니다.

어른들이 좋은 직장과 높은 지위, 좋은 차, 좋은 집, 많은 월급 등 눈에 보이는 물질적인 가치들을 추구한다면 이러한 풍토가 어린아이들의 마음에도 스며듭니다. 도시에는 초등학생조차 어떤 메이커의 옷을 입었는지 마크를 서로 확인해 보고, 책가방, 학용품도 외제 명품을 선호합니다. 중·고등학생들은 외제 운동화를 신지 않으면 자기의 가치가 친구들과 비교하여 떨어진다고 느끼는지 어느 회사 제품인가에 민감하게 반응하며 값비싼 운동화들을 신고 다닙니다.

아이들을 돌보고 지도하는 어른들은 삶에 대해 뚜렷한 가치관을 갖고 돈으로 살 수 없는 귀중한 것들이 있음을 아이들에게 가르쳐 주어야 합니다. 어른들이 올바르게 지도하면 비록 집안이 가난한 아이들도 꿈과 목표를 가지고 건강하게 성장하고, 부유한 집안의 아이들은 이웃을 돕는 데 인색하지 않은, 인정이 많은 아이로 자랍니다. 돈이 있으면 편리한 생활을 할 수 있지만 어린아이들까지도 돈이면 다 된다는 생각을 하도록 어른들이 영향을 주어서는 안 됩니다.

어른들은 자신의 삶을 들여다보면 얼마나 돈에 많은 가치를 두고 살았는지 반성하게 될 것입니다. 나는 때때로 채워지지 못하는 욕망 속에서 마음의 허전함을 느낄 때면 내가 갖고 있는 소중한 것들을 생각하며 감사할 것들을 찾습니다. 그중에 제일 감사한 것은 나의 세 아이들과 남편입니다.

"난 내가 좋아"라고 말할 수 있는 아이를 둔 부모는 행복한 사람입니다. 그리고 좋은 감정을 가정 안에서 서로가 솔직하게 확인할 수 있다면 아이들은 더 넓은 사회, 다른 집단생활에서도 잘 적응할 수 있습니다. 우리 둘째 아이는 가끔 내 옆에 앉아서 내 얼굴을 보며 "나는 엄마가 참 좋아", "우리 엄마는 너무 예뻐"하며 자신의 마음을 표현합니다. "왜?"라고 물으면 "그냥 좋아"라고 대답합니다.

나도 내 아이가 왜 그렇게 좋은지 잘 설명할 수 없는 것과 마찬가지겠지요. '고슴도치도 자기 자식이 제일 예쁘다'는 옛 표현처럼 다른 부모들도 이런 감정들을 느끼며 살아갈 것입니다. "엄마, 언제 올거예요?"라고 묻는 둘째아이는 내가 일찍 퇴근할 수 없다는 것을 잘 알지만, 엄마가 보고 싶다는 마음을 자주 표현합니다.

막내는 내가 돌아오면 제일 먼저 엄마를 차지하고 싶어 누나를 밀치고 나에게 먼저 안깁니다. 누나가 먼저 나에게 달려오면 "누나 미워"라고 퉁명스럽게 말합니다. 나는 이렇게 엄마를 사랑하는 아이들이 셋이나 있습니다. 그래서 자신 있게 살아가는지도 모릅니다. 나는 우리 세 아이들이 긍정적 자아개념을 갖고 자신 있게 살아가도록 도와줍니다. 즉, 아이들을 죽도록 사랑하는 엄마가 곁에 있고, 자기들의 마음을 솔직하게 알리고 때로는 누구에게도 하지 못하는 떼를 마음껏 쓸 수 있는 대상이 있다는 것을 느끼도록 해줍니다.

그런데 바쁘고 고된 일상생활을 하는 나는 때때로 심한 스트레스를 안고 집에 돌아오기도 합니다. 아이들은 문을 열고 나를 기쁘게 맞아주려다 엄마가 힘든 것을 눈치 채면 보통은 큰아들이 "엄마가 오늘 학교에서 어려운 일이 있었나보다. 엄마 먼저 들어가 쉬세요" 라고 말하면서 둘째, 셋째가 엄마에게 달려드는 것을 막습니다.

나는 그 길로 방에 들어가 옷을 입은 채로 침대에 누워 지친 몸과 마음을 달랩니다. 그리고 생각을 멈추고 평안을 기도하며 휴식하면 1~2시간 내로 정신이 상쾌해집니다. 그리고 거실로 나가면 아이들은 반갑게 "엄마, 이제 괜찮아요?" 하면서 나를 맞아 줍니다. 때로는 아이들이 원하는 만큼 잘해주지 못해 미안하기도 하지만, 나의 사정을 이해해 주는 아이들 덕분에 나는 엄마로서 긍정적 자아개념을 가질 수 있을 뿐 아니라, 힘든 직장생활을 동료들과 함께 감사함으로 할 수 있습니다. 마찬가지로 아이들도 사랑하고 받아들이고 존중해 주며 따스한 부모-자녀의 관계를 맺어 가면 긍정적인 자아개념을 갖게 됩니다.

✕ 2. 칭찬과 격려의 효과

긍정적 자아개념을 가진 적극적인 아이를 원하는 부모는 아이들이 "나는 할 수 있어", "나는 꼭 필요한 사람이야", "나는 배울 수 있어" 등의 느낌을 갖도록 착한 행동은 칭찬해 주고 더 잘할 수 있게 격려해 주어야 합니다. 또한 아이의 수준에 맞는 일거리를 주어 자신의 능력을 알고 자신의 존재의 중요성을 느끼게 해주어야 합니다. 칭찬과 격려는 아이들을 움직이게 하는 보상적 역할을 합니다. 그러나 이 둘 사이에는 약간의 차이가 있습니다.

[칭찬과 격려의 차이]

· 칭찬은 부모의 기준에 따라 주어지는 외적 보상이다.
· 격려는 작은 것이라도 향상되고 노력한 것에 따라 주어지는 내적 보상이다.
· 격려는 다른 사람과 비교하지 않고 자녀가 스스로 실패에 직면했을 때에도 아이의 용기와 노력을 인정하는 것이다.

우리 아이들이 어떤 일을 성취했을 때 인색하지 않게 진심으로 칭찬해 주십시오. 부족한 점이 있어도 격려해 주면 아이들은 자신감을 얻게 됩니다. 반면에 부모나 어른들이 형식적으로 칭찬하면 아이들은 진심이 아닌 것을 느낍니다. 이런 칭찬은 오히려 칭찬의 효과를 떨어뜨립니다. 그러나 아이들이 잘한 점과 노력한 일에 초점을 맞추어 격려하면 아이는 자신감과 성취감을 맛보게 됩니다.

그런데 어른들은 착한 아이의 기준을 세워 그 기준에 맞으면 칭찬하고, 맞지 않으면 나쁜 아이로 느끼게 하는 오류를 범하기도 합니다. 착한 아이도 때때로 실수하며 심술을 부릴 수 있습니다. 착한 아이가 되도록 지도하면 하루 동안에도 착한 아이가 되기도 하고, 나쁜 아이가 되기도 하기에 자아개념에 혼동을 겪을 수 있습니다.

부모는 아이들이 나쁜 아이처럼 행동했어도 착한 아이, 나쁜 아이의 기준으로 판단하기보다는 아이를 이해하도록 해야 합니다. 착한 아이도 부모의 기대가 너무 높아서 자신이 할 수 없다고 생각할 때 심술을 부리거나 반대되는 행동을 하기도 합니다. 이럴 때 아이가 높은 기대에 도달하도록 요구하기보다 노력하는 것을 인정하고 격려해야 합니다. 칭찬과 격려는 아이들의 마음을 열며 새로운 세계로 한 걸음씩 힘차게 나아가도록 도와줍니다.

요즈음 할머니, 할아버지의 깊은 사랑을 받지 못하고 외로운 핵가족 사회에서 사는 우리 아이들에게 어른들은 아낌없이 사랑을 표현하고 많이 격려해 주어야 합니다. 부모나 의미 있는 사람들에게 진심으로 받아들여지고, 격려를 받으며 건강하게 자란 아이들은 다른 사람들과 더불어 살아가며 축복의 통로가 되어갑니다.

3. 축복의 통로 : 가족, 친척, 친구, 이웃을 돌아보기

핵가족화 되면서 아이들은 점점 사랑하는 친척들과 멀어져 갑니다. 성경에는 "누구든지 자기 친족 특히 가족을 돌보지 아니하면 믿음을 배반한 자요 불신자보다 더 악한 자니라"(디모데전서 5:8)라고 엄히 꾸짖습니다. 나는 종종 이 성경 구절을 아이들에게 들려주면서 친척들을 돌아볼 뿐 아니라 더 나아가 이웃도 돌아보도록 아이들을 지도합니다. 아이들이 어려운 이웃에게 봉사할 수 있는 기회를 갖도록 지역에 있는 복지관에서 정기적으로 봉사활동에 참여하게 했습니다.

아이들이 지역에 있는 복지관이나 지역 아동센터 또는 노인정을 정기적으로 방문해서 봉사하고 적은 돈이지만 후원하고 나누게 하면 아이들은 부모가 가르치는 것보다 훨씬 고귀한 가치를 많이 경험하게 됩니다. 우리 집 세 아이는 집 가까이에 있는 원당종합사회복지관에서 정기적으로 봉사했습니다. 아이들은 중학교, 고등학교의 바쁜 일정에도 시간을 내어 복지관에서 도시락 배달, 말벗 서비스, 이동목욕 서비스, 저소득층 아이들의 학습 돌보미 등의 봉사활동을 했는데, 정작 본인들이 더 많은 것을 배우고 느꼈다고 합니다.

돈을 쓸 때 느끼는 감정과는 달리 이웃에 대한 애틋한 마음과 좋은 일을 한다는 뿌듯함 그리고 자신의 환경에 대한 감사와 같은 성숙한 감정을 경험하는 것입니다. 때때로 가족과 여행하는 중에 고속도로 휴게실 앞에서 노래하며 자선활동에 참여하는 무명 가수의 노래를 들으며 나는 막내 아이에게 모금통에 후원금을 넣어 보라고 합니다. 우리의 도움이 필요한 곳에 조금이라도 힘이 될 수 있다면 아이들이 살게 되는 세상은 조금씩 좋아질 것입니다.

얼마 전 페이스북의 창시자인 마크 저커버그가 첫 딸이 태어난 것을 기념하며 자신의 재산의 99%를 자선기금으로 내놓는 발표를 해서 전 세계가 놀랐습니다. 자신의 딸이 살 미래의 세계가 더 나은 세상이 되기를 바라며 과감한 결정을 한 부자에게 전 세계가 박수를 보냈습니다.

성경에서는 과부와 고아, 나그네, 외국인들을 잘 돌보라고 곳곳에서 강조하고 있습니다(신명기 11:29, 신명기 16:11, 야고보서 1:27 등).

요즘 여러 구호단체에서 TV를 통해 가난한 나라의 이웃과 아이들을 위한 구호를 적극적으로 홍보하는 것을 보며 우리나라가 이웃을 돕는 일에 점점 더 관심을 갖게 되는 것을 느낍니다. 부모들도 우리 가정과 친척, 그리고 주변의 가까운 이웃 뿐 아니라 다른 나라의 이웃과도 더불어 살 수 있도록 관심을 갖고 자녀들을 지도해야 합니다.

4. 더불어 사는 사회에 필요한 예절

예절은 한 나라의 사회적 상황에 적합하도록 만들어진 행동의 틀이므로 아이가 자라면서 사회에 적응하는 방법을 제시할 뿐 아니라 인정받는 사람이 되도록 도와줍니다. 글로벌 에티켓이라는 말이 있듯이 세계화 시대에는 이에 맞는 적절한 예절이 필요합니다. 따라서 어릴 때부터 생활 속에서 자연스럽게 예절교육을 시킬 필요가 있습니다. 아빠가 출근할 때 "안녕히 다녀오세요"라고 손을 흔들며 배웅하는 엄마, 누나, 형을 보고 자란 어린아이는 생활 속에서 예절을 배웁니다.

동방예의지국으로 예절을 중시해 온 우리나라에는 결혼예식, 장례예식, 제사법 등 많은 예식이 있습니다. 세계는 한마을이란 개념을 가진 지구촌으로서 점점 가까워지고 있는데, 우리 아이들이 자라서 성인이 될 때는 세계가 지금보다도 훨씬 더 가깝게 느껴질 것입니다. 이미 세계화는 휴대폰과 인터넷을 통해 우리 삶 속에 들어와 있습니다. 세계의 젊은이들이 함께 협력하며 경쟁하는 세계무대에서 우리 젊은이들이 세계인에게 필요한 예절을 익혀 당당하고 자신 있게 생활할 수 있도록 글로벌 에티켓을 가르쳐야 합니다.

여러 나라를 여행하는 사람들은 모두 동양인보다는 서양인들이 밝은 표정과 당당한 모습, 친근한 모습으로 인사를 건네는 것을 느낀다고 합니다. 서구사회는 기독교를 받아들이면서 기존의 문화가 기독교적으로 변했습니다. 서구의 여러 나라들이 기독교를 받아들인 뒤 야만적이고 호전적인 그들의 문화가 질서와 평화, 사랑과 예절을 존중하는 문화로 바뀌며 선진국이 되었습니다.

오래 전에 내가 미국에서 생활할 때 만난 미국 사람들은 자신 있고 밝은 표정으로 인사를 건네거나 악수를 청하며 심지어는 반가워서 힘껏 껴안아 주는 것을 일상생활에서 경험했습니다. 그러나 우리나라를 방문하는 많은 외국인들은 한국인들이 경직되어 있고 웃음에 인색하다고 합니다. 실제로 많은 외국인들이 한국 사람들의 경직성과 불친절함을 지적하기도 합니다.

오랫동안 남성 중심의 유교 사상을 받아들였던 우리나라 사람들은 모르는 사람들에게 적극적으로 친절을 표현하기가 쉽지 않았을 것입니다. 또한 외국어 소통 능력이 부족해서 경직되어 있을 수도 있습니다. 요즈음에는 우리나라 국민들도 해외 여행할 기회가 많고, 많은 외국 사람들이 우리나라를 방문합니다. 이로 인해 우리나라에 서구 문화가 빠르게 확산되어가는 것 같습니다.

그래서 젊은이들이 스스럼없이 외국인들과 어울리려고 하며, 어린 아이들은 예전처럼 외국인들을 두려워하지 않고 친근하게 다가가는 것을 많이 볼 수 있습니다.미국에서는 어디에서든지 만나는 사람에게 눈웃음을 짓거나 가볍게 "하이!" 하며 인사하는 것이 일상화되어 있습니다. 처음 만나는 사람에게조차도 밝은 표정으로 "하이!"하면 상대방도 즐거운 마음으로 "하이!"하고 응답합니다.

그런데 한국 사람들은 모르는 사람을 만나면 될 수 있는 한 서로 쳐다보지 않으며 슬그머니 얼굴을 돌립니다. 하지만 일단 친해지면 공공장소에서도 크게 떠들면서 이야기하거나 아무 데서나 담배를 권하면서 옆 사람을 의식하지 않은 채 연기를 뿜어내기도 합니다. 다행히 정부의 금연구역을 확대하는 정책으로 예전처럼 아무 데서나 담배 피우는 일은 많이 줄었습니다.

기왕에 말이 나왔으니 몇 가지 더 지적한다면, 많은 사람들이 길거리에서 부딪쳐도 미안하다는 말도 없이 훌훌 자기 갈 길을 가버리거나 운전할 때 차가 밀려 있는 상황에서는 어떻게 해서든 빠져 나가려고 빵빵거리며, 심지어는 초보 운전자들을 골려 주는 운전자들도 있습니다. 이럴 때 아이들은 직접 가르쳐 주지 않아도 생활 속에서 관찰하는 것만으로도 쉽게 배웁니다.

그러므로 부모들은 아이들에게 좋은 본을 보여서 아이들이 은연 중에 바람직하지 않은 행동을 배우지 않도록 해야 합니다. 시대가 복잡해지고 각박해질수록 사회 구성원들이 공공질서를 잘 지키고 더불어 살아가며 밝은 마음으로 사랑을 주고 예절을 중요하게 여기도록 지도해야 합니다. 그렇지 않으면 우리 아이들이 우리나라에서뿐 아니라 세계무대에서도 창피를 당할 수 있습니다.

실제로 우리 민족은 이웃에게 깊은 정을 주고 서로의 어려움을 함께 나누며 어른들을 공경하는 정감 있고 예의 있는 민족입니다. 지금도 아이들은 어른들께 공손히 머리 숙여 인사하며 존댓말을 사용합니다. 나는 그런 모습에서 신비스러운 동양인의 멋을 느낍니다. 연세 드신 분, 몸이 불편한 분들을 부축해 드리고 노약자들에게 자리를 양보하는 모습 또한 보기가 좋습니다.

유아기를 지나며 아이들의 언어 구사력은 놀랄 정도로 발달합니다. 아동기에는 특히 대화하는 상대방에 따라 자기 언어 실력을 조절할 수 있는 능력이 발달합니다.

이와 같이 대상 참조적 의사소통 기술이 발달하면서 아이들은 어르신들과 대화할 때는 친구와는 다른 언어로 존댓말을 사용해야 하는 상황을 이해하게 됩니다.

나는 우리가 서구의 여러 가지 문화와 물건, 생각들을 들여오면서 우리 것을 지키기보다는 소홀하게 된 것들이 있는데, 그중의 하나가 예절교육이라고 생각합니다. 세계화 시대를 살아가는 우리 아이들은 변화가 많은 세상에서 살게되지만 변화 중에서도 큰 변화는 서로 모르는 사람들과 일하며 살아갈 가능성이 크다는 것입니다. 서로에게 예의를 지키고 존중하는 것을 어려서부터 몸에 익힌 젊은이는 쉽게 이웃과 협력할 능력을 갖습니다. 한때는 미소 짓고 인사하고 대화하고 칭찬하자는 '미·인·대·칭'운동이 학교를 중심으로 전개되었습니다. 더불어 사는데 꼭 필요한 유익한 운동이라고 생각합니다.

5. 선한 일에 힘쓰라

성경 잠언 31장 10-20절은 현숙한 여인에 대해 이야기합니다.

"누가 현숙한 여인을 찾아 얻겠느냐 그의 값은 진주보다 더 하니라 그런 자의 남편의 마음은 그를 믿나니 산업이 핍절하지 아니하겠으며 그런 자는 살아 있는 동안에 그의 남편에게 선을 행하고 악을 행하지 아니하느니라 그는 양털과 삼을 구하여 부지런히 손으로 일하며 상인의 배와 같아서 먼 데서 양식을 가져오며 밤이 새기 전에 일어나서 자기 집안사람들에게 음식을 나누어주며 여종들에게 일을 정하여 맡기며 밭을 살펴보고 사며 자기의 손으로 번 것을 가지고 포도원을 일구며 힘 있게 허리를 묶으며 자기의 팔을 강하게 하며 자기의 장사가 잘 되는 줄을 깨닫고 밤에 등불을 끄지 아니하며 손으로 솜뭉치를 들고 손가락으로 가락을 잡으며 그는 곤고한 자에게 손을 펴며 궁핍한 자를 위하여 손을 내밀며…"

성경에서는 현숙한 여인의 강인함과 부지런함, 그리고 선을 행하는 면을 강조합니다. 바쁘게 살아가는 현대 여성들은 자칫 자신의 일과 자신의 가정 일에만 몰입하기 쉽습니다. 그러나 성숙한 가정은 다른 사람들을 삶에서도 함께 엮어 갈 수 있어야 합니다. 선한 일에 힘쓰는 가정 안에서 자녀들은 선한 영양분을 공급받습니다. 사람은 서로 기대어 살아가도록 되어 있습니다.

혼자 살면 깨끗하고 아쉬울 것이 없을 것 같습니다. 그러나 혼자 있으면 넘어지기 쉽습니다.그래서 한자의 사람 '인' 글자 '人'은 두 사람이 함께 지탱하는 모습입니다. 요즘 아이들은 두 살 전에 벌써 어린이집에 가며 함께 사는 생활을 배웁니다. 유치원, 학교에서 또래들과 즐거운 생활을 하기 위해서는 집단의 규칙을 지키고 친구들을 배려해야 합니다. 친구들과의 우정은 아이가 성장할수록 중요해집니다. 부모는 자녀가 친구들과 협력하는 관계를 갖도록 관심을 갖고 살펴보아야 합니다.

가정도 마찬가지입니다. 내 가정이 건강하면 다 되었다는 생각은 그다지 건강하지 못한 생각입니다. 성공적인 가정은 건강한 가정과 건강한 삶을 함께할 뿐 아니라 어리고 연약한 가정과도 손을 잡고 함께 가야 합니다. 뿌리 깊은 나무는 바람에 잘 흔들리지 않습니다. 그런데 그다지 크지 않은 나무들도 잘 쓰러지지 않는 경우가 있습니다. 작은 나무들이 옆에 있는 작은 나무들의 뿌리와 서로 엉켜서 힘을 주고받으면 비바람이 칠 때 비록 작은 나무일지라도 뽑히지 않고 견딘다고 합니다.

여러분의 자녀들이 폭풍이 거세게 불어오는 세파 속에서도 견디어 내어 거목으로 자랄 수 있도록 가정 안에서 충분히 영양분을 주십시오. 뿐만 아니라 다른 가정이 어려울 때 힘껏 도와주십시오. 아이들은 다른 사람들과 얽히고설킨 삶 속에서 따뜻하고 성숙한 사람으로 자라게 됩니다.

미국 캘리포니아에는 세콰이어 파크가 있습니다. 세계에서 가장 큰 나무 세콰이어들이 무리 지어 많이 자라기 때문에 세콰이어 파크라고 이름 붙인 공원입니다. 천 년, 이천 년을 지내며 엄청나게 큰 나무로 자란 거목들을 바라보면 경외심이 생깁니다. 그곳 세콰이어 군

락지에는 비바람 속에서 함께 세월을 견딘 나무들이 세쾨이어 파크 산을 지키고 있습니다.

안타깝게도 우리의 현실은 점점 각박해져서 얼마 전 국민일보에서 실시했던 여론 조사에 의하면 자녀에게 타인을 배려하라고 교육한 부모들은 2명 중 1명에 그쳤다고 합니다. 아쉬운 현실입니다.

사이토 히토리는 '부자의 운'에서 "보험처럼 성공을 위해서도 미리 뭔가를 지불해야 한다. 처음부터 다른 사람에게 먼저 이익을 안겨주어야 한다. 대가를 바라지 않고 도움을 주는 것이다. 그러면 나중에 반드시 보상을 받게 되어 있다"고 말했습니다. 세상적인 부를 추구하는 부자들에게 주는 조언의 말입니다.

성경은 "우리는 그리스도 예수 안에서 선한 일을 위하여 지으심을 받은 자"(에베소서 2:10), 그리고 "선을 행하되 낙심하지 말지니 때가 이르매 거두리라"(갈라디아서 6:9)고 합니다. 성경말씀대로 우리는 선한 일을 위하여 지으심을 받고 선을 행하면서 낙심하지 말아야 하며 우리의 자녀들에게 선을 행하도록 가르쳐야 합니다. 우리 가정의 아이들이 키가 자라며 마음도 쑥쑥 성장해서 어떤 풍파에도 든든히 서서 함께 좋은 세상을 만들어 내는 성숙한 아이들이 되기를 소망합니다.

선을 행하려는 마음은 아이들이 다른 사람들의 상황이나 감정에 반응하는 능력과 관계가 있습니다. 아주 어린아이는 감정 이입을 하기 어렵기 때문에 부모가 이웃에게 선을 행하는 모습이나 타인에게 배려하는 모습을 보면서 배웁니다. 점차 아이가 다른 사람들의 상황을 이해할 능력이 생기면서 타인의 욕구에 관심을 갖고 도와줄 수 있습니다.

아이들은 소꿉놀이나 상상놀이 등을 통해 다른 사람의 역할을 해

[아이들의 이타성에 영향을 주는 인지적 요인]

① 탈중심화 (decentration)

· 한 상황을 한가지 관점이 아닌 여러 관점에서 동시에 고려해 볼 수 있는 능력.

· 유아기 동안 점차적으로 발달하는 탈중심화로 인해 아동기에는 자기중심성에서 벗어나 사건과 사물 사이에 원칙이나 관계를 이해하고 이용할 수 있다.

② 조망수용 능력(perspective taking ability)

· 대인관계에서 다른 사람의 관점에서 추론할 수 있는 사회 인지능력.

· 조망수용의 발달적 순서에 따라 탈중심화가 발달된다.

· 다른 사람의 역할을 조망하는 훈련은 이타적 행동을 증진시킬 수 있다.

보면서 그들의 역할이나 감정을 이해하는 것을 배웁니다. 이를테면 아이들이 방을 어지럽히고 엄마, 아빠의 물건을 꺼내 소꿉놀이 도구로 쓰는 동안 타인의 역할을 대신해 보고 감정을 이해할 수 있는 능력을 기르게 됩니다. 아이의 놀이를 가볍게 보지 마십시오. 너무 심하게 엉망으로 놀지 않는다면 방해하지 마시고 아이들의 놀이가 무르익게 부모도 함께 놀아 주십시오. 놀이에 대한 부모님의 반응, 타인에 대한 공감적인 태도, 모방 학습 그리고 탈중심화에 따른 조망

수용 능력(perspective taking ability)이 아이들이 더불어 살면서 선을 행하는 능력에 영향을 줍니다.

연구(Green & Schneider, 1974)에 의하면 아이들의 이타적인 행동은 4-6세경부터 증가하기 시작해 9-10세경에 가장 높은 수준을 보였으며, 10세 이후 아동의 이타적인 행동이 증가하지 않는다고 합니다. 그 이유는 아동이 성장하면서 점점 더 경쟁적이 되기 때문이라고 합니다.

급속한 산업화, 도시화로 인한 경쟁적인 삶 속에서도 자녀들이 따스한 마음으로 선을 행하며 우정을 쌓을 수 있도록 부모들의 깊은 관심과 지도가 필요합니다.

6. 예배의 회복을 통한 신앙공동체를 확장하라

우리는 하나님의 자녀입니다. 하나님은 우리의 아버지입니다. 믿는 가정에서 자라는 아이들에게 하나님 아버지의 존재에 대한 이해는 부모와 교회학교의 가르침 정도에 따라 달라집니다. 우리도 하나님 아버지가 정말 우리의 아버지인가를 자신에게 물어본다면 자신과 하나님의 관계를 알 수 있습니다. 하나님은 우리가 어떻게 느끼고, 어떻게 대하는지에 관계없이 스스로 존재하시며 세상을 주관하시며 우리를 돌보시며 우리를 사랑하십니다.

그리고 우리에게 경배와 영광을 받으셔야 할 분입니다. 우리는 하나님 없이 살아갈 수 없는 존재이지만, 그분의 너무나 크신 사랑 안에서 존재조차도 의식하지 못한 채 살아가고 있을 때가 많습니다. 그러나 우리의 아버지이신 하나님은 우리의 근심과 걱정을 알고 계시고, 즐거움과 기쁨도 알고 계십니다. 그분은 우리를 통해 영광 받으시고, 우리는 하나님의 자녀로서의 놀라운 권세를 누려야 합니다.

많은 믿음의 부모들이 자녀들에게 하나님 아버지께 마음과 정성을 다하여 예배하는 것을 가르치지 않습니다. 아이가 어려서 철이 없어서라고 생각하며 교회에 출석해서도 아이들이 하나님 아버지의 말씀에 귀를 기울여 듣도록 지도하지 않습니다. 아침에 일어나서 부모에게 인사하는 것처럼 하나님 아버지께 인사하고, 식탁에 앉아 식사를 할 때도 하나님 아버지를 기억하고 감사기도를 하며, 밤이 되어 잠자리에 들 때도 하나님 아버지께서 긴 밤을 지켜 주시도록 기도한다면, 아이들은 비록 어리지만 하나님 아버지의 존재를 느끼며 살아갈 수 있을 것입니다.

"하나님이 이르시되 그가 나를 사랑한즉 내가 그를 건지리라 그가 내 이름을 안즉 내가 그를 높이리라 그가 내게 간구하리니 내가 그에게 응답하리라 그들이 환난당할 때에 내가 그와 함께하여 그를 건지고 영화롭게 하리라"(시편 91:14-15)고 하나님은 우리에게 말씀하셨습니다.

하나님 아버지는 우리가 당신을 사랑하시기 원하십니다. 하나님은 환난 때에 사랑하는 우리를 건지시고 높이신다고 말씀하셨습니다. 아직 어린아이들도 이 세상에서 살아가는 데 어려움을 겪습니다. 아이들이 성장하여 어른이 된다고 해서 어려움은 줄어들지 않습니다. 어렸을 때 겪었던 문제보다 더 큰 문제들이 기다리고 있습니다. 부모가 되어 아이를 키우는 즐거움도 있지만, 어려운 문제들을 많이 겪습니다. 그래서 하나님은 아이를 돌봐줄 수 있는 부모를 주셨습니다.

아이는 자율성을 가지려고 부단히 노력하고 부모의 간섭으로부터 벗어나려고 애를 씁니다. 하지만 아이는 부모의 품에 안겨 휴식을 취하고 부모의 따스한 말에 피로가 사라지며 부모의 도움으로 더 나은 길로 전진합니다. 아무리 독립하려고 해도 아이에게 부모가 꼭 필요한 보호자인 것처럼 전능하신 하나님이 우리 아이들에게 꼭 필요한 아버지이심을 자녀들에게 알려주고 하나님과 가까이하도록 지도해야 합니다.

예수님께서는 "네 마음을 다하고 목숨을 다하고 뜻을 다하여 주 너의 하나님을 사랑하라"(마태복음 22:37)고 말씀하셨습니다. 하나님을 아버지로 모시는 것은 마음을 다하고, 목숨을 다하고, 힘을 다하고, 뜻을 다하여 그분을 사랑하는 것이라고 예수님께서 말씀하셨습니다. 부모들은 힘과 마음, 때로는 목숨까지도 주면서 자녀들을 사랑합니다. 예수님은 "너희는 서로 사랑하라"고 말씀하셨습니다. 부모 자녀 간의 사랑은 대단합니다. 우리말에 '내리사랑'이라는 말이 있듯이 부모가 자녀에게 주는 사랑은 말로 표현하기 어렵고 무조건적입니다.

그래서 우리나라의 효사상은 부모의 자녀사랑보다도 자녀의 부모에 대한 사랑과 공경을 강조합니다. 자녀에게 부모 사랑과 공경을 가르치지 않으면 자녀는 자연스럽게 부모를 사랑하지 않기 때문입니다. 하나님 아버지와 우리와의 관계도 마찬가지입니다. 하나님은 끊을 수 없는 사랑, 막을 수 없는 무한한 사랑으로 우리를 사랑하고 계신다고 말씀하셨습니다.

그리고 부모 된 우리는 자녀 사랑을 통해 막연히 하나님 아버지의 사랑을 느껴 보기도 합니다. 그러나 자녀가 부모의 마음을 잘 헤아리지 못하는 것처럼 우리도 하나님 아버지의 마음을 헤아리지 못할 때가 너무도 많습니다. 부모-자녀 간의 관계는 상호적입니다. 일방적인 희생과 복종은 주인과 종의 관계이고, 힘의 관계이기 때문에 적절하지 않은 것처럼, 하나님과 우리의 관계도 서로 사랑하는 관계가 되어야 바람직합니다. 그래서 하나님의 아들인 예수님이 우리에게 "하나님 아버지를 마음을 다하고, 목숨을 다하고, 힘을 다하고, 뜻을 다하여 사랑하라"고 말씀하셨습니다.

우리 마음속에서 아주 가까이 아버지 하나님이 계시고, 우리와 함께 어디에나 동행하시는 것을 아이에게 가르치며, 하나님 아버지를 기쁘시게 해드리는 것을 가르쳐야 합니다. 하나님 아버지와 동행했던 삶 속에서 성경의 많은 인물들이 체험했던 놀라운 일들을 우리 자녀들도 경험해야 합니다.

아이에게 기도하며 성경말씀 읽는 것을 습관화하도록 지도하세요. 그리고 부모가 먼저 하나님과 친밀한 관계를 갖는 것을 아이가 느낄 수 있도록 기도하고 말씀 보며 마음을 다하여 예배드리시기 바랍니다. 하나님이 여러분과 여러분의 자녀들을 높여 주시고 어려운 환난 속에서 지켜 주시겠다고 약속하셨습니다.

그리고 가정예배를 1주일에 한번은 꼭 드리도록 하십시오. 바쁜 생활 중에 가족 모임을 갖기가 쉽지 않습니다. 정기적인 가족 모임을 통해 서로 의논하고 격려해 주는 것도 중요하지만 가정예배를 정기적으로 드리는 것은 전능하신 하나님 앞에 온 가정이 감사하며 찬송하며 말씀을 듣는 축복된 시간입니다. 긴 시간이 아니라 짧은 시간이라도 가족이 모두 하나님께 나오는 것이 중요합니다.

우리 집은 주일날 아침에 가정예배를 20분 정도 드립니다. 가정예배 시간을 통해 1주일에 한번이라도 정해진 시간에 온 가족이 모일 수 있었던 것은 하나님이 우리 가정에 주신 축복의 시간이 되었습니다. 가정 안에 하나님의 은혜가 스며드는 통로는 가정예배입니다. 온 가정이 잠시 동안이라도 함께 모여 하나님을 찬송하며, 하나님께 기도하고, 말씀을 들을 때 세상 안에 있는 가정이 천국의 가정이 될 수 있습니다.

주일 아침 가정예배 후에 맛있는 식사를 하고 우리는 함께 교회에 갔습니다. 아이들이 어렸을 때는 아이들과 함께 예배를 드릴 교회를 찾았습니다. 대부분의 미국교회에서는 어린아이들과 부모가 어른 예배에 함께 참석하는데 부모 옆에 아이가 앉습니다. 어른 설교가 시작되기 전, 먼저 아이들을 위한 설교를 잠시하고, 아이들은 교회학교 수업을 위해 퇴장하는데 참 좋은 예배방법인 것 같습니다.

아직 어린아이가 헤어지려고 하지 않는데, 부모가 억지로 유아반에 떼어놓고 예배를 드리면 아이와 부모가 모두 불안하게 예배를 드립니다. 사정과 형편에 따라 지혜롭게 조절하여 부모와 자녀가 모두 예배를 드리는 것이 중요합니다. 그리고 다른 사람들과도 함께 하나님 아버지를 예배하는 것은 매우 중요합니다. 아이가 성장하면서 함께 있는 시간이 적어져서 가족모임을 정기적으로 해야 할 필요가 있듯이, 하나님의 자녀 된 우리도 예배를 통해 하나님과의 만날 뿐 아니라 다른 믿음의 식구들과도 만나 삶을 나누며 하나님의 자녀 된 풍성한 공동체 생활을 경험해야 합니다.

예수님은 사마리아 여인과 대화하면서 "아버지께 참되게 예배하는 자들은 영과 진리로 예배할 때가 오나니 곧 이때라 아버지께서는 자기에게 이렇게 예배하는 자들을 찾으시느니라 하나님은 영이시니 예배하는 자가 영과 진리로 예배할지니라"(요한복음 4:23-24)고 말씀하셨습니다. 예수님은 예배의 중요성과 자세를 우리에게 말씀하셨습니다. 하나님의 아들이기 때문에 누구보다도 친밀한 관계를 하나님과 나누었던 예수님은 신령과 진정으로 예배하라고 말씀하셨습니다. 그리고 하나님은 이렇게 예배하는 자를 찾으신다고 했습니다. 우리 아이들을 하나님 아버지가 찾고 부르시는 사명자로 세우시기 원하신다면, 우리는 자녀들을 마음과 뜻을 다하여 신령과 진정으로 예배하는 자로 길러야 합니다.

우리는 이 세상에 살지만 이 세상에 속하지 않은 사람들입니다. 비록 어린아이지만 성령의 도우심과 부모의 지도와 신앙공동체들의 협조로 아이들만이 드릴 수 있는 향기로운 예배가 있다는 사실을 믿는 믿음이 우리에게 필요합니다. 나는 영아교육기관에서 아주 어린 0세 영아부터 기르고 교육했던 경험이 있습니다. 그리고 그렇게 어린 영아들을 교회학교에서 교육했던 경험이 있습니다.

교회에는 믿음의 지도자들이 있습니다. 아이들을 교회에 데려가 예배를 드릴 수 있도록 부모님이 도와주시면 아이들은 왕 중의 왕이신 아버지 하나님께 나가는 축복을 누리며, 그분이 인정하시고 사랑하시는 자녀들로 자랄 것입니다. 믿음의 공동체 안에서 아이와 부모의 믿음은 더 깊이 성장하며 공동체는 건강하게 확장될 것입니다.

21세기는 네트워크 시대입니다. 혼자서도 잘하지만 함께하면 더 잘 하는 사람이 필요한 시대입니다. 팀워크가 중요하며 팀과 공동체 안에서 성장할 때 심리적인 안정감을 갖고 여러 가지 위험에 공동으로 대응할 수 있습니다. 우리 사회는 이전에 비해 경제적으로 풍요로워졌지만 빈부의 차이는 여전히 심각하고 치열한 경쟁 속에서 개인들은 외로움을 겪습니다. 하나님의 백성들은 의, 식, 주에 매달린 삶을 넘어 하나님의 나라를 이 땅에 이루는 사명을 가진 사람들입니다. 풍요롭게 살지만 나누는 삶에 인색하고, 많은 사람들 가운데 외로움에 지친 영혼들이 늘어가는 이 각박한 시대에 믿음의 공동체를 통해서 더불어 사는 삶을 배웁니다.

원칙 5

자연을 가까이 하라

주 하나님 지으신 모든 세계, 내 마음속에 그리어 볼 때

하늘의 별 울려 퍼지는 뇌성, 주님의 권능 우주에 찼네

주님의 높고 위대하심을, 내 영혼이 찬양하네

주님의 높고 위대하심을, 내 영혼이 찬양하네

참 아름다워라, 주님의 세계는

저 솔로몬의 옷보다 더 고운 백합화

주 찬송하는 듯, 저 맑은 새소리

내 아버지의 지으신 그 솜씨 깊도다

하나님은 우리에게 아름다운 자연을 주셨습니다. 위의 찬송을 부르며 우리는 자연의 아름다움과 함께 하나님의 사랑과 위대하심을 느낍니다. 자연을 통해 우리는 마음의 평안을 누리고 풍부한 감성을 느끼며 창의성이 솟아나기도 합니다. 또한 건강을 회복하고 심신이 치료되는 놀라운 경험을 합니다. 그래서 자녀가 어려서부터 자연을 가까이하면 자연 속에 있는 많은 비밀을 찾아내게 되어 지혜롭고 건강하며 창의적인 사람이 되어갑니다. 무엇보다도 자연을 통해 하나님의 놀라운 은혜의 법칙들을 발견해 갑니다.

우리나라는 국토의 70퍼센트가 산입니다. 그리고 국토의 삼면이 바다로 싸여 있고 바다로 흐르는 강줄기들이 거미줄처럼 우리가 사는 동네를 싸고돕니다. 대한민국 사람들은 산과 들과 강가와 바닷가 등 자연과 더불어 살아왔습니다. 자연은 우리에게 먹을 것과 입을 것, 살 곳을 주지만 때로는 재난과 고통을 주기도 합니다. 특히 환경

을 파괴하고 무분별하게 개발할 때 자연이 주는 재앙은 우리가 일구어 놓았던 모든 것을 한순간에 빼앗아 가기도 합니다.

✄ 1. 창의적인 아이들로 기르라

기독교는 창조주 하나님을 인정하는 종교입니다. 하나님이 태초에 천지를 창조하셨다고 말씀하셨는데(창세기 1:1), 우리는 하나님이 만드신 자연을 보면 창조세계에 감탄하게 됩니다. 창조주 하나님을 아버지로 모시는 우리 역시 창조적인 사람들입니다. 그리고 하나님이 창조하신 자연과 가까이할 때 창의적인 생각과 창의적인 활동이 활성화됩니다. 21세기 무한 경쟁사회에서는 어느 때보다 창의성이 중요합니다.

창의성은 영재성의 일부이지만 특정 사람만 갖고 태어나는 것은 아닙니다. 이것은 가정이나 사회에서 경험을 통해 향상되기도, 감소하기도 합니다. 격려를 충분히 받고 많은 기회를 가지면 개발될 수 있습니다. 부모와 교사는 아이들이 유아 때부터 창의성을 길러주기 위해서 직접 느끼고, 보고, 듣고, 냄새 맡고, 만져볼 수 있는 풍부한 감각적 환경을 제공하고 상상놀이를 자극해야 합니다. 하나님이 아담을 데리고 최초로 에덴동산에서 하신 일은 자신이 만드신 각 생물에 이름을 짓는 것이었습니다. 하나님이 만드신 모든 가축과 공중의 새와 들의 짐승에게 아담이 이름을 짓는 것은 신나고 창의적인 일이었습니다. 아담은 어린아이같이 신기한 눈으로 처음 보는 생물의 이름을 창의적으로 지어서 불렀을 것입니다.

　어린아이는 어른과 달리 상상력이 풍부하고 호기심이 많습니다. "이게 뭐야?", "이것은 왜 그래?"하며 혼자서 중얼중얼하면서 상상놀이를 즐깁니다. 자녀의 질문과 호기심에 대하여 부모가 정성껏 대답해 주고 함께 탐구해가는 자세는 아이의 창의성 발달을 도울 뿐 아니라 배움에 대한 즐거움을 느끼게 해줍니다. 부모는 자녀의 모든 질문에 곧바로 대답해 주기 전에 아이도 스스로 생각할 수 있는 기회를 주면서 다방면으로 생각해 보도록 격려합니다. 인터넷이나 책, 사전 등을 함께 찾아보면서 스스로 문제를 해결하도록 지도하는 것이 좋습니다.

　미국사람들은 초등학교 저학년 때부터 사전이나 책, 요즘에는 인터넷을 통해 자료를 찾는데 이와 같은 것이 그들에게는 매우 자연스러운 교육 방법과 정보수집 과정입니다. 우리나라도 교사들이 인터넷을 이용하고 모둠별 수업, 토론식 수업을 통해 수업방식을 개선하려고 많이 애를 쓰고 있습니다. 부모도 자녀의 학습을 돕기 위해 함께 도서관이나 서점에서 책을 찾아보면서 아이가 적극적으로 문제해결하는 것을 도울 수 있습니다.

　한편, 창의성 계발을 위해 아이는 자유로운 시간이 필요합니다. 때때로 상상력을 발휘할 수 있는 어떤 놀이에 깊이 빠져 있을 시간이 확보되어야 합니다. 에덴동산에서 자유 시간을 많이 가졌던 아담을 떠올려 보십시오. 아이에게는 스스로 자신의 삶을 만들고 조작해 보고 다시 원상태로 되돌려보는 경험의 시간이 필요합니다. 그런데 요즈음 아이들은 학교 수업, 학원 수업 등으로 바쁜 삶을 살아가고 있습니다. 집에 있는 아이들도 컴퓨터나 휴대폰 등에 매달려 수동적인 활동에 몰입되어 시간을 보내는 경우가 많고, 놀이나 활동을 능동적으로 계획하고 즐기는 시간은 그렇게 많지 않습니다.

자녀가 집에서 휴대폰으로 문자를 보내거나 컴퓨터로 게임을 하면서 빈둥대는 것을 안타까워하는 부모는 교과에 관련된 영어나 국어, 수학 같은 과목의 과외수업을 받도록 학원에 보내거나, 재능을 기르는 수업을 받게 하기도 합니다. 그러나 부모의 소망과 기대와는 달리 이런 수동적인 수업은 자녀를 더 피곤하게 만듭니다. 이런 활동은 또다시 제한된 환경에 적응하도록 요구하므로 창의적 사고에는 별로 도움이 되지 못합니다.

아이도 빈둥대고 있을 시간이 필요하고, 편안하고 안정된 환경 속에서 자신의 시간을 즐기는 여유가 필요합니다. 이러한 여유는 새로운 활동을 위한 준비시간과 창의적인 에너지를 축적하는 시간이 됩니다. 아이는 결코 오랜 시간을 빈둥대며 보내지 않습니다. 일단 재미있고 흥미 있는 것이 생각나면 그것을 위해 부지런히 계획하고 실행합니다. 나이가 어린 아이일수록 어른들이 생각하지 못하는 활동을 하므로 집안을 어지르거나 사고를 내면서 부모를 당황스럽게 만듭니다.

그러나 아이는 자신이 생각해낸 활동을 즐기고 몰입하며 창의성을 개발하고, 사고력을 증진시킵니다. 창의성은 매우 섬세하고 연약한 면이 있기도 합니다. 찰리 브라운은 "새로운 아이디어는 섬세하고 연약하기 그지없다. 코웃음 또는 하품 한 번에도 죽어 버릴 수 있다. 빈정대는 말 한마디에도 찔려 죽을 수 있고, 책임자의 찡그린 이마 때문에 죽을 것처럼 전전긍긍하기도 한다"고 말했습니다. 그래서 많은 칭찬과 격려가 필요합니다. 아마 에덴동산에서 아담이 각각의 생물에 이름을 지을 때마다 하나님은 박수를 치시며 잘했다고 칭찬해 주시지 않으셨을까요?

자연은 창의성을 자극하는 훌륭한 환경입니다. 아이들은 가족과 함께 정기적으로 자연과 가까이 하는 시간이 필요합니다. 예전에는 아이들이 쉽게 밤하늘의 별을 보거나 지저귀는 새소리를 들을 수 있었습니다. 그리고 논밭의 풍성한 곡식과 채소가 자라는 것을 볼 수 있는 자연이 우리 곁에 있었습니다. 위대한 예술가나 과학자들은 자연에서 영감을 얻었습니다. 저도 시간이 되면 아이들과 함께 뒷산이나 학교 앞을 흐르는 공릉천 주변을 산책하곤 했습니다.

유아기는 아기들이 무엇이든 새롭게 경험하기 때문에 창조성이 많은 시기이며, 초등학생들도 자기 나름의 새로운 생각을 잘 만들어냅니다. 그런데 아이들이 학교 교육을 받으면서 학습 능력은 자라지만 아쉽게도 창의성은 줄어들기 쉽습니다. 특히 학교 시험에 신경을 쓰고 불안해할수록 창의성은 자라지 않습니다. 그런데 학업 성적이 뛰어나지 않거나 학교에 잘 적응하는 것 같지 않은 아이인데 창의성이 높은 아이가 있습니다. 한편, 지적인 능력(IQ)과 학습 능력이 모두 뛰어나고, 창의성도 높으며 성숙되고 안정성이 높은 아이도 있습니다.

이와 같이 IQ와 창의성, 학습 능력과 창의성의 상관관계는 생각만큼 그렇게 높지 않습니다. 세계화 시대의 무한경쟁시대를 살아갈 우리 아이들에게는 지적인 능력과 더불어 창의적인 능력을 갖추도록 지원해야 합니다. 창의성을 높이기 위해 창의성을 존중하는 환경과 분위기를 조성하는 것이 필요합니다. 부모가 아이와 놀이활동을 함께하며 시간을 갖는 것은 창의적인 태도를 갖고 창의성을 기르는 데 큰 도움이 됩니다.

우리 집 첫째, 둘째아이는 어린 시절 학교에서 돌아오면 다른 집 아이들과 마찬가지로 자유 시간을 가졌습니다. 자유롭고 편안한 가운데 숙제도 하고 그날 정해진 학습지도 들여다봅니다. 그래도 시간이 많이 남습니다. 둘째아이는 만드는 것, 그리는 것을 매우 좋아해서 그리거나 만드는 일에 빠져들곤 했는데, 어떤 날은 하루에 10~20장의 그림을 그려서 나를 놀라게 했습니다. 직장생활을 하는 엄마가 돌아오기를 기다리는 동안 아이는 자기가 좋아하는 그림을 그리고, 내가 잘 그렸다고 칭찬하면 기분이 좋아서 더 많이 그리는 것 같았습니다.

한동안 날마다 나에게 그림을 보여 주었는데, 어찌나 많은지 나는 그 그림들을 다 감상하고 보관해둘 장소가 없을 지경이었습니다. 그림을 자세히 들여다보면 똑같은 종류의 그림을 매일 그리는데 그림마다 세밀함이나 정교함이 조금씩 발전하는 것을 볼 수 있었습니다.

어떤 때는 그림에 주인공 이름을 써놓고, 세부적인 묘사를 할 때는 설명도 써 넣습니다. 그 다음에는 그림과 함께 이야기도 꾸며서 덧붙이고, 크리스마스나 가족 생일이 있을 때는 컴퓨터를 이용해 갖가지 카드도 만듭니다. 처음에는 나에게 보여 주고 싶어서 그렸을지도 모르는데, 갈수록 자신만의 세계에 몰입하여 생각과 감정을 작품에 담아내는 꼬마 창작가를 보면서 아이가 발달하는 것에 놀랐습니다.

둘째아이와 달리 첫째아이는 아주 어릴 때부터 몹시 활동적이어서 조금 과장하면 1분을 가만히 앉아 있지 못하고 집안에서도 늘 뛰어다녔습니다. 이 아이의 취미는 미니 자동차를 조립하고 수집하는 것이었습니다. 어렸을 때 그렇게 활동적이었던 아이가 나이가 들면서 자신이 좋아하는 일에 성취감을 느끼는지 작업에 집중하며 몰두합니다. 미니 자동차를 조립할 때면 2~3시간을 자기 방에서 문을 닫고 조용히 작품을 만들고, 그 부속품들을 사기 위해 용돈을 아꼈습니다. 미니 자동차가 완성되면 기뻐하며 자랑스럽게 나에게 보여 줍니다. 복잡하고 까다로운 과정들을 하나하나 맞춰가며 만든 근사한 미니 자동차를 쳐다보면서 어른이 시키지 않아도 아이는 자신의 세계를 구성해 가는 힘이 있음을 느낍니다.

큰아들은 그렇게 미니 자동차를 만드는 것을 좋아하더니 스탠퍼드 대학 재학 시절 동아리 친구들과 태양열 자동차를 제작하여 세계 대회에 출품했습니다. 어렸을 때의 창작활동이 태양열 자동차 제작하는 데로 옮겨갔고, 그 뒤 삼성전자에서 휴대폰을 기획하다 지금은 샌프란시스코에서 창업을 준비하고 있습니다.

미국에서의 오랜 생활을 뒤로 하고 한국에 와서 새로운 생활에 적응해야 했던 우리 가족들은 모두 나름대로 어려움을 겪었습니다. 미국에서와는 달리 여기서 어른들은 토요일에도 직장에 출근해야 하기에 아이들끼리 하루를 보낸 적도 있었습니다. 아이들은 지루한 시간을 달래기 위해 롤러스케이트를 타고, 마을 구경도 다니며 자전거를 타기도 했습니다. 그래도 부모가 돌아오는 시간이 많이 기다려지는지 휴대폰으로 아이들의 귀가 재촉이 빗발쳤습니다. 모두가 조금 일찍 귀가하는 토요일 오후, 아이들을 데리고 어딘가에 가기도 여의치 않으면 온 가족이 TV를 보며 여유 있는 시간을 갖기도 했습니다. 우리 부부가 피곤에 지쳤던 몸과 마음의 긴장을 풀며 휴식하는 동안 아이들은 온갖 재롱을 부렸습니다.

막내 아이는 TV 음악에 맞춰 춤을 추기 시작했습니다. 막내가 춤을 추면 큰아이, 작은 아이도 10대 아이돌 가수의 흉내를 내며 서로 어울려 창의적인 춤판을 벌였습니다. 거실에서 이리 갔다 저리 갔다, 이리 굴렀다 저리 굴렀다 하는 흥겨운 춤판이 끝나면 아이들은 나름대로 다른 놀이들을 계획합니다. 세 아이가 힘을 합해 집안에서 하는 대표적인 창작 놀이는 집짓기였습니다.

방 안에서 이불과 베개, 의자들을 끄집어내서 기둥과 지붕을 만들고 집짓기를 계획하는데 어찌나 진지하고 창의적인지 어른들의 도움 없이도 멋있는 집 한 채가 거실에 뚝딱 세워집니다. 집을 짓고 나서는 엄마 아빠를 초청합니다. 이불이 지붕이 되고, 의자가 기둥이 된 조그만 집안에 내가 간신히 몸을 들여놓으면 세 아이는 그 좁은 공간에서도 킥킥대며 몸을 밀착해서 덩치 큰 엄마가 들어갈 공간을 만들어 줍니다.

아이들은 자신들이 지은 조그만 집을 자랑스럽게 바라봅니다. 아주 피곤한 때가 아니면 즉석에서 만들어진 집은 모두가 잠자리에 들기 전에 분해되어 원 위치로 돌아갑니다. 세 아이가 집을 부수고 제자리로 되돌리는 것도 눈 깜짝할 사이에 이루어지는데, 내가 도와주려고 하다가도 아이들이 스스로 정리하도록 내버려 둡니다.

아이들이 만든 창의적 공간에 온 식구가 모일 때는 조그만 천국, 에덴동산의 보금자리가 이루어지는 것을 느꼈습니다. 때때로 그곳에서는 엄마, 아빠의 역할도 달라집니다. 큰아이가 아빠, 둘째가 엄마가 되고 나는 친구처럼 초대되기도 합니다. 어떤 때는 엄마가 둘이 되기도 합니다. 아이들이 지시하는 대로 내가 따라주면 아이들은 더욱 신이 납니다.

집 짓는 놀이는 밖에 나가면 자연에서도 쉽게 할 수 있습니다. 바닷가나 강가에 가면 모래밭에서 두꺼비 집을 짓습니다. "두껍아, 두껍아, 헌 집 줄게. 새 집 다오"등의 오래 된 동요를 부르며 아이들과 모래집을 짓습니다. 미국 사람들은 정원의 큰 나무 위에 트리하우스를 올려 아이들이 계단을 통해 나무 위의 집에 오르며 창의성과 모험심을 키우도록 돕습니다. 우리나라도 캠핑 문화가 확산되면서 자연 속에서 텐트를 치고 조금은 불편하지만 자연과 가까이에서 지내는 가족들이 늘고 있습니다.

핵가족화 되고 맞벌이 부부가 늘며 아이가 홀로 있는 시간이 많아지는 현대 가정에서 자녀를 밝고 맑게 기르며 건강하게 자라도록 돕는 것은 결코 쉽지 않습니다. 내가 어릴 때 부모들은 보통 자녀를 5~7명 정도 낳아 길렀지만, 요즘에는 세 자녀만 데리고 다녀도 사람들은 존경 반 걱정 반의 눈으로 쳐다봅니다. 아이들과 함께하는 시간은 고생도 되지만 삶에 힘을 주고 기쁨이 되는 것을 부모가 되어 본 사람들이라면 모두 알고 있습니다.

자녀들과 부모가 함께하는 창의적 시간을 보내기 위해 때때로 아이들에게 시간을 주고 그들이 계획하는 대로 따라가 보는 것도 새로운 경험이 될 것입니다. 특히 방학이 되면 자녀와 함께 식물원이나 수목원, 바닷가나 강가로 자연 여행을 가면 아이는 자연 속에서 놀랍고도 색다른 경험을 하게 됩니다. 강가에 피는 꽃과 모래밭, 밀려오는 파도와 밤하늘의 별, 숲속에서 지저귀며 파닥이는 작은 새, 가을 하늘을 V자로 날아가는 철새무리들을 보고 바람의 소리도 듣고 느낄 수 있습니다.

아이는 자연 속에서 도시와 작은 방안에서는 겪지 못했던 것을 볼

수 있고, 들을 수 있고, 만질 수 있고, 느낄 수 있습니다. 부모와 자녀
는 즉석에서 노래를 부르고, 그림도 그리며 창의적 활동에 빠져들기
도 합니다. 이러한 창의적인 생각은 음악이나 미술, 건축, 무용 등에
스며드는 경우가 많습니다. 자연은 아이가 자연스럽게 노래하고, 만
들고, 춤을 추게 하는 마술과 같은 힘이 있습니다. 부모와 자녀가 함
께 자연으로 여행을 가면 부모도 모르는 사이에 자연은 자녀들의 창
의적인 감각들을 흔들어 깨워 줍니다.

[자녀의 창의력 향상을 위한 제안]

1. 아이가 자신의 독특함을 느끼게 하고 그것의 중요성을 알게 한다.
2. 호기심을 억누르기보다는 충족시켜 준다.
3. 문제 해결을 위해 다각적인 방법으로 사고하도록 도와주며 실
   패에 대해 지나친 근심을 하지 않도록 배려한다.
4. 아이의 창의력을 일깨워 주기 위해 혼자 있는 시간과 장소를
   마련해 준다.
5. 새로운 생각을 시작하면 그것을 계속하도록 도와주어야 한다.
6. 아이 스스로 상상력을 발휘할 수 있도록 너무 자세히 설명하지
   않는다.
7. 부모나 어른들도 창조적인 삶을 즐겨야 한다.
8. 자연과 가까이에서 경험할 수 있는 기회를 많이 준다.

✖ 2. 감성이 풍부한 아이들로 기르라

1) 감정 이해하기

어른들은 아이들이 부모의 보호와 양육 안에서 행복하게 성장하기를 바랍니다. 그러나 아이들은 부모나 교사, 이웃 친지의 도움으로 성장하면서 사랑과 받아들여짐의 감정을 느끼기도 하지만, 때때로 분노, 슬픔, 외로움, 두려움, 바보가 되는 것 같은 느낌을 겪습니다. 할 일 없이 매일 놀기만 하고, 부모가 모든 것을 책임져 주어 별로 책임감이 없는 것 같은 아이들도 마음속에 희로애락의 감정들을 지니고 있습니다.

아이는 때때로 부모가 요구하고 사회가 요구하는 틀에서 벗어나 자기 마음대로 하고, 어떤 때는 창의적으로, 어떤 때는 바보처럼 행동하며 즐거워합니다. 아이의 장난기와 바보 같은 행동은 감정을 이완시키고 창의적 활동을 하게도 하지만, 지나치면 아이 자신과 다른 사람들을 다치게도 할 수 있습니다.

이럴 때 부모는 당황하고 화를 내기보다는 아이의 이와 같은 감정을 이해하고 일정 시간 동안 허용하는 것이 필요합니다. 그러나 다른 사람이나 아이를 해치지 않고 안전하게 놀도록 주의를 기울여야 합니다. 종종 어른들의 부주의와 아이의 지나친 행동은 사고를 초래합니다. 아이의 행동이 지나치면 그림을 그리게 하거나 밖에 나가서 운

동이나 산책을 하도록 하면서 감정이 차분해지도록 기다려 주는 것
이 필요합니다. 자연은 아이의 거칠어진 감정을 진정시켜 주는 힘이
있습니다.

돌담에 속삭이는 햇발

김영랑

돌담에 속삭이는 햇발같이
풀 아래 웃음짓는 샘물같이
내 마음 고요히 고운 봄길 위에
오늘 하루 하늘을 우러르고 싶다

새악시 볼에 떠오는 부끄럼같이
시의 가슴에 살포시 젖는 물결같이
보드레한 에메랄드 얇게 흐르는
실비단 하늘을 바라보고 싶다

자연은 인간에게 휴식과 치유를 주는 힘이 있지만, 두려움과 고통
을 주기도 합니다. 특히 아이들은 아직 충분한 경험을 하지 못했기
때문에 일상적인 일에도 두려운 감정을 갖기도 합니다. 어린아이들
은 밤에 혼자 잠자리에 들지 않으려 하고, 강아지나 이웃집 개를 무

서워하며, 여름날의 폭풍과 천둥에 두려움을 나타냅니다. 어떤 아이는 큰 파도치는 것을 무서워하고, 조그만 벌레가 기어가도 소스라치게 놀라기도 합니다. 아이가 소심하고 조그만 일에도 두려움을 보이면 용기 있는 자녀로 기르고 싶은 부모, 특히 남자아이를 기르는 부모는 실망하기도 합니다.

[아이의 두려운 감정 다루기]

① 아이의 두려운 감정을 받아들여라

아이가 두려운 감정을 느낄 때 부모는 무리하게 용기를 내라고 요구하기보다는 아이의 감정을 받아들이고 아이가 두려움에서 벗어날 수 있도록 세심한 배려가 필요하다. 무턱대고 "바보같이 이것 때문에 무서워하니?", "이것은 아무것도 아니야", "너 이렇게 해봐" 등의 강제적이고 부정적인 말, 무시하는 말은 아이를 더 위축시킬 수 있다. 아이들은 아직 경험이 적기 때문에 처음에는 시각적, 청각적 대상이나 구체적이고 직접적인 자극을 두려워하지만, 점차 상상적이고 가상적인 생각 속에서 두려움을 느낀다.

② 두려운 감정을 안정시킬 실제적인 방법들을 제시하라

부모는 자녀가 두려운 감정에서 벗어나도록 실제 생활에서 안정시킬 수 있는 방법들을 제시한다. 아이는 어둠을 무서워하고 혼자 잠자는 것을 싫어한다. 부모는 자녀가 두려움을 극복하고 편안하게 잠을 자도록 도와야 한다. 깜깜한 방에서 혼자 잠드는 자녀를 위해 조그만 등불을 켜 주고 아이가 잠들 수 있도록 토닥여 주며 옆방에는 엄마, 아빠가 있다고 안심시켜 주는 것은 아이가 어둠을 극복하고 안심하고 잠을 자도록 돕는다.

밤은 안식의 시간이고 낮 동안의 피곤한 몸과 마음이 회복되는 시간이다. 그러나 어린아이에게 밤은 아무 것도 보지 못하고 부모와도 대화할 수 없는 시간이기 때문에 무척 두렵다. 한편으로는 잠이 들기까지는 지루하고 따분한 시간이다. 아이가 잠이 잘 들지 못하면 옛날이야기를 들려주거나 동화책을 읽어 주어도 좋다.

미국에서는 이때 읽어 주는 책을 '베드타임 스토리(bedtime story)'라고 하는데 간단하고도 상상력이 있으며, 글자에 음율이 있는 책들이다. 자녀가 어려서 이웃집 강아지나 개를 무서워하면 모든 동물들은 하나님이 우리를 위해 창조하셨다는 것을 알려 준다. 집에 있는 강아지는 먹이를 주고 잘 돌보아주면 오히려 꼬리치고 좋아한다는 것을 아이에게 알려주어 겁을 먹지 않고 동물들을 좋아할 수 있도록 도와준다.

아이가 겁이 많아 파도치는 바다에 못 들어갈 때는 파도를 보며 즐거운 찬송가를 부르거나 재미있는 노래를 불러서 바다에 대해 긍정적 생각을 하도록 돕는다. 그리고 구명조끼를 입히고 얕은 물에서 함께 놀도록 배려하면 아이가 두려운 감정에서 벗어나며 물놀이를 즐기게 된다.

③ 아이의 사소한 질병에 대처하라

아이는 때때로 아프다. 자주 열이 나고 방치하면 병이 쉽게 깊어진다. 아이가 열이 날 때마다 병원에 가면 오히려 오고 가고 기다리다 병이 깊어지기도 한다. 그러나 아이의 병을 그대로 방치해서도 안 된다. 간단한 열은 따스한 물을 먹이고 한잠 잘 재우면 쉽게 내릴 수 있다. 아이가 코피를 흘리거나 다쳐서 피가 나면 부모는 몹시 두려워한다. 부모는 응급 상황에 대비해 해열제, 소독약, 연고, 약솜, 반창고, 붕대, 체온기 등의 간단한 의약품과 의료용품 등을 가정에 구비해 두는 것이 좋다.

그러나 아이가 두려운 감정을 갖는 것은, 무모하게 위험한 행동을 함으로써 처할 수 있는 위험에서 지켜 줄 수 있습니다. 이와 같이 두려운 감정이 잘 다루어지면 오히려 유익이 될 수 있습니다. 따라서 부모는 자녀의 두려운 감정에 대처하는 법을 알고 있어야 합니다.

아이가 셋이나 되는 나는 자녀들이 아프면 걱정이 되고 내 생활도 엉망이 되기 때문에 아이들의 건강에 늘 신경을 썼습니다. 아이들도 나름대로 바쁘게 살기 때문에 자신이 아프면 해야 할 일들을 멈춰야 하므로 속상해서 짜증을 냅니다.

나는 아이가 아프면 엄마 사랑이 더 필요할 때라고 생각해서 내 침대로 아픈 아이를 초대합니다. 그리고 아픈 아이를 내 옆에 눕히고 아이의 머리를 만져 주며 손을 잡아주고 가슴을 토닥여 줍니다. 그리고 조용히 찬송을 불러 줍니다. 피곤하고 아픈 아이는 엄마 손길에 어느새 잠이 들고 나도 아이와 함께 잠이 듭니다. 모두가 바쁘게 살아가는 일상에 찾아온 반갑지 않은 손님인 병을 우리는 그렇게 맞이합니다.

나와 아이가 하던 일을 멈추고 편안히 침대에 누워 잠을 청하고 한숨 푹 자고 나면 아픈 아이의 베개는 땀에 젖어 있고, 이마를 만져 보면 열이 내렸음을 알 수 있습니다. 병원이 아닌 엄마의 침대가 우리 아이들의 병원이었습니다. 그리고 우리가 쉬는 동안에 하나님이 천사를 보내 주셔서 보호하고 치료해 주셨습니다. 어린아이들이 두려워하는 밤도 부모와 함께하면 상처를 치료하고 우리의 온몸을 회복시키는 놀라운 자연 치유의 힘을 발휘합니다.

2) 감성 기르기

미래사회는 아이디어가 최고의 자산입니다. 부가가치의 원천으로 꿈과 상상력 그리고 창의력을 살려나갈 때 성공할 수 있습니다. 이와 더불어 감정의 흔들림 없이 여러 위기에 잘 대처하며 다른 사람을 공감시킬 수 있는 능력 또한 성공의 중요한 자질입니다. 특히 사이버시대에는 가상 속에 몰입하는 시간이 많아지면서 비인간화 현상이 두드러집니다. 이런 비인간화 현상은 인간적인 것에 대한 강렬한 욕구를 일으키며, 다른 사람을 감동하게 하는 능력과 기쁘게 하는 능력은 새로운 인간관계의 강점이 됩니다.

자연은 우리에게 창조성을 일깨우며 감성을 자극합니다. 다양한 분야에서 창의성과 감성이 뛰어난 위대한 예술가와 과학자, 문학가 등은 모두 자연을 가까이했던 사람들이었습니다. 베토벤·모차르트·슈베르트 등의 음악가, 모네·고흐 등의 미술가, 존 뉴턴·아인슈타인 같은 과학자, '하늘과 바람과 별'의 시인 윤동주 같은 창의적인 사람들은 뛰어난 감성을 갖고 창의적인 일에 몰두했습니다.

정보화 시대, 사이버 시대를 사는 우리는 인간의 행복과 생활의 만족감, 부정적인 감정 상태에 대해 더 깊은 관심을 가져야 합니다. 이와 더불어 자녀의 감정을 이해하고 감성을 높이기 위해 부모는 자연과 가까이하며 자녀를 양육해야 합니다.

감성은 지능과는 다른 개념으로 인내심과 지구력, 주의 집중력과 같은 의지적인 면이 있습니다. 예전에는 지능이 높은 아이가 학업 성취도가 높다고 생각해왔는데, 학자들은 정서지수(EQ)가 소개되면서

지능보다는 정서지수가 학업에 더 깊이 영향을 준다고 학자들은 주장합니다. 또한 지능을 측정하던 지능지수(IQ)의 개념도 많이 변화되어 지능을 폭넓은 개념으로 이해하려고 하고 있습니다. IQ가 합리적인 사고능력을 측정한다면, 정서지수는 감정과 정서의 관리 및 통제능력을 측정합니다.

고양외국어고등학교에는 중학교 때 학업능력이 우수한 학생들이 들어옵니다. 입학하고 나서 모두 높은 성적을 기대하는데, 중학교 때만큼의 우수한 성적을 내지 못하여 학생도 부모도 교사도 안타까워하는 경우가 많습니다. 교사가 상담하면서 학생들에게 많이 듣는 이야기 중에 하나가 "선생님, 저도 마음먹으면 잘 해요"라는 말입니다. 맞습니다. 마음먹으면 잘 할 수 있는 학생이기 때문에 모두가 안타깝습니다.

이렇게 마음먹은 것과 같은 상태는 정서지수에 속한 것입니다. 아이들의 마음, 즉 감정을 자기 마음대로 할 수 있고 없고는 학업뿐 아니라 인생 전반에 걸친 성공에 큰 영향을 미칩니다. 아이들이 자신의 마음을 조절하고 통제할 수 있는 능력만큼 다른 사람들의 감정과 정서를 읽고 그에 따라서 행동하는 것 또한 정서지수의 중요한 요소입니다. 정서지수가 높다는 것은 감정과 정서의 통제능력과 더불어 타인의 감정과 정서에 감정이입할 수 있는 능력이 높다는 것입니다. 뿐만 아니라 자신의 삶을 계획하고 성취하기 위해 그런 감성을 활용할 줄 아는 능력이 높다는 뜻입니다.

아이들은 자신에 대해 긍정적인 자아개념을 가져야 합니다. 그런 자아개념이 기초가 되어 자신을 둘러싼 주변의 환경을 적극적으로 탐색하며 많은 것을 경험합니다. 자연은 사계절, 밤낮으로 변하면서도 변함없이 우리에게 삶을 지탱하는 힘을 줍니다. 아침에 집에서 나오면서 보는 뜰 앞의 꽃들과 풀들, 나뭇가지에 흔들리는 이파리와 싱그러운 바람, 푸드덕거리며 날아가는 작은 곤충과 지저귀는 새들···. 셀 수도 없는 신기한 자연의 이야기들이 날마다 우리 주변에 가득하지만, 우리는 너무 바빠서 자연의 소리와 변화에 귀 기울이지 못할 때가 많습니다.

아이들은 자연의 환경 속에서 보고, 듣고, 만지고 경험하는 것에 큰 관심을 갖고 있습니다. 또한 환경과 더불어 다른 사람의 기분이나 생각을 알아가면서 주변에서 일어나는 일들에 민감한 반응을 보입니다. 창의적인 아이는 감수성도 높아서 자기가 하고 싶은 일, 좋아하는 일을 할 때에 아름다움을 느끼기도 하지만, 다른 사람에 대한 대인 감수성도 높다고 합니다. 이와 같은 감수성도 정서지수의 발달에 영향을 줍니다.

오늘날 절실하게 필요한 사람은

똑똑한 사람이나 재능이 뛰어난 사람이 아니라

깊이가 있는 사람이다

- 리처드 포스터 -

현 시대와 미래의 시대에 필요한 사람은 지능과 재능보다도 감성이 높은 사람입니다. 자연은 우리 가까이에 있기도 하고, 때로는 멀리 있기도 합니다. 아이들과 시간을 내어 자연과 가까이하면 자연이 주는 풍요로움을 맛보며 깊이 있는 사람이 되어갑니다.

[정서지수(EQ) 향상을 위한 제안]

1. 자녀와 대화 중에 유머를 나눈다.

2. 자녀에게 그림을 그리거나 고전 음악을 감상할 기회를 준다.

3. 집안일을 거들게 하거나 심부름을 하게 한다.

4. 집에서 만든 맛있는 음식을 자주 먹인다.

5. 자주 껴안아 주거나 볼을 맞추는 신체 접촉으로 사랑을 표현한다.

6. 노는 것을 가르쳐 준다.

7. 아이의 능력보다 조금 힘든 과제를 준다.

8. 성공했을 때보다 실패했을 때 가까이하고 격려해 준다.

9. 자녀와 자주 여행을 하고, 다른 가족과 어울릴 기회를 갖는다.

10. 자연을 가까이하고 자연의 변화를 가족과 함께 공유한다.

✄ 3. 건강 및 자기관리 능력의 증진

'건강한 육체에 건강한 정신이 깃든다'는 유명한 말이 있습니다. 건강을 해쳤을 때 비로소 건강의 중요성을 깨닫습니다. 그러나 이미 건강을 크게 해쳤을 때는 건강을 회복하기가 어려워 큰 곤란을 겪습니다. 아이들이 어른들보다 더 건강한 것은 꾸준히 운동을 하기 때문입니다. 어렸을 때 우리는 걸어서 초등학교에 다녔습니다. 아이들은 걸어서 오고 가면서 온몸 운동을 자연스럽게 했습니다. 늦으면 지각할까 봐 뛰어가야 했으므로 하루에 필요한 운동량은 자연스럽게 해결되었지요. 거의 포장이 되지 않은 흙길을 걷고 맑은 공기를 마시며 친구들과 즐겁게 이야기를 나누며 다녔습니다. 그래서 아이들은 영양제나 좋은 음식을 먹지 못해도 건강하게 자랐습니다.

그런데 요즘은 자동차, 전화, 휴대폰 등의 급속한 발달로 신체활동 시간이나 빈도가 차차 줄어들고 있습니다. 아이들은 운동을 싫어하고 과다하게 영양을 섭취하여 신장과 몸무게는 늘었어도 체력이 약해 쉽게 질병에 걸립니다. 또한 어른들도 운동 부족으로 무기력해지고 병에 대한 저항력이 떨어지며 정서가 불안합니다. 따라서 현대병인 심장병, 고혈압, 뇌졸중, 당뇨병, 암 등의 성인병이 날로 증가하고 있습니다. 미래의 주인공인 우리 아이들이 미래를 이끌고 가기 위해서는 건강하게 자신을 관리하도록 도와주어야 합니다.

1) 걷기

　　건강을 위해서 가족은 자기에게 알맞은 운동을 선택하여 규칙적으로 실천하는 것이 필요합니다. 건강을 지키는 데 가장 쉽고 제일 좋은 운동은 걷기입니다. 자동차로 목적지까지 이동하는 것은 편리하고 힘이 들지 않고 시간도 절약됩니다. 그래서 아이나 어른이나 일상적으로 걷는 일이 줄어들었습니다. 건강을 위해서는 웬만한 거리는 걸어가는 것을 습관화해야 합니다.

　　그런데 아이들이 자유롭게 동네를 걷는 것도 위험한 시대가 되었습니다. 따라서 부모는 아이들과 시간을 내어 산책하거나 빠르게 걸으면서 함께 운동할 수 있는 시간을 마련해야 합니다. 나는 종종 집 주변에서 공원까지, 공원에서 산언덕 밑까지 목표를 정하고 다녀옵니다. 자연 속에서 산책하거나 걸으면 건강뿐 아니라 창의성과 감성도 발달합니다.

우리 집 막내는 어릴 때 책을 읽거나 건담 조립하기를 좋아했는데 그에 비해 운동하는 것은 별로 좋아하지 않았습니다. 바쁜 엄마를 기다리는 막내아이를 데리고 남편이 뒷산에 올라가곤 했는데 나는 이 아이가 어떻게 힘든 뒷산에 올라갔을까 궁금해서 남편에게 물어보았습니다. 남편은 대답하지 않고 몇 주째 아이와 등산을 다녀왔습니다. 내가 많이 궁금해 하니 간단하게 "돈 줬어"라고 답했습니다. "어머나, 운동도 돈으로 하네!" 그 순간 놀라기도 했지만 한편으론 아이에게 미안했고, 남편이 고마웠습니다. 한번은 따스한 봄날 토요일 오후에 막내아들과 남편이 어딘가 갔다 돌아오지 않는 것이었습니다. 나는 학교에서 돌아와 잃어버린 남편과 아들을 궁금해 하며 한참 기다렸습니다. 둘은 저녁때가 다 되어서 돌아왔습니다.

남편이 하는 말이 아이가 맥도날드 햄버거를 사달라고 해서 "다른 동네에 있는 맥도날드 가게까지 걸어가서 사오자"고 했더니 아이가 따라나섰다는 것입니다. 가고 오는 데 각각 한 시간 이상을 걸어 햄버거를 사 온 남편과 아이를 보며 웃음이 나왔지만 한편으로 미안했습니다. 그렇게 많이 걸어서 햄버거를 사와야 하는 것을 알았다면 아이는 절대로 아빠를 따라 나서지 않았을 것입니다. 하지만 이렇게 한꺼번에 많은 시간을 운동하는 것보다는 일주일에 세 번 이상, 30분 정도씩 걷는 것이 건강에 큰 도움이 됩니다.

2) 자녀와 함께 운동을 하세요.

　요즘 아이들은 지나친 학습을 하다 보니 지쳐 있고, 과정보다는 결과를 중시하는 분위기 속에서 운동하기보다는 앉아 있는 시간이 훨씬 많아졌습니다. 운동은 아이가 태어날 때부터 죽을 때까지 멈추지 않고 계속되어야 하지만, 우리 막내아이처럼 많은 아이들이 운동하는 것을 싫어합니다. 나도 운동하는 것을 좋아하지 않지만 걷는 것만큼은 시간을 내어 하려고 노력합니다. 아이들은 재미가 있어야 운동합니다. 그래서 가족이 즐겁게 할 수 있는 운동을 살펴보고 부모도 함께 놀아주면 아이들은 자연스럽게 운동하는 시간을 갖게 됩니다.

　아이들은 운동을 하면서 자신의 신체를 조절할 수 있게 되고 운동신경이 발달합니다. 운동신경이 발달하면 자기를 잘 관리 할 수 있고, 자기관리 능력과 자신감이 증가합니다. 운동은 꼭 밖에 나가서 해야 하는 것은 아니며, 거실에서도 할 수 있는 운동이 많이 있습니다. 거실에서 훌라후프로 허리를 흔들며 배와 허리 운동을 해 볼 수 있습니다.

　아이들이 어릴 때는 태권도 시범을 보인다고 '얍얍!' 기압을 넣으며 발을 걸어차기도 합니다. 매트를 거실에 깔아 놓으면 아이들은 매트 위에 누워 윗몸 일으키기, 구르기 등을 하며 거실을 운동장으로 만듭니다. 마당이 있으면 마당에서 줄넘기를 하거나 가족끼리 단체 운동을 할 수도 있습니다. 아이들은 인라인스케이트를 타고 집을 떠나 동네 한 바퀴를 돌아오기도 하는데, 이때는 꼭 안전모를 착용하도록 합니다.

　우리 집 아이들은 초등학생 때 인라인스케이트를 탔는데, 얼마나 신나고 빠르게 타는지 나도 할 수 있을 것 같아 아들 것을 빌려 타다가 얼마 가지 못해 엉덩방아를 몇 번 찧고는 포기했습니다. 아이들은 내가 넘어지는 것을 보고 깔깔대고 웃다가도 안쓰러웠는지 "엄마, 괜찮아?"하고 나를 일으켜 주었습니다.

운동은 어른보다 아이가 훨씬 빠르게 배웁니다. 인라인스케이트를 잘 타게 되자 아이들을 데리고 일산에 있는 호수공원에 갔습니다. 아이들은 신나게 다른 아이들과 함께 스케이트를 탔습니다. 아이들이 조금 더 자란 뒤 자전거를 배웠습니다. 자전거 타기가 익숙해질 무렵 우리 부부는 자전거를 승용차에 싣고 자녀들과 함께 호수공원에 갔습니다. 아이들은 호수공원 둘레를 걷고 있는 우리를 앞질러 저만큼 갔다가 다시 되돌아오면서 우리를 확인하곤 했습니다.

아이들은 공놀이하는 것도 좋아합니다. 특히 중고등학생들은 농구를 얼마나 좋아하는지 모릅니다. 아침시간, 쉬는 시간, 점심시간, 하교 후까지 학교 농구장은 남학생들로 항상 붐빕니다. 학생들이 귀가하고 없는 시간에 우리 큰아이는 학교 안의 농구장에 가서 홀로 농구 골대에 농구공을 넣으며 운동했습니다. 어떤 때는 아빠와 아이들이 함께 농구를 했습니다. 아이들이 자라면서 운동의 종류도 달라졌지만 아이들과 함께 운동하면서 우리는 행복했습니다. 아이들 또한 건강하게 자라 주었습니다.

영국 최고의 명문 고등학교인 이튼스쿨은 자신만 아는 이기적인 엘리트가 아닌 이웃과 나라를 이끌어갈 이타적 인재들을 육성하는 학교입니다. 무려 600년 전에 세워진 학교로 지금까지 19명의 영국 총리를 배출했습니다. 실제로 이 학교 학생들은 1, 2차 세계 대전에서 무려 2000여명이나 전사했습니다. 전시 중 어떤 때는 전교생의 70퍼센트나 참전하기도 했습니다. 이 학교는 체육을 제일 중요한 교과목으로 꼽고 있습니다. 이를 통해 함께하는 정신과 페어플레이 정신을 기릅니다. 하루에 꼭 한번 함께 축구를 하며, 한 겨울이면 진흙탕에서 레슬링을 하기도 합니다. 운동을 통해 건강을 관리하고 팀워크를 기르며, 생활에 공평한 규칙을 적용하는 훈련을 하는 것입니다. 여러분의 자녀들도 강인한 체력으로 팀워크를 기르며 자신을 관리하도록, 자연 속에서 할 수 있는 운동과 체육활동에 관심을 더 많이 기울여야 합니다.

원칙 6

부모도 성장하라

1. 가족 생애 주기(Family Life Cycle)

　가정의 중심인 부부는 죽음이 갈라놓을 때까지 다양한 일들을 경험하며 단계별로 발달, 쇠퇴해 가는 가족 생애 주기의 과정을 겪습니다. 가족 생애 주기 각 단계마다 해결해야 할 과업과 부모의 역할이 있습니다. 한 가정이 건강하고 행복하기 위해서는 각 단계에서 찾아오는 어려움을 가족이 힘을 합쳐 이겨내야 합니다. 자녀가 성장하면 부모도 성장해야 합니다. 자녀는 성장하는데 부모가 성장하지 않는다면 그 가정은 정상적으로 발달하기 어렵습니다.

1) 결혼

　각각 다른 환경에서 생활해 오던 성인 남녀가 결혼함으로 가정이 탄생합니다. 사랑과 기대 그리고 환희로 출발하는 결혼은 젊은이들의 오랜 꿈이 이루어지는 결실이며 새로운 출발입니다. 그리고 얼마 뒤 결혼한 부부는 아이들을 낳게 됩니다. 첫째, 둘째, 셋째…. 나는 셋째아이까지 낳았지만 요즈음에는 셋째아이까지 낳는 부모는 적습니다. 아기를 낳고 기르며 부부는 둘이 있을 때와 다른 여러 가지 일들을 겪습니다. 아기를 길러본 경험이 없는 부부들은 여러 사람의 도움을 받으며 때로는 힘들게, 때로는 즐겁게 아이들을 양육합니다.

　그렇게 아이들을 기르는 단계를 지나면 아이들이 떠나는 단계가 옵니다. 아이들이 성장하여 학업을 위해서나 군 복무를 하러 떠나기도 하지만, 정말 부모 품을 떠나는 시기는 자녀가 결혼할 때입니다. 첫째, 둘째, 막내까지 떠나면 부부 단둘이 남습니다. 이 노년의 단계를 거치고 부부가 사망함으로 그 가정의 생애 주기는 마무리됩니다.

예전에는 마을 공동체와 친지들이 아이를 함께 길렀습니다. 그래서 부모가 그렇게 신경을 쓰지 않아도 아이는 동네 어른들, 할머니, 할아버지, 이모, 삼촌들의 관심 속에 자랄 수 있었습니다. 그러나 도시화, 산업화되면서 현대 가족은 돌보아줄 많은 이웃들을 잃어버렸습니다. 그리고 모두 바쁩니다. 그래서 건강하고 행복한 가정생활을 꾸려가기 위해서는 부부가 더욱 애써야 합니다.

특별히 직장 생활하는 여성들에게 직장과 가정생활을 양립하기란 상당히 벅찹니다. 나도 직장 생활하며 세 아이를 키웠습니다. 아이들이 자라며 많은 기쁨을 주었지만, 세월의 풍파 속에서 얼마나 어려움을 겪었는지 돌이켜보면 아득합니다. 그렇게 격정의 세월 속에서 애틋하게 보듬고 길렀던 나의 아이들도 하나둘씩 떠나가게 되었습니다. 자녀가 성장하여 떠난다고 부모의 역할이 끝나는 것이 아닙니다. 떠날 때 떠나보내는 용기가 있어야 하고, 떠난 아이들이 성공하도록 기도해야 합니다. 그러면서 부모도 계속 성장합니다.

2) 아이들을 떠나보내면서

첫째아이가 대학에 가기 위해 미국으로 떠났습니다. 미국에서 초등학교 4학년 때 가족과 함께 한국으로 돌아온 첫째아이는 한국생활에 적응하기가 어려웠습니다. 운동을 좋아했고 매우 활동적인 아이는 자라면서 팔이 세 번이나 부러져 매 번 사고 때마다 한 달씩 깁스를 하면서 자랐습니다. 그리고 한국에 온 첫해에는 친구와 선배들로부터 왕따를 당해 그 다음 해에는 학교를 옮겨야 했습니다.

그렇게 어렵게 적응하며 성장해서 스탠퍼드 대학에 입학원서를 제출했습니다. 첫째아이가 대학 합격 소식을 초조하게 기다리던 어느 날이었습니다. 늘 바쁘게 살아가는 나도 아들이 초조해 하는 것을 보니 결과가 궁금했고, 한편 걱정이 되었습니다. 결과를 걱정하며 기다리는 것보다 기도를 깊이 하며 하나님께 여쭤 보아야겠다는 생각이 들어 큰아들에게 "엄마가 기도해 볼게"라고 말하고, 평소에 내가 기도하는 장소에 들어가서 무릎을 꿇고 기도했습니다.

"하나님 아버지! 우리 현기가 대학 입시 결과를 기다리며 초조해 하고 있습니다. 저도 걱정이 됩니다." 그렇게 기도하며 조용히 묵상하는데 마음 한편에서 "내가 네 아들을 사랑한다"는 음성이 조용하게 들려왔습니다. 그 순간 나는 "그래요 하나님, 우리 아들이 스탠퍼드 대학에 합격하는 것보다 더 중요한 것은 하나님이 제 아들을 변함없이 사랑하고 계시다는 것이에요"라고 기도했습니다. 그러자 결과에 집착하지 않는 자유로움이 밀려 왔습니다. 기도를 마치고 방에서 나오니 큰아들이 동생들과 있다가 내가 환한 얼굴로 자기를 쳐다보는 것을 보면서 기대에 찬 목소리로 "엄마, 하나님이 합격한다고 말씀하셨어요?"라고 물었습니다. 나는 조용하고 다정하게 "하나님이 너를 사랑하신대"라고 말했더니 아들은 조금은 실망스러운 얼굴로 "그랬어요?"라고 되물었습니다.

나는 아들의 어깨를 두드리며 "엄마는 네가 스탠퍼드 대학에 들어가면 좋겠지만, 하나님이 너를 사랑한다는 말이 정말 좋다. 어떤 결과가 나와도 하나님이 너를 사랑하신다니 정말 좋구나"라고 말하자 큰아들도 "그래요"라고 대답하며 마음을 다스리는 것 같았습니다. 마음을 다 내려놓고 일상생활을 하고 있는데 합격 소식이 날아왔습니다. 대학 합격 소식을 받은 날, 얼마나 기쁘던지 큰아들은 나를 번쩍 안아서 빙빙 돌리며 기뻐했습니다.

첫째아이를 대학에 입학시키려고 초등학생 막내아이를 중학생 둘째아이에게 맡기고 나와 남편은 큰 아들과 함께 미국 대학으로 갔습니다. 아이를 입학시키고 한국으로 돌아오는 날 아침에 나는 호텔에서 샤워하면서 엉엉 울었습니다. 아이가 건강하게 새로운 삶을 헤쳐 나갈 것을 믿고 이제는 떠나보내야 하는 때가 되었습니다. 아들을 믿으면서도 가슴속에 이별의 아픔이 밀려와 참았던 울음을 그만 터뜨리고 만 것입니다. 하지만 아무 일도 없었던 것처럼 목욕탕에서 나와 짐 정리를 하고 혼자 남을 아들이 씩씩하게 살아가도록 이것저것 챙겨 주었습니다. 아들은 혼자서 헤쳐 나갈 결심을 하고 부모를 떠날 준비를 하느라 분주했는지 다행히 나처럼 서운한 감정을 느끼는 것 같지는 않았습니다. 큰아들을 떠나보내며 나와 남편은 인생의 한 단계를 넘는 경험을 했습니다.

그렇게 큰아들을 남겨 놓고 떠나왔는데, 어느새 그 아들이 스탠퍼드 대학과 대학원을 졸업하고 한국에 돌아와 삼성전자에 입사했습니다. 주 중에는 수원에 있는 회사 옆 원룸에서 생활하고 주말에 집으로 돌아오면 우리 가족은 함께 평화로운 주말 휴일을 맞습니다. 모두 치열하게 한 주간을 보내고 주일 아침이 되면 가장 멋있는 그릇에 간단하지만 주 중에 먹지 않았던 음식을 마련해 식사를 함께하며 기쁘게 주일을 맞습니다. 이 모든 순간들은 다시 되돌아올 수 없기에 돌아온 아들과 돌아온 주일을 축복합니다.

숨 쉴 수 없을 만큼 바쁜 일정을 보낸 큰아들, 대학 진학을 앞두고 모두 잠든 밤에도 홀로 입시 준비를 해야 했던 막내아들과 함께 우리 부부는 하늘의 평강과 은혜가 넘치는 주일 아침을 감사로 맞이합니다. 첫째가 2년 9개월간의 삼성전자 근무를 접고 창업을 위해 미국 샌프란시스코로 다시 떠났습니다. 더 큰 세상에서 더 큰 비전을 갖고 다시 시작하려하는 아들을 다시 보내야 했습니다. 인천공항에서 아들의 손을 잡고 하나님의 축복을 간구하며 아쉬운 작별을 했습니다. 난 이렇게 말했습니다.

"실패해도 좋다. 실패는 성공으로 가는 길이니까. 성공은 물론 기쁘고 감사한 일이다. 그 성공이 더 많은 사람들에게 더 좋은 선물을 안겨 줄 기회가 되니 기쁘고 감사할 것이다. 실패와 성공, 모두 좋은 것이니 용기를 갖고 도전하렴."

큰아들은 만 26세, 무한한 가능성에 도전할 용기를 부모가 막을 수는 없었습니다. 청바지, 면바지 몇 개와 티-셔츠 몇 개, 다기능 점퍼와 속옷, 신발 등을 넣은 커다란 가방을 비행기로 보내고, 간단한 필수품을 넣은 배낭을 메고 기타를 손에 든 아들은 공항 검색대를 빠져나갔습니다. 우리 가족은 아들이 검색대를 통과하며 우리를 향해 뒤돌아보며 손을 흔들 때까지 하염없이 바라보며 아쉬운 작별을 했습니다. 그렇게 또 첫째아이는 우리 곁을 떠나갔습니다. 나는 이번에는 울지 않았습니다.

큰아들이 대학으로 떠난 후 몇 해 뒤에 착하고 마음 약한 둘째딸이 다행히 오빠 가까이에 있는 버클리 대학에 입학하게 되었습니다. 샌프란시스코 남쪽에 있는 스탠퍼드 대학과 북쪽에 있는 버클리 대학은 자동차로 1시간 조금 넘게 걸리는 거리이기에 첫째가 살고 있는 가까이에 딸아이를 보내게 되어 마음이 조금은 놓였습니다.

대학 입학식 후 첫 학기, 첫 강의실 앞에 딸아이를 내려놓고 공항으로 떠나려다 발걸음이 떨어지지 않아 나는 다시 차에서 내렸습니다. 강의실 뒤로 살짝 들어가 아이가 앉아 있는 모습을 확인하고야 차를 타고 공항으로 떠났습니다. 딸아이는 키가 크고 몸집이 큰 미국 사람들과 함께 강의실에 조용히 앉아 교수를 기다리고 있었습니다. 착하고 여린 둘째가 덩치 큰 미국인들 사이에서 잘 견딜 수 있을까 마음이 쓰였지만 아이를 위해 기도를 더 열심히 할 수밖에 다른 방법이 없었습니다.

1년에 최소한 한 번씩은 아이들을 직접 보고 싶었습니다. 어느 날 딸아이는 여름방학 동안 서머스쿨에 등록해서 오지 못할 것 같다고 했습니다. 나는 "너무 공부만 하지 말고 힘들 때는 쉬어가며 하라"고 말했습니다. 딸아이는 전화로 "엄마, 제가 여름학기를 들으면 3년에 대학을 마칠 수 있어요. 그러면 엄마 학비 걱정, 생활비 걱정을 덜어줄 수 있어요"하는 말을 듣고 가슴이 메어지는 것 같아 침을 꿀꺽 삼키며 "괜찮겠니?"라고 되물었습니다.

마음이 약한 딸아이가 여름 동안에 혼자 남아 고생할 생각을 하니 마음이 아팠습니다. 딸아이는 "괜찮아요, 걱정하지 마세요"라고 말하며 전화를 끊었습니다. 딸아이도 어느새 독립적인 어른으로 자랐다는 것을 느낄 수 있었습니다.

딸아이는 드디어 3년 만에 버클리 대학을 졸업하고 하버드 대학원에 입학허가를 받았습니다. 그 아이가 얼마나 기쁜 소식을 안겨 주었는지…. 나는 마음이 벅차올라 앞으로 딸아이가 어떤 힘든 공부를 해야 하는지는 걱정도 하지 않았습니다. 짧은 겨울방학 동안 크리스마스와 새해를 보내기 위해 딸아이가 한국에 왔습니다. 나는 무심코 책상 위에 놓인 하버드 대학원 입학을 위해 작성했던 딸아이의 자기소개서를 읽어 내려가다 정신을 집중하며 내용을 한자 한자 확인했습니다.

사려 깊은 딸아이는 버클리에서 대학생활하며 용돈을 벌기 위해 3년 동안 부지런히 여러 일들을 해왔는데 그중에는 빈민촌 슬럼가의 위험한 곳에서 초등학생들을 가르치는 일도 포함되어 있었습니다. 처음엔 무섭고 두려운 마음을 갖고 그 동네에 갔지만 그곳에서 학생들을 가르치며 배우고 느꼈던 기쁨과 감동을 차분히 써 내려간 딸아이의 자기소개서는 정말 감동적이었습니다. 딸아이는 무사히 하버드 대학원에서 1년 만에 대학원 과정을 마치고 워싱턴 D.C에 있는 명문 사립 고등학교에 교사로 취직했습니다. 나는 딸아이가 공부를 더 하기 전에 꼭 현장에서 교사로서의 경험을 쌓기를 원했는데, 마침 좋은 학교에서 첫 번째 직장생활을 하게 되었습니다. 정말 하나님의 은혜입니다. 딸아이에게 카톡으로 "학교 수업이 어땠니?"라고 물어보았습니다. 딸아이는 첫 수업을 시작하려고 교실에 들어갔는데, 학생들이 "네 반은 어디니?"라고 물었다며 웃었습니다. 학생들은 앳된 얼굴의 긴 머리 동양인 선생님을 학생으로 착각했던 것입니다. 딸아이는 교사가 되었을 때 만 22세가 채 안 되었으니 학생으로 혼동할 수밖에 없었을 것 같습니다. 딸은 하나님의 은혜로 1년간 고등학교에서 교사생활을 보내고 존스홉킨스대학 박사과정에 입학 허가가 났습니다. 넉넉하고 여유 있었던 직장생활을 뒤로 하고 다시 팍팍하고 긴장된 학생 신분으로 돌아가는 딸을 응원하면서 교육을 통한 조용한 혁명이 우리 딸의 배움과 삶을 통해 이루어지기를 기도했습니다.

자녀들은 무럭무럭 자라고 부모 품에서 하나 둘 떠나갑니다. 첫째 아이가 떠날 때는 마음이 아팠지만, 아직도 두 명이 집에 남아 있는 것이 위로가 되었습니다. 그런데 사려 깊은 둘째 딸아이가 떠나면서 막내를 걱정했습니다. "엄마, 우리 진기 혼자 남아서 어떻게 해요?" 집을 떠나면서도 막내를 걱정하는 딸아이의 마음 또한 제 마음과 같았습니다.

막내아들이 초등학교에 입학한 이후에는 말과 행동 모두 엄마보다는 형과 누나에게서 배우고 형제들과 더 가까이 지낸 것 같습니다. 돌이켜보니 막내아들은 늘 바쁜 나와는 정말 많은 시간을 갖지 못했던 것 같습니다. 그러니 둘째 딸아이가 떠나며 엄마와 막내를 걱정하는 것이겠지요. 나는 딸에게 "걱정하지 마라. 엄마가 교육자인데 동생을 못 챙기겠니? 진기와 더 많은 시간을 가질 테니 걱정하지 말고 기도해라"하고 대답했습니다.

그러나 속으로는 정말 걱정이 되었습니다. 특별히 문제를 일으키지 않고 학교생활도 원만히 했기에 막내는 그다지 힘들이지 않고 키웠다고 생각했습니다. 그런데 돌이켜 보니 엄마보다 형과 누나가 더 많이 돌봐 준 것이었습니다. 일단 둘째아이를 떠나보내고 나서야 비로소 막내를 자세히 관찰할 수 있었습니다. 놀랍게도 막내는 더 이상 어린아이가 아닌 열두 살의 점잖은 소년으로 성장해 있었습니다. 첫째와 둘째아이의 대학 진학을 위해 신경 쓰는 동안 막내는 혼자서 조용히 성장하고 있었던 것입니다. 감사하게도 막내는 나의 걱정과는 달리 형과 누나가 떠난 허전한 자리를 채워 주는 보물과 같은 존재가 되어 있었습니다.

"하나님, 감사합니다. 감사합니다."

막내아들이 어릴 때에는 내가 알고 있는 교육학 이론과 경험을 동원해서 아이를 잘 기르려고 애썼는데, 더 중요한 일에 밀려 제대로 돌보아 주지 못했습니다. 그런데도 막내아들은 더 이상 어린아이가 아닌 독립적이고 건강한 청소년으로 자랐습니다. 이 늦둥이는 나와 남편에게 주신 하나님의 위로와 큰 선물입니다. 나는 세 아이를 키우는 모든 과정에 하나님의 선하신 은혜가 함께하셨음을 깊이 깨달을 수 있었습니다.

이 아이들을 통해 우리 부부도 성장했습니다. 우리 가족은 주일 아침에는 간단히 아침 예배를 드린 후 각자 돌아가면서 짧게 기도합니다. 막내아들도 어렸을 때부터 서투르지만 기도하게 했습니다. 아이는 자신의 말로 원하는 것을 하나님께 간구했습니다. 하나님이 우리의 기도를 들어주시고, 이 아이의 기도를 듣고 계심을 믿으며 마음속 깊이 감사 기도를 드렸습니다.

그 뒤 시간이 흘러 막내도 2014년 8월에 우리 부부 곁을 떠났습니다. 누나가 있는 존스홉킨스 대학에서 국제관계(International Relation)

를 공부하기 위해 떠난 것입니다. 사실 막내는 처음에 미국 동부에 있는 명문 사립인 예일대학에 입학원서를 냈습니다. 예일 대학에 꼭 합격할 것이라고 생각했는데, 불합격 통지가 오니 막내뿐 아니라 나와 남편 모두에게 큰 충격이었습니다. 특히 예일대학 조기 입학을 위해 전력을 다했기 때문에 다른 대학에 다시 응시할 기운이 탈진된 상태였습니다.

그러나 마음을 다잡고 예일대학이 아닌 다른 대학에 서류를 제출해야 했습니다. 그때 존스홉킨스에서 공부하는 둘째가 막내의 대학 입시 결과가 어떤지 궁금하다며 카톡으로 물어왔습니다. 진기가 예일대학에 불합격 되었다고 하니 딸이 자기의 꿈 이야기를 하는 것이었습니다. 얼마 전 꿈을 꾸었는데 막내가 예일대학이 있는 뉴 헤븐이 아닌, 자기가 사는 동네에 와 있어서 빨리 돌아가라고 했는데, 가지 않아서 이상한 생각이 들었다는 것입니다.

그러면서 "엄마, 우리 학교의 국제관계학이 아주 좋아요. 진기 서류를 이곳에 넣어 보는 것 어때요?"하고 나의 의견을 묻는 것이었습니다. 나는 존스홉킨스는 의대가 유명하고 교육학도 훌륭하지만, 국제관계학이 좋다는 것은 알지 못해서 그 학교는 생각하지 못했습니다. 그래서 딸아이의 말을 듣고 존스홉킨스에 입학 서류를 제출했는데, 감사하게도 합격이 되었습니다. 나보다도 우리 막내를 잘 알고 계시는 하나님은 예일대학에 아들을 홀로 보내기보다는 자상한 누나가 있는 존스홉킨스로 보내기를 원했던 것 같습니다.

어렸을 때부터 기도해 온 우리 막내를 하나님은 누구보다도 잘 알고 계셨습니다. 그래서 외로운 누나와 함께 살며 서로를 돌볼 수 있도록 누나의 꿈을 통해 존스홉킨스를 알게 하셨던 것이라고 믿습니다. 둘째아이가 다니는 대학으로 막내를 보내게 되어 참으로 기쁘고 안심이 되었습니다. 자상하고 사려 깊은 누나가 있기에 홀로 있어 외로울 때 의지가 되며 새로운 환경에 쉽게 적응할 수 있을 것입니다. 이로써 모든 것이 합력해서 선을 이루신다는 하나님의 말씀을 다시 한 번 강하게 깨달았습니다.

아이들 모두를 떠나보낸 뒤 나와 남편만 한국에 남아서 생활하게 되었습니다. 막내가 출국하기 전에 친정 부모님께 인사를 드리려고 친정집에 들렀습니다. 늙으신 나의 어머니는 막내손자가 어른이 되어 미국으로 떠나는 것이 대견하기도 했지만, 어머니의 딸인 내가 걱정스러우셨던 것 같습니다. 나에게 "네가 아이들 다 보내고 외롭겠구나"하는 어머니의 부드러운 말씀을 들으며 '그런데 어머니도 이미 겪으셨잖아요. 그리고 잘 견디고 계시잖아요'하고 속으로 조용히 생각했습니다.

돌이켜 보면 세월이 너무나 빠르게 지나갔습니다. 바쁘고 힘든 일상의 날 중에서 행복하고 벅찬 기쁨의 날이 있었다면 그것은 개구쟁이였던 아이들 덕분이었습니다. 그리고 아침마다 기도할 때 하나님의 은혜로 새 힘을 얻었기 때문입니다. 직장생활로 바쁜 직장 여성 못지않게, 전업주부도 가정 일이 만만치는 않습니다. 그래서 내가 아이들을 기르며 겪었던 경험들과 부모로 성장했던 경험들이 부족하지만 여러분에게 도움이 되었으면 합니다.

아이들은 단순하고 솔직하기 때문에 어른들의 행동을 관찰한 그대로 따라합니다. 자녀들이 성장하기 원하면 부모가 먼저 원하는 행동을 솔선수범하는 것이 좋습니다. 가장 가르치기 쉽고도 어려운 방법 중의 하나가 아이들에게 좋은 모델이 되는 것입니다.

✎ 2. 솔선수범하라

사람들은 귀로 들으면 10개 중 2개 정도만 기억하고, 눈으로 보면 3개 정도를 기억한다고 합니다. 그래서 옛말에 백문이 불여일견(百聞이 不如一見)이라는 말이 있습니다. 백 번 듣는 것이 한 번 보는 것만 못하다는 것입니다. 그것은 보는 것을 지나치게 강조한 말이지만, 여하튼 듣는 것보다 보는 것이 더 효과적입니다. 그런데 보고 들은 것은 50퍼센트나 기억한다고 합니다. 그래서 부모가 자녀에게 잔소리하는 것보다는 부모의 솔선수범을 통해 자녀가 보고 들을 수 있게 하는 것이 더 좋은 양육 방법입니다.

특히 아이는 사춘기가 되면 부모보다는 또래 친구들의 의견을 더 따릅니다. 아이는 친구들과 함께 있는 시간이 많기 때문에 자연히 그들의 영향을 더 받습니다. 그러나 사춘기의 청소년들일지라도 가정에서 부모가 솔선수범하여 가르칠 경우 부모의 성숙한 영향력 안에서 생활하면 성숙한 행동을 하게 됩니다.

시간을 내어 봉사하고, 기도하고, 찬송하고, 책을 읽으며, 성경을 가까이 하십시오. 그러면 그것을 보고 들으며 자라는 자녀도 봉사하고, 기도하고, 찬송하고, 책을 읽으며, 성경을 가까이할 것입니다. 비록 아이가 학업과 일상생활에 바빠 부모처럼 하지 못한다 해도 아이는 삶이 답답하고, 지혜가 필요하며, 낙심될 때 부모가 가까이했던 성경말씀과 기도생활에 대한 기억이 떠오를 것입니다.

부모의 성실하고 덕스러운 생활은 자녀의 성장에 깊이 안정감을 주는 자양분이 됩니다. 그래서 아이들의 좋은 모델이 되기 위해서 부모도 성실하게 꾸준히 성장해야 합니다. 부모가 성장하면 아이도 성장합니다. 특별히 사춘기를 겪는 자녀는 부모의 마음까지도 읽어내기 때문에 일방적으로 지도해서는 효과를 얻지 못합니다.

문제를 해결하기 위해 자녀와 대화하려고 노력하며 기도하는 부모를 통해 아이는 삶의 지혜를 배우게 됩니다. 아이가 자라면서 '성'에 대해 관심이 많아질수록 부모도 아이의 성장에 맞게 적절하게 지도해야 합니다. 부모가 '성'에 대해 지도하는 것은 민감하고 어려운 일이지만, 자녀가 독립된 존재로 건강하게 성장하기 원한다면 피할 수 없는 부모의 역할입니다.

✄ 3. 자녀의 성교육

자녀가 성장하면서 '성'에 관한 질문들을 하면 부모는 당황합니다. 어린아이로만 생각했던 아이가 어느 날 갑자기 '성'에 대해 물으면 아이가 그만큼 자랐다는 것을 의미합니다. 부모도 자녀의 성장을 인식하고 적절한 성교육을 하며 함께 성장해야 합니다. 요즈음 아이들은 예전에 우리가 자랄 때와는 다른 문화에서 생활합니다. 최근 모든 학생들의 필수품이 된 스마트폰, 인터넷, 컴퓨터, 각종 청소년 잡지 등 십대들의 문화생활을 위한 매체들은 어른들보다 앞서 있는 경우가 많습니다. 문화생활을 위한 신종 기기들은 사람들의 생활을 편리하고 풍요롭게 해주는 반면, 중독적이고 부정적인 영향들을 사회에 뿌리내리게 합니다.

예쁜 꿈을 키우며 미래에 대한 목표를 세우고 노력하던 단정한 모습의 모범적인 청소년은 요즘 신세대와 많은 차이가 있습니다. 요즈음 청소년들을 생각하면 짧은 치마, 쫙 달라붙은 바지, 색색의 운동화, 어설픈 화장, 자유분방하게 염색한 머리, 십대 가수들의 노래를 들으며 흔들어대는 모습이 떠오릅니다. 시간이 흐름에 따라 청소년들의 외형적 모습뿐 아니라 내면생활에도 많은 변화가 있었습니다. 아이들은 초등학생 때부터 인터넷, 휴대폰 등 각종 기기와 접하며 쏟아지는 정보 속에서 상업적이고 비교육적인 성적인 지식들을 얻습니다.

이제 '성'에 관한 지식은 어디서든지 쉽게 습득할 수 있습니다. 비정상적이고 비교육적인 '성'에 대한 지식은 순결하고 건강하며 지혜롭게 자라야 할 아이들에게 부정적 영향을 주어 타락과 방종의 길로 이끌기도 합니다. 인터넷에서 'sex'란 단어를 검색하면 온갖 음란 사진과 정사행위가 화면에 뜨고 아이들은 그것을 마음 졸이며 보면서 불안감과 스릴 그리고 대리 만족을 얻습니다.

이렇게 '성'에 대한 정보를 쉽게 얻을 수 있는 사회에서 우리는 자녀를 어떻게 건강하고 순결하며 지혜롭게 기를 수 있을까요? '성'에 대해 묻는 것이 쑥스럽고 대답해 주는 것도 어색하여 철모르는 아이가 질문해 오면 난처해했던 과거의 교육 방법을 이제 어떻게 바꾸어야 할까요? '성'에 관한 한 성경은 십계명과 신명기 등 곳곳에서 엄격하게 지침을 줍니다. 혼전 성 경험, 동성애, 결혼 후 간음 등을 단호하게 반대하고 있습니다.

1) 성교육 교사와 시기

성교육을 할 때 제일 먼저 떠오르는 질문은 '누가 언제부터 이 일을 해야 하는가?'입니다. 성교육에 관해서라면 가장 좋은 교사는 부모이며, 적절한 시기는 만 3~4세의 유아기입니다. 유아기 때부터 대화를 통해 '성'에 대한 기본 지식을 지도하면서 점점 성교육의 범위를 넓혀 갑니다. 유아들은 자신의 신체를 지각하면서 남녀의 성기가 다름을 깨닫게 됩니다.

처음에는 신기하고 궁금해서 물어보는 질문에 부모가 대답을 피하거나 곤란해하면 유아들은 그런 질문을 눈치껏 하지 않게 되지만, 질문에 대한 대답듣기를 포기하지 않습니다. 친구의 치마를 들춰 보고 자신의 성기를 만져 보거나 관찰하는 등 호기심과 궁금증을 풀어보려고 이런 저런 시도를 합니다. 그러므로 아이들이 '성'에 대해 질문해 오면 성실하고 담담하게 대답해 주어야 합니다.

청소년과 아동의 대부분은 '성'에 대한 지식을 부모보다는 친구들로부터 많이 얻습니다. 그렇기 때문에 비교육적이고 올바르지 못한 정보와 지식이 아이들의 밝은 미래를 검은 구름으로 가리게 할 경우가 많습니다. 다행히 청소년이 되면 학교에서도 보건 선생님이나 성교육 전문가들이 성교육을 합니다.

그러나 여전히 친구들에게서 얻는 성 지식은 매우 영향력이 있습니다. 대부분의 아이들이 '성'에 대해 호기심을 갖고 질문하는 내용은 '아기는 어디에서 나오는가, 아이는 어떻게 생기는가?'등에 관한 것입니다. 아이들은 처음부터 어른들이 꺼려하는 섹스, 성행위 등에 관해 질문을 하지 않습니다. '여아와 남아의 성기 차이점에 대한 궁금증, 아이가 어떻게 만들어지며, 어디에 있다가 어디로 나오는지' 등 지극히 단순하고 호기심 어린 질문들을 합니다. 하지만 '성'에 관련된 것을 폐쇄적으로 교육받은 기성세대에게 성교육은 처음부터 부자연스러운 주제입니다.

눈, 코, 입, 손 등의 신체 부위처럼 성기도 신체 부위 중의 하나이고, 소중히 다루어야 할 기관입니다. 성교육은 죄의식과 수치심이 아닌 순결과 경이에 초점을 맞추고 자신의 '성'에 대해서 뿐 아니라 이성의 성 발달에 대해 올바른 이해를 갖게 해야 합니다. 그리고 자녀가 미래의 화목한 가정의 주인공이 되도록 교육해야 하지요. 또한 부모뿐 아니라 학교와 교회에서도 올바르게 성교육을 해야 합니다.

자녀가 어릴 때는 부모님들과 함께 목욕하는 경우가 많습니다. 엄마와 아빠의 벌거벗은 몸을 보고 서로의 몸을 인식하며, 아이는 자연스럽게 남녀의 차이에 대한 질문을 해올 수 있습니다. 그렇기 때문에 부모가 성교육의 일차적 교사가 되는 것이 당연합니다. 유아 자신이 어떻게 태어나게 되었는가에 대한 질문은 자연스럽게 나오기에 부모도 담담히 이해하기 쉽게 알려 주어야 합니다.

집에서 애완동물들을 기른다면 고양이, 강아지 등이 새끼를 낳을 때 유아 자신의 존재와 '성'에 대한 물음이 커지기도 합니다. 평소에 부모가 출생과 '성'에 관한 대화를 할 수 있도록 마음을 열어 놓았다면 아이는 궁금할 때마다 조금씩 물어가며 '성'에 대한 지식을 넓혀 갈 수 있습니다. 주의해야 할 점은 아이가 물어보는 것 이상으로 대답을 자세히 해주려고 하거나 너무나 많은 것을 한꺼번에 교육하는 것은 피해야 합니다.

2) 너무 많은 정보를 한꺼번에 주지 않는다

어린아이들이 아직 준비되지 않은 상황에서 너무 많은 것을 알면 정서적으로 충격을 받을 수 있습니다. 너무나 일찍 '성'에 대해 많은 정보를 가르치는 것은 좋은 방법이 아닙니다. 7~8세의 어린아이들이 성행위에 대한 지식을 많이 얻으면 결혼할 때까지 긴 기간을 기다리기보다는 빨리 행동에 옮겨 보고 싶은 마음을 가질 수 있습니다. 과도한 성교육에 따른 위험은 과잉 자극에 미성숙한 아이들을 노출시켜 아이가 그 속에 빠져들 수 있다는 것입니다.

'성'은 매우 강한 감정입니다. 아이가 적절하지 못한 시기에 잘못 빠져들면 자신을 조절하지 못하고 계속 성적인 생각을 확장해 나갈 수 있습니다. 그러므로 자녀가 그때그때 하는 질문의 정도를 참고하면 성교육에 관한 적정선을 찾을 수 있습니다. '성'에 대한 질문은 그 아이가 무엇을 생각하고 있으며, 어떤 것을 알고자 하는가를 반영합니다.

첫째아이는 '성'에 대해 궁금할 때마다 계속 한두 가지씩 나에게 물었습니다. 나는 아이들에게 동화나 과학 이야기를 하듯이 솔직하고 쉽게 이야기했습니다. 첫째아이가 질문하면 옆에 있던 둘째아이도 비슷한 연령이므로 함께 대답을 듣고 그 궁금증을 해소하기도 합니다. 엄마의 아랫배는 왜 그렇게 불러 있는지, 자기들과 다른 나의 신체를 보면서 의아해하기도 합니다.

나는 세 아이를 낳은 엄마의 몸이 아이들과는 다를 수밖에 없다고 재미있게 이야기해 줍니다. 그러면 아이들은 내 배를 만져보며 웃기도 합니다. 아기를 낳을 때 뼈가 벌어져야 하므로 내가 얼마나 아팠었는지 이야기하면 얼굴을 찡그리고 듣기도 합니다. 그렇게 고통을 이겨내며 낳은 소중한 아이들이니 잘 자라주어야 한다고 덧붙이며 생명의 소중함, 부모의 책임감 등을 함께 교육합니다. 그리고 엄마 아빠가 자녀들을 소중하게 여기며 즐겁고 화목한 가정을 만들기 위해 애쓰고 있음을 알려 줍니다. 또한 어려서부터 성기를 깨끗하고 소중하게 관리해야 하는 이유와 잘못 관리하면 어떤 질병에 걸릴 수 있는지 이야기해 줍니다.

첫째아이는 성장하면서 성행위에 대해, 키스에 대해 호기심이 많은 것 같았습니다. 나는 엄마가 자녀를 사랑해서 뽀뽀해 주듯이 서로 사랑하면 키스할 수 있지만, 서로 사랑의 감정을 표현할 때 책임이 따른다는 것을 강조합니다. 책임을 지지 않으면 서로에게 상처를 줄 수 있으며, 귀한 생명의 잉태도 엄청나게 부담되고 불행을 초래할 수 있다고 말입니다.

아이는 심각하게 듣고 궁금증이 풀리면 만족한 표정을 짓고 그 이상 질문하지 않습니다. 그러나 친구들과 대화를 통해 엉뚱한 지식을 얻으면 금방 나에게 다시 질문합니다. 때로는 당황스럽기도 하지만 나는 한 단계씩 성의껏 질문에 대답을 해주려고 노력했습니다.

어느 날, 내가 알려 주지 않은 지식을 동생에게 천연덕스럽게 이야기해서 깜짝 놀라 어디서 들었는지 아이에게 되물었습니다. 아이는 자기 담임선생님이 가르쳐 주었다고 말했습니다. 담임선생님이 자기 반 아이들이 '성'에 대해 이러쿵저러쿵 이야기하는 것을 들었던 모양입니다. 그런데 아이들의 정보가 부정확하고 허황된 요소들이 많이 있었던 것 같았습니다. 선생님은 아이들에게 "너희들이 성에 대해 호기심이 많은데 알고 있는 것이 서로 다르기 때문에 선생님이 이야기해 준다"고 솔직하게 말하면서 아이들에게 성교육을 했던 모양입니다. 나는 아이에게 자초지종을 듣고 그 교사에게 매우 감사한 마음이 들었습니다. 아이들의 잘못된 대화를 꾸짖거나 주의를 주기보다 모두가 이해할 수 있도록 설명해 준 것에 대해 감사했습니다. 그리고 우리 아이도 건강하게 잘 자라고 있는가를 다시 한 번 돌아보게 되었습니다.

그러나 모든 아이가 궁금한 것을 부모에게 솔직하게 물어보지는 않습니다. 어떤 아이는 소극적이거나 마음이 닫혀서, 또는 관심이 적어서 '성'에 대한 질문을 하지 않는 경우가 있는데, 사춘기가 되기 전까지는 기회를 보아 잘 설명해 주어야 합니다. 요즘 아이들은 발육이 빨라 초등학교 고학년에 벌써 사춘기가 와서 생리나 신체적 변화를 겪기도 합니다.

아직 어린아이들은 이런 변화에 놀라서 수치심과 불안감을 겪게 될 수 있으므로 사춘기 전에 부모로부터 '성'에 대한 지식을 교육받는 것이 좋습니다. 사춘기가 다가오면 여자 아이들은 유방의 발달, 월경의 시작과 처리 방법 등을, 남자들은 몽정, 성충동, 자위행위 등에 대해 대화를 통해 자연스럽고 적절하게 지도해야 합니다. 사춘기가 되면 대부분의 아이들이 부모에게 '성'에 대해 의논하는 것을 곤혹스러워합니다. 이런 때에는 직접적인 성교육보다는 자녀들의 이성 교제, 결혼 등 관련된 주제들을 부모들의 경험을 예로 들면서 간접적으로 이야기해 주면 됩니다.

최근에는 전문적인 성교육 교사와 단체가 학교 현장을 순회하면서 중학교, 고등학교 학생들에게 아이들 수준에 맞게 체계적으로 교육하고 있습니다. 또한 대부분의 학교에 보건 선생님이 계셔서 성교육의 일부를 담당하고 있습니다. 그러나 아무리 성교육을 효과적으로 받는다고 해도 청소년들의 마음을 지키지 못한다면 성교육은 실천 없는 지식 교육의 수준이 될 수밖에 없습니다.

성경 시편 119편 9절은 "청년이 무엇으로 그 행실을 깨끗하게 하리이까 주의 말씀만 지킬 따름이니이다"라고 기록되어 있습니다. 육체적 성장이 빠르게 진행되고, 부모로부터 독립하려는 자아가 발달하며, 또래들의 영향력이 증가하는 청소년기에 성적으로 유혹받고 흔들리지 않기 위해서는 성경말씀을 붙드는 영적 훈련이 중요합니다. 청소년기에 들어선 아이들에게 적절한 성교육이 절실한 것처럼 아이들이 미래의 진로를 찾기 위해 부모와 함께 진로 탐색을 해보는 것이 중요합니다.

아이들은 성장하면서 미래에 무엇이 되고 싶은지, 무엇을 할 것인지 가족과 대화하면서 미래의 자기 모습을 그려보며 꿈을 꿉니다. 아이들의 꿈은 진로와 관련되어 있습니다. 꿈이 실현되어 미래의 진로와 연결되려면 부모가 자녀의 진로에 관심을 갖고 지도하는 것이 필요합니다.

그러나 평생을 좌우할 만큼 중대한 진로 지도의 과정이 이런저런 이유들 때문에 제대로 방향을 잡지 못하고 있습니다. 가정과 학교에서 아이들의 꿈과 희망을 진학과 진로와 연결하기 위해서는 아이들에게 깊은 관심을 가져야 합니다. 그렇지 않으면 아이들이 진지하게 고민해 보지 않고 진학을 결정하거나 대학에 가서도 어떤 직업을 찾아야 하는지 결정하지 못하고 우왕좌왕할 수 있습니다.

자녀가 성장하여 상급학교에 진학해야 하는 것처럼 성장하면 부모를 떠나야만 합니다. 아이가 자라서 사회 구성원으로 책임감을 갖고 결혼하여 또 다른 가정을 시작하기 위해서는 직업을 갖는 것이 필수적입니다. 직업 활동을 통해 경제적으로 자립할 뿐 아니라 삶의 의미를 실현할 수 있습니다. 진로 선택은 어린 시절부터 갖게 되는 직업에 대한 환상과 흥미 중심의 선택적 사고 과정에서부터 출발합니다. 이러한 진로에 대한 관심은 초등학교 단계에서 싹트고, 중학교, 고등학교 시절의 진로 탐색 경험을 통해 점차 확대되고 발전되어갑니다.

그러므로 진학 지도는 어떤 특정한 시기나 단계에 이르러서 갑자기 실시해서는 안 되며 아이의 성장 발달과 함께 끊임없이 계속되어야 합니다. 특히 평생 한 직장에서 근무하던 직장 개념이 점차 희박해지고, 앞으로는 여러 직장을 다양하게 선택해야 하는 직업 현실을 고려할 때 부모는 자녀의 진로교육에 많은 관심을 기울여야 합니다.

아이들은 어른들과 달라 정확하게 자신을 이해하는 일이 쉽지 않습니다. 진로 선택에 대해 제법 알 만한 나이에도 아이는 자기 자신을 올바로 이해하지 못하고, 여전히 환상적이거나 일시적인 충동에 의해 진로를 탐색하기도 합니다. 나는 중학교 교장과 고등학교 교장의 경험을 통해 중학생들, 심지어는 고등학생들까지도 자기의 꿈이 무엇이며, 그 꿈을 이루기 위해 어떤 직업을 가져야 하는지 명확히 알지 못하는 학생들이 많다는 것을 알았습니다. 어떤 아이는 고등학생이 되어서도 현실감이 없는 직업을 종종 가슴에 품기도 합니다.

부모나 자녀들은 학업과 관련된 학교생활에만 집중하면서 '아이의 미래의 진로와 직업은 어떻게든 되겠지'하는 막연한 생각으로 미루어 둡니다. 그러나 막상 진로와 진학을 선택해야 할 때가 되면 진지하게 생각해 보지 않았기에 단순히 성적에 맞추어 진학을 결정하기 쉽습니다. 때때로 대학에 가서도 자신이 선택한 학과에 적응하는 것이 어렵고, 심지어는 졸업 후에도 만족할 수 없어 고민하는 젊은이들이 많습니다.

따라서 자녀들이 건강한 삶을 살기 위해서는 어린 시절부터 지속적으로 다양한 직업세계에 대한 이해와 지식을 얻어 자신의 길을 준비하는 직업 탐색의 경험을 가져야 합니다. 특히 인구가 감소하고 인적 자원이 부족한 시대에 직업 없이 미래를 산다는 것은 개인이나 국가로서는 큰 손실입니다. 예전에는 가장 한 사람이 직장생활을 하여 온 가족이 살아갔지만, 지금은 여성도 직장생활을 통해 자신의 능력도 개발하고, 경제적으로도 생활에 도움을 주어야 하는 때입니다.

자녀의 특기와 적성, 그리고 꿈을 키워 미래에 대비하는 진로 지도는 초등학생 시절부터 단계적으로 이루어져야 합니다. 다행히 최근에는 직업 탐색과 체계적인 진로 지도의 중요성이 크게 부각됨으로써 중학교와 고등학교에 진로 선생님이 배치되어 다양한 진로에 대해 집중적으로 교육하고, 체험을 통해 진로 선택을 효과적으로 지도하고 있습니다.

그러나 대부분의 청소년들은 진로를 선택할 때 자신의 일시적 흥미 또는 단순한 동기에 의해서 특정 직업을 선택하기에 폭넓은 진로를 생각해 보기 쉽지 않습니다. 따라서 부모는 되도록 자녀가 여러 가지 직업에 관심을 갖도록 다양한 진로 탐색의 기회를 주어야 합니다.

고등학생이라면 방학 중에 특정 관심 분야의 인턴 과정을 경험하는 것도 좋습니다. 먼저 부모의 직업부터 관심을 갖고 탐색해 보며, 점차 친척과 이웃 등으로 경험을 넓혀가는 것이 현실적입니다. 부모는 현실적인 진로 탐색을 위해서 자녀의 적성과 흥미를 관찰해야 합니다.

나의 세 자녀는 모두 한 가정에서 성장했지만, 신기하게도 모두 특기와 흥미가 달랐습니다. 큰아이는 무엇이든 만드는 것을 매우 좋아했고 논리적인 사고가 뛰어나 나한테 "왜?"라는 질문을 끊임없이 하며 자신의 사고력을 발전시켜 갔습니다. 특별히 인문계 성향이 강한 것도 아니고 자연계 성향이 강한 것도 아니어서 어떤 일을 해야 하는

지, 어떤 학과에 진학해야 하는지 궁금했습니다.

미국의 대학에서는 대개 학생들이 2년 정도는 학과를 정하지 않고 이런저런 과목을 듣다가 2학년 말에 자신의 전공을 정합니다. 큰아이가 다니는 대학에는 다행히 인문계와 자연계 성향을 융합해서 배우는 학과가 있었는데, 나도 처음 들어보는 학과였습니다. 영어로는 'Management Science and Engineering', 한국어로는 '경영과학 공학'이라는 학과였습니다.

큰아이는 그 학과를 졸업하고 삼성전자의 모바일팀에서 계약과 기획에 관한 업무를 담당했습니다. 그 뒤 미국에 돌아가 공학 교육을 받은 경험을 살려 샌프란시스코에서 창업을 준비하고 있습니다. 큰아이는 자기 회사의 아이디어가 세계인에게 영향을 주고, 젊은 시절의 많은 경험을 통해 더 많은 사람들을 돕고 싶다는 꿈을 이루기 위해 달려가고 있습니다.

둘째 딸아이는 할아버지, 외할아버지, 외할머니, 부모가 모두 교육자인 환경에서 자라서인지 어렸을 때부터 아이들을 돌보는 일을 잘했습니다. 내가 늦게 오거나 출장을 갈 때면 막내아이를 잘 돌보아주어서 아이를 봐주기 위해 오셨던 할머니가 입에 침이 마르도록 칭찬하셨습니다.

그리고 중학교 3학년 때부터 영어 과외를 해서 꾸준히 용돈을 벌었습니다. 어머니가 중학생 아이에게 자신의 아이를 얼마 동안이나 맡길까 했지만, 내 생각과는 달리 몇 년 동안 꾸준히 지속됐습니다. 둘째아이는 가르치는 것과 돌보는 것에 특기가 있는 것이 확실했습니다. 그런데 정작 자신은 교사라는 직업을 그다지 좋아하는 것 같지 않았습니다.

둘째아이는 그림 그리고 글을 쓰는 것을 좋아해서 대학에서 영문학을 전공했습니다. 3년간 대학생활을 경험한 뒤 결국은 교육학을 전공하기 위해 하버드대학원으로 진학했고 대학원을 졸업한 후 영어교사로 미국 워싱턴 D.C에 있는 사립학교에서 1년 동안 교사로 재직했습니다. 그리고 지금은 존스홉킨스 대학의 교육대학에서 박사 공부를 하면서 교수가 될 것인지, 정부에서 일하는 정책 연구원이 될 것인지, 또는 저개발 국가를 위한 연구 과제를 수행하는 연구원이 될지 다양한 진로를 탐색하며 공부 중입니다.

늦둥이로 태어난 막내는 형, 누나와 나이 차이가 많이 나서 큰아이들이 사랑하고 보살펴 주었습니다. 나는 막내가 나와 대화를 많이 하지 않아 말이 없는 과묵한 성격이라고 생각했습니다. 그런데 두 아이가 떠난 후 막내와 깊은 대화를 하니 사춘기 막내의 언어 구사력이 보통이 아니었습니다. 나의 지식과 경험으로 무작정 밀어붙일 수 없는 논리적 사고력이 상당한 아이인 것을 알게 되었습니다.

막내는 책 읽는 것을 좋아했고, 큰 형, 누나와 대화하면서 언어 능력이 많이 발달한 것 같습니다. 그래서 자기 학교에서 모의 유엔(MUN, Model of UN) 동아리를 만들어 친구와 후배들을 이끌고 여러 대회에 나가 다른 학교 학생들과 토론하는 것을 즐겼습니다. 또한 학교에서는 신문사의 편집국장을 맡는 등 논리적 사고가 기반이 된 활동들을 많이 경험했습니다. 그런 모든 경험들을 고려하여 막내는 존스홉킨스대학의 국제학 계열에서 공부하게 되었습니다. 막내는 앞으로 전쟁과 질병이 많은 세계 속에서 예수님의 제자가 되어 평화를 선도하고 어려움을 함께 풀어가는 국제관계의 일을 하려는 꿈을 갖고 있습니다.

아이들이 어릴 때는 박물관, 도서관, 과학관, 미술관 등 여러 기관을 방문했습니다. 흥미가 다른 아이들이 다양한 분야에 골고루 관심을 갖는 것이 중요하다고 생각하고, 주일이나 휴일에는 아이들과 고양시에서 가까운 마을에 함께 다녔습니다.

고양시 부근에는 파주 출판 단지가 있는데, 주위 환경이 깨끗하고 평화로우며 수많은 출판사가 다양한 책들을 펴내고 있습니다. 그리고 출판 단지 인근에는 헤이리 마을이라는 예술의 도시가 있습니다. 특색 있게 지어진 건물들이 마을을 이루고 있는 이곳은 다양한 박물관과 미술관이 있어 예전에 아이들과 자주 갔던 곳입니다. 지금은 널리 알려져서 주말에는 이곳을 찾는 사람들이 많습니다.

"다 사도겠느냐, 다 선지자겠느냐, 다 교사이겠느냐, 다 능력을 행하는 자이겠느냐, 다 병 고치는 은사를 가진 자이겠느냐"(고린도전서 12:29-30절) 바울 사도는 성도들을 그리스도의 몸의 각 부분으로 설명하면서 그리스도인 공동체로서 각각의 역할이 있음을 역설하고 있습니다. 우리가 살고 있는 공동체에는 여러 가지 직업이 있습니다. 하나님은 우리 각자를 부르신 대로 특기와 적성을 주셨습니다. 우리는 받은 달란트대로 성실하게 삶의 각 부분에서 제 몫을 감당해야 합니다.

자녀는 부모와 함께 영원히 머물지 않습니다. 세월이 쏜 화살처럼 날아가듯이 자녀는 부모 곁을 떠나갑니다. 미래를 두려워하지 않고 당당하게 자신의 일들을 찾아 떠나는 자녀를 응원하며 때로는 가슴

조이고 기도하면서 아이들의 미래를 축복합니다. 자녀가 자신의 진로를 찾아 떠나며 사회인으로, 직장인으로 성장하는 것이 곧 부모의 성장입니다.

아이들이 어떤 특별한 능력이 있는지, 그것을 어떻게 진로와 연결하는 것이 좋은지를 검사할 수 있는 간단하고 흥미로운 검사가 있습니다. 하버드대학교수인 하워드 가드너(Gardner, 1993)의 '다중 지능 검사'인데 하워드 가드너 교수는 종전의 지능을 측정하는 IQ 개념을 벗어나 지능을 8개의 지능 군으로 분류하여 자신들의 흥미와 능력을 분류해 보는 검사를 제시했습니다. 나와 남편, 내 아이들도 이 간단한 테스트를 해 보았습니다. 내 경우는 교장의 직업이 나에게 적합한 직업으로 나와 천만다행이라고 생각했습니다. 다중 지능검사 문항은 총 56문항입니다. 검사 후 합계점수 및 환산점수를 통해 자신의 어떤 지능이 특별하고 그 지능에 관련된 어떤 직업이 있는지 알 수 있습니다.

책의 부록에 다중 지능 검사지를 소개했습니다. 여러분도 자녀들과 잠깐 시간을 내어 테스트 해보십시오. 여러분과 자녀들에게 유익한 시간이 될 것 입니다.

[하워드 가드너의 다중 지능 이론]

- 지능을 8개의 독립된 능력으로 설명한다.
- 모든 사람이 8가지 지능을 다 갖고 있으나 발달수준에 차이가 있다.

① 언어 지능 : 언어 지능이 높은 사람은 문필가, 정치가가 될 소질이 높다.

② 논리·수리 지능 : 숫자나 규칙 명제 등 상징체계를 숙달하며 그에 관련된 문제를 해결하는 능력. 수학자나 과학자의 자질이 있다.

③ 공간 지능 : 도형, 그림, 지도, 입체설계 등의 공간적 상징체계에 숙달하며 이와 관련된 문제를 해결하는 능력. 미술가, 조각가, 물리학자, 항해사, 건축가, 외과의사, 바둑기사 등의 소질이 있다.

④ 음악 지능 : 음악적 상징에 민감하고, 창조하며 관련된 문제를 해결하는 능력. 작곡가, 연주가로 성공할 가능성이 높다.

⑤ 신체운동 지능 : 춤, 운동, 표정 연기, 악기 연구 등을 쉽게 익히고 창조하는 능력. 무용가, 운동선수, 기술자, 연주자, 공예인, 배우, 발명가와 관련됨.

⑥ 인간친화 지능 : 다른 사람을 이해하고 동기화시킬 수 있는 능력. 정치가, 종교인, 교사, 심리치료사, 사업가, 행정가 등과 관련됨.

⑦ 자기성찰 지능 : 자기 자신을 느끼고 자신 감정의 종류와 범위를 구별, 자신과 관련된 문제를 해결하는 능력. 내적 성찰력을 가진 문필가, 조언가, 철학자와 관련됨.

⑧ 자연친화 지능 : 자연 현상을 탐구하고 분석하는 능력. 생태학자, 환경론자, 정원사, 수의사, 조류학자와 관련됨.

사춘기를 보내는 자녀가 있는 부모는 불안감과 두려움을 갖고 있습니다. 자녀가 아직 사춘기를 지나지 않은 부모도 청소년을 다루는 것이 얼마나 어려운지 알고 있습니다. 사춘기에는 지금까지 순종적으로 반응했던 자녀, 싹싹하고 쾌활하고 별로 큰 문제를 일으키지 않았던 자녀조차도 부모의 마음을 덜컹 내려앉게 하는 사건을 일으키곤 합니다.

그러나 이 기간은 아이들이 미성숙하고 의존적인 자아에서 완전한 성인으로 발돋움하며 자기를 찾으려고 번민하는 때이므로 어른들의 무한한 인내와 관심 그리고 사랑이 필요합니다. 신체적으로도 성장이 빠른 시기로 생식기가 발달하고 호르몬 분비량이 많아져 신체의 재적응이 필요합니다. 사춘기에는 밤늦게까지 잠을 자지 않고 아침 일찍 일어나지 못하는 경우가 많아 부모는 아이를 게으르게 보고 마땅치 않아합니다.

이 시기는 아이 스스로도 생각은 많고 행동은 따르지 않기 때문에 자신에게 실망과 불안을 느끼기도 합니다. 청소년기는 자기중심적이어서 언제나 자신에게 관심을 두며, 자신이 모든 사람의 관심을 받는 것 같은 착각을 합니다. 그러나 한편으로는 지나치게 타인을 의식하거나 무시하기도 합니다. 이렇게 사춘기 청소년의 마음과 행동은 불안정하여 때때로 부모를 당황하게 합니다.

성경은 청년 시기에 따라야 할 행동 기준으로 주의 말씀을 따르라고 확실하게 알려 줍니다. 시편 119편 9절은 "청년이 무엇으로 그 행실을 깨끗하게 하리이까 주의 말씀만 지킬 따름이니이다"라고 합니다.

사춘기의 청소년은 미래에 대한 불안감으로 어른의 지도를 받기 원하는 한편 어른들이 자신을 동등하게 대해 주기를 원합니다. 자신의 행동을 성경말씀에 비추어 삼가야 하지만 쉽지 않습니다. 그리고 부모는 청소년들의 사정을 이해하고 배려하기보다는 설교하고 위협하며, 꾸짖는 경우가 많아 사춘기의 아이들은 부모에게 반항하거나 대화를 단절하기도 합니다.

1) 사춘기의 부모-자녀 관계

초등학교 때까지만 해도 자신의 의사를 강하게 주장하기보다는 부모나 사회의 기대에 따라 행동하던 아이들이 사춘기가 되면 자신의 뜻대로 하려고 고집을 부립니다. 때때로 자녀들이 기존의 질서에 냉소적이며 부모의 권위를 받아들이지 않고 반항하며 문제행동을 일으킬 때면 부모는 허탈함과 무력함을 느낍니다. 자녀들의 갑작스런 행동 변화에 당황한 부모는 그런 사실을 부인하고 화를 내며 심지어 자녀를 때리기도 합니다.

그러나 어른들의 이런 반응은 문제를 해결하기보다는 오히려 부모 자녀 간에 부정적 영향을 줍니다. 사실 반항하는 아이의 마음도 편하지는 않습니다. 어렸을 때는 아이가 가지 않아야 할 곳은 못 가도록 쫓아다니며 손을 잡아줄 수 있었지만, 다 큰 자녀를 집에 가두어둘 수도 없고, 학교도 방과 후까지 학생들을 책임지는 데는 한계가 있습니다.

그러나 고마운 것은 사춘기는 일정한 시간 후에는 지나간다는 사실입니다. 사춘기는 영원히 지속되지 않습니다. 사춘기는 지나가지만 사춘기에 행했던 철없는 행동의 결과는 남습니다. 공부를 하지 않았다면 바라고 기대했던 곳에 진학하거나 취직하기가 쉽지 않고, 도덕적으로 문란한 행동을 했다면 이에 따른 부정적 결과를 낳게 됩니다.

자녀도 부모도 후회하지만 아이가 철이 들었을 때는 이미 늦은 경우가 많습니다. 이런 극단적인 경우가 아니더라도 사춘기에는 부모 자녀 관계가 멀어지기 쉬우며, 많은 아이들이 번민하며 방황합니다. 그러나 이러한 시간은 의미 있는 삶을 찾고 자아를 발견하는 데 필요합니다. 사춘기 자녀는 자기만의 사생활을 소중히 여기며, 자기만의 시간과 공간을 갖고 싶어 합니다.

따라서 부모가 사춘기 자녀와 좋은 관계를 가지려면 어린아이처럼 지나치게 도와주고 간섭하기보다는 적당한 거리를 유지하며 아이의 사생활을 존중해 주어야 합니다. 또한 또래 친구들과 어울리며 즐거운 시간을 갖도록 친구들과 어울리는 시간을 존중해 주어야 합니다. 자녀의 친구들에게도 관심을 갖고 평소에 친구들과 어떤 활동을 하는지 살펴보며, 자녀들이 따돌림이나 괴롭힘을 당하는지 주의를 기울여야 합니다. 자녀가 건강하게 사춘기를 보내기 위해서는 신뢰성과 자율성이 기초가 된 부모-자녀 관계와 더불어 건전한 친구관계, 교사의 인정이 큰 도움이 됩니다.

고양제일중학교에서는 한 달에 한 번, 담임과 학생들이 두 시간 동안 학급에서 하고 싶은 일들을 함께할 수 있는 '행복한 시간'(Happy

Hour)을 갖습니다. 1학년, 2학년, 3학년 각 학년별, 학급별로 활동이 다릅니다. 각 학급에서 담임과 아이들이 서로 의논하고 합의해서 교과 시간과 방과 후 수업 등 짜여 진 수업이 아닌 '행복한 시간'을 보냅니다.

초등학교와 달리 시간마다 각각 다른 교과 선생님이 지도하는 중학교에서는 담임선생님이 학생들을 만나고 지도할 시간이 충분하지 않습니다. 담임선생님과 시간을 많이 갖는 아이는 주로 문제아입니다. 아이로니컬하게도 문제를 일으키지 않으면 담임선생님은 바빠서 학생들에게 관심을 많이 갖지 못합니다. 바쁜 담임선생님은 자신이 맡은 학급 학생들의 성향을 잘 알지 못합니다. 그리고 학생들도 서로를 잘 알지 못합니다.

이와 같은 현실 속에서 한 달에 단 한번이라도 수업과 과제에서 벗어나 같은 반의 학생들이 담임과 함께 활동하는 '행복한 시간'은 학교생활에 활력을 불어넣고, 학생들이 즐거운 분위기에서 서로를 알아갈 기회를 줍니다. 이 시간에 학생들은 생일파티, 보드게임, 요리하기, 편지쓰기, 영화감상뿐 아니라 공기놀이, 고무줄놀이 등 초등학교 때 하던 다양한 놀이를 합니다. 그리고 실외에서는 축구, 농구, 피구 등의 운동 경기도 합니다. 교실 안팎에서 이루어지는 행복한 시간을 통해 학생들은 팀워크를 기르며 즐거워합니다.

어려서부터 합리적으로 사고하고 부모와 대화하며 대안을 함께 찾아 문제를 해결했던 아이들은 또래의 영향력이 큰 사춘기가 되어도 그다지 흔들리지 않고 비교적 쉽게 그 시기를 보냅니다. 그리고 부모와의 관계뿐 아니라 친구 간에도 친밀한 관계를 맺습니다.

아무리 세상이 빠르게 변해도 부모나 어른들과 대화하며 문제를 풀어가면서 자기가 속한 세계를 조금씩 넓혀왔던 아이들이라면, 자아정체성을 갖고 현실 속에서 미래를 향해 계획을 세웁니다. 또한 목표를 정해놓고 목표를 성취하기 위해 필사의 노력을 합니다. 자기를 조절하고 절제하며 목표를 성취하기 위해 노력하는 아이들은 청소년기와 사춘기를 지나면서 성숙한 사람들로 성장하며 성공적인 삶으로 한 발자국씩 다가갑니다.

2) 청소년의 이성 교제

청소년기는 남녀의 제2차 '성'특징이 나타나는 시기입니다. 이 시기에 여자아이는 여성다운 몸매를 지니고, 남자아이는 청년 같은 모습을 갖추게 되어 남녀 간에 성적 호기심이 증가합니다. 이와 같은 현상은 사춘기를 지나는 모든 자녀에게 공통적으로 나타납니다. 하지만 자신의 목표가 확실한 경우는 이성에 대한 관심과 '성'에 대한 호기심을 억제하고 미래를 준비하는 데 주력하면서 이성교제를 하지 않고 지나가기도 합니다.

그러나 이성교제는 매우 강력한 호기심을 일으킵니다. 따라서 일단 시작하기로 문빗장을 풀면 아이 자신도 주체할 수 없는 강렬한 감정에 빠져들기에 후회 없는 이성교제를 하기 위해서는 부모의 도움이 필요합니다. 부모도 사춘기 자녀와 대화하는 것이 쉽지 않습니다. 특히 자녀의 이성교제는 대부분 부모들이 반대하는 입장이므로 갈

등을 일으키기 쉽습니다.

요즈음 중 · 고등학교는 예전과 달리 남녀공학이 대부분이며, 아이들은 자연스럽게 학교에서 이성을 만납니다. 그리고 학교 정규수업 외에도 방과 후 수업이나 동아리 활동이 많으므로 이성과 만나고 함께 활동하면서 서로에게 끌리는 감정을 갖기 쉽습니다. 자녀가 이성교제를 시작했는데 이런저런 이유로 부모가 말린다면 반발하거나 음성적으로 계속 이성교제를 할 가능성이 높습니다.

부모는 자녀 곁에서 이를 감시할 수도 없고 언제나 반대만 할 수는 없습니다. 부모는 대체로 자녀가 청소년기에는 학업과 운동 그리고 봉사, 독서 활동 등을 하며 미래를 위해 건전하고 충실하게 보내기를 바랍니다. 하지만 그것은 어른들의 바람일 뿐 아이들은 이성에 대한 관심을 쉽게 포기하지 않습니다. 부모는 자신의 아이들이 이성교제를 할 수 있고, 한다는 가정 하에 원칙을 세워 자녀의 이성교제를 지도할 수 있습니다. 자녀의 이성교제의 원칙을 제시하면 다음과 같습니다.

[이성 교제의 원칙]

1. 이성과는 그룹으로 함께 만나며 은밀하게 둘만 만나지 않도록 한다.
2. 특별히 잘 알지 못하는 사이인 경우는 은밀히 만나지 않도록 하며, 부득이 둘이 만나야 할 경우는 계획을 세우되, 은밀한 장소는 피한다.

3. 둘이 만날 경우 부모와 함께하는 시간도 포함한다.
4. 남녀가 만나면 성적 호기심이 생길 수 있는데, 동의 없이 상대방 몸에 손을 대지 않는다.
5. 함부로 몸에 손을 대려고 하면 그만두라고 단호하게 말한다.
6. 신체적 애정표현에 대한 자신의 한계를 엄격하게 설정하며 성적 자극을 피한다.
7. 성경말씀을 의지하여 근신과 절제를 훈련하도록 한다.

청소년기의 자녀는 신체적으로는 성인처럼 성장했지만, 다양한 생각과 대안을 갖고 행동할 능력이 부족하기 때문에 이성교제로 인한 심각한 갈등에 빠질 수 있습니다. 따라서 자녀들이 이성교제로 성장의 고통을 겪을 때 그 고통이 자녀들의 미래에 걸림돌이 되지 않도록 부모의 애정 어린 관심이 필요합니다. 특히 성적인 호기심으로 인해 자칫 일생의 씻을 수 없는 실수를 범하지 않도록 지도해야 하며, 상대방을 존중하는 만남이 되도록 부모의 세심한 배려와 이해가 필요합니다.

우리 집 세 아이도 중 · 고등학생 때 관심 있는 상대방이 있었을 것입니다. 첫째아이와 둘째아이는 고등학교를 함께 다녔습니다. 나는 아이들에게 호감 가는 이성에 대해 서로 의견을 묻기도 했지만, 고등학교 시절에는 이성교제를 반대한다는 입장을 분명히 했기 때문에 아이들이 별로 이성교제에 대해 큰 관심을 보이지 않았던 것 같습니다. 그러나 동아리 활동을 통해 자신과 다른 '성'에 대해 알아가면서 가끔씩 나에게 함께 활동하던 여학생, 또는 남학생에 대해 얘기하기도 했습니다.

그런데 막내아들은 대학 진학이 결정된 후 중학교 때 마음에 두었던 여자 친구와 사귀기 시작했는데, 한 달 남짓 만나더니 대학 입학을 앞두고 관계를 정리하는 것 같았습니다. 어차피 대학에 가서는 못 만날 텐데 성격이나 생각에 차이가 나서 고민이 된다며 아쉽지만 마무리하는 막내아들을 보면서 나는 조마조마했던 마음을 내려놓았습니다.

아이들은 자라면서 다양한 사람들을 만나게 될 것입니다. 이성과의 만남은 설레면서도 한편으로는 서로 다른 차이에서 오는 여러 가지 갈등을 겪습니다. 그와 같은 과정을 통해 자신과 상대방을 알아가고 성장하면서 진정한 인생의 반려자들을 찾아가게 될 것입니다. 성경말씀으로 양육된 지혜로운 자녀들은 주의하고 근신하며 이성과의 만남에서 오는 유혹을 잘 이겨낼 수 있을 것입니다.

6. 건강한 황혼기

고맙고도 고마운 나의 사랑
너는 나의 삶을 계속해서 흔든다
이 순간과 즐거움에 감사한다
내 삶에 네가 들어온 것에 대해
– 켈리 클라손 –

어느 순간 내 삶에 들어와 나와 함께 하는 고마운 사람들, 가족이 그런 사람들입니다. 자녀를 낳아 애지중지 기르다 그 아이가 성장해서 결혼하면 자신이 낳지 않은 사람이 내 가정에 들어오게 됩니다. 눈에 넣어도 아프지 않은 내 자식과 달리 마음을 넓게 열어도 며느리가 딸처럼 되기에는 많은 시간이 필요합니다. 그리고 마찬가지로 시어머니가 내 어머니처럼 되는 것도 많은 시간과 노력이 필요합니다.

그런데 가족은 어려움이 올 때 함께하면서 서로간의 고마움과 정을 느끼며 비로소 하나의 가정으로 되어갑니다. 그렇게 못마땅하고 부족하게 보인 내 며느리도 손주를 갖게 되면 소중해집니다. 그러나 손주를 낳고 나면 소중한 며느리가 손주 사랑에 밀려 다시 부족한 며느리로 돌아가기도 합니다. 한편 그렇게 어려웠던 시어머니도 아이를 한둘 낳으면서 서로 아픔을 주고받으며 미운 정, 고운 정이 들면 내 어머니처럼 의지하게 됩니다.

가족 구조가 예전과 달리 핵가족화 되면서 할머니, 할아버지는 손주들을 보고 싶어도 쉽게 볼 수 없고, 부모는 아이들을 할머니께 맡겨드리고 싶어도 눈치가 보여 쉽게 부탁할 수 없게 되었습니다. 그렇게 소중한 피붙이들이 고생하고 있어도 부모님께 손주를 돌봐 달라고 말할 형편이 못 되는 가족들이 많습니다.

나도 세 아이를 낳고 기르면서 누군가가 아이를 돌봐 주지 않으면 일 할 수 없는 기간들이 있었습니다. 우리 부모님은 모두 사정이 있어 손주들을 맡아 줄 수 없어 우리 부부가 아이들을 기르며 직장생활을 할 수밖에 없었기에 누구보다도 자녀 양육의 어려움을 알고 있습니다.

　우리 학교의 여교사들이 아이 낳을 때가 가까워 출산 휴가를 받으려고 나에게 상담을 할 때면 "아이는 누가 돌보아 줄 거예요?"라고 꼭 묻습니다. "어머님, 시부모님이 당분간 돌봐 주시기로 했어요"라는 말을 들으면 얼마나 내 마음이 기쁜지 모릅니다. 그리고 안도의 숨을 쉽니다.

　어린애기를 아이 돌보미나 어린이집에 맡기고 떠나오는 직장 여성들의 마음이 얼마나 불안할까요? 그래도 시부모님이나 부모님이 아이를 돌보아 주는 여선생님은 얼굴이 환하고 편안해 보입니다. 일생을 자녀들 뒷바라지에 지친 부모님이 "이제 손주까지는 못 봐준다"고 하시며 노후에 두 부부가 함께 알콩달콩 사시겠다고 결심하는 마음을 이해합니다. 그러나 자녀 양육으로 고생하는 자식들의 모습을 보는 부모님들의 마음이 결코 편하지는 않으리라 생각합니다.

　나는 행복하고 건강한 가정을 위해 할머니, 할아버지들께 몇 가지 부탁을 드립니다.

　첫째, 자녀들 가까이에 거주하십시오. 자녀들과 함께 살면 서로 힘들어 질 수 있습니다. 그러나 멀리 살게 되면 더 어려워질 가능성이 큽니다. '눈에 안 보이면 잊어버린다'는 옛말이 있습니다. 부모님 도움 없이 자녀를 양육하면서 살아가는 것이 너무나 어렵기 때문에 홀로 양육해야 하는 자녀들은 부모님을 거의 방문할 수 없게 됩니다.

늙으신 부모님은 자녀들을 기다리고, 자녀들은 어린아이들을 양육하느라 찾아뵙지 못합니다. 그러면 서로의 입장을 이해하지 못한 가운데 미움과 서운함이 두 가정에 찾아오기 쉽습니다. 나는 부모가 결혼한 자녀와 함께 사는 것은 독립적으로 살아가야 할 자녀의 가정에 부담과 의존성을 주기 때문에 바람직하지 않다고 생각합니다.

그러나 맞벌이 부부가 직장에 갈 때 아이를 가까이 사는 할머니, 할아버지 집에 맡긴다면 양육 걱정을 덜 하면서 직장 생활을 할 수 있습니다. 자녀들은 손주를 돌보아 주는 부모님께 미안함과 감사함을 느껴 더 효도하게 됩니다. 할머니, 할아버지는 손주 사랑이 지극합니다. 예전에 자녀를 키울 때보다는 조금 더 넉넉한 마음으로 여유를 갖고 손주를 돌보게 됩니다. 그러다보면 노년에 새 생명을 기르는 즐거움을 느낄 수 있습니다. 아이들이 한 살, 두 살 성장하면 시간제 어린이집을 선택해 손주들을 돌보는 부모님의 수고를 덜어드릴 수 있습니다.

사랑은 주는 것입니다. 받으려 하면 서운해지고 마음이 아파집니다. 일생 동안 사랑하며 길렀던 자녀가 어른이 되면 양육이 끝나는 것이 아닙니다. 장성해서 부모님 손길이 절실히 필요할 때가 바로 또다시 자녀들을 양육할 때입니다. 당신의 자녀들을 생각하여 손주들을 돌보아줄 때, 손주들 재롱으로 기쁨을 누릴 뿐 아니라 사랑하는 자녀들도 매일 만나 볼 수 있게 됩니다.

이 글을 읽는 할머니들은 일생 고생하여 기른 자녀들뿐 아니라 그 자녀의 아이들까지 돌봐주라는 나의 부탁에 속상해할 수도 있습니다. 그런데 몇 년 전 조선일보에서 손자녀 돌보는 할머니의 인지 능력이 더 좋다는 기사를 보았습니다. 연세대 아동 가족학과 전혜정 교수의 연구에 의하면 지난 1년간 주당 10시간 이상 손주를 돌본 여성 170명의 인지기능(평균 24.4점)이 그렇지 않은 여성 2171명의 인지 기능(23.7점)보다 더 좋은 것으로 나타났습니다. 인지 기능은 국제적으로 통용되는 치매테스트(MMSE) 점수로 측정했습니다. 인지 기능 최고점은 30점이었습니다. 특히 중졸 이상 교육수준이 높은 할머니의 경우 효과가 뚜렷했습니다. 중졸 이상 학력을 가진 여성 726명을 비교하면 손자녀를 돌보지 않은 여성(660명)의 인지 기능(24.2점)과 손자녀를 돌봐온 여성(66명)의 인지 기능(25.2점)간의 차이가 더 컸습니다.

전 교수는 손자녀와 함께 놀이를 하고 책을 읽어 주는 등의 다양한 양육 활동과 정서적 교감이 두뇌 활동을 자극하는 것으로 추정된다고 언급했습니다. 그는 또 최근 캐나다와 호주에서도 무리하지 않는 손자녀 양육은 인지능력 유지 및 향상에 도움이 된다는 연구 결과가 나왔다고 말했습니다. 특히 어쩔 수 없이 떠맡기보다는 할머니가 자율적으로 손자녀 양육을 선택한 경우 이런 긍정적인 효과가 커질 수 있다는 것이었습니다.

나는 미국에서 13년간 생활하는 동안 양로원에서 자식을 기다리는 외로운 노인들을 많이 지켜보았습니다. 아무리 기다려도 자식들은 오지 않습니다. 이미 철저하게 독립한 자녀들은 부모를 찾을 일이 거의 없고, 부모를 돌볼 책임감도 느끼지 않습니다. 자녀를 양육하고 출가시킨 뒤 경제적·시간적으로 여유 있는 미국의 어르신들은 여행을 많이 다닙니다. 그러나 좋은 장소, 멋진 경치가 있는 곳에서 만

나는 노부부의 뒷모습에 어딘가 쓸쓸함이 느껴지기도 합니다. 그러나 공원에서 손자, 손녀, 장성한 자녀들과 북적거리며 바비큐 파티를 하는 어르신들의 모습은 참으로 정겹고 행복해 보입니다.

둘째, 할머니, 할아버지의 건강과 행복을 위해 시간을 내십시오. 자녀를 돕겠다며 손주들을 돌봐주다 자칫 건강을 해칠 수 있습니다. 마음 약한 할머니, 할아버지들이 손주들을 장시간 돌보면 허리나 다리, 어깨가 아프게 되고 심신이 피곤해 질 수 있습니다. 따라서 건강을 생각해 감당할 수 있는 적정한 시간동안 아이들을 돌봐 주시고 남은 시간을 할머니, 할아버지의 건강과 행복을 위해 가꾸셔야 합니다. 복지관이나 교회에도 정기적으로 다니십시오. 주말에는 아이들로부터 떠나 두 분만의 시간을 가지며 친밀한 관계를 유지하는 것이 마음과 육체의 건강을 지키는 첩경입니다. 시간은 너무나 빠르게 흘러갑니다. 매 순간마다 행복을 선택하시기 바랍니다.

나는 막내를 끝으로 세 아이 모두를 미국에 떠나보내고 집에 돌아왔을 때 막내의 물건이 눈에 띄어 눈물이 핑 돌고 마음이 허전해졌습니다. 이곳저곳을 돌아보면서 막내가 있던 곳마다 다시 쳐다보았습니다. 그러나 아이는 없었습니다. 일이 손에 잡히지 않았습니다. 핸드폰을 들었다 놨다 하며 언제 연락이 오는지만 기다렸습니다. 카톡으로 문자를 보낸 지 얼마 안 되었기 때문에 또 보내면 아들이 귀찮아할 것 같아 참았습니다.

아들은 미국에서 잘 지내고 있는지 하루, 이틀, 사흘이 지나도 연락 하지 않았습니다. '무소식이 희소식'이라 생각했지만 바쁜 일상 속에서도 언뜻언뜻 아이 생각이 납니다. 며칠 지난 후 아침에 기도를 하는데 마음속에서 "항상 기뻐하라, 쉬지 말고 기도하라, 범사에 감사하라"는 성경 말씀이 떠올랐습니다. 그래서 마음을 다잡았습니다. "이 얼마나 감사한 일인가. 우리 막내가 돈이 있어도 갈 수 없는 곳에 가서 공부하며 새로운 인생을 시작하는데 기뻐해야지, 정말 기뻐해야지!"라고 다짐했습니다. 그리고 아이들을 위해 더욱 기도할 것을 결심하자 외롭고 근심된 마음에서 벗어나게 되었습니다.

추석 연휴기간에는 생전 처음으로 남편과 함께 12시 자정에 시작하는 심야영화 '선샤인 온 리스'를 보았습니다. 소래 포구에 가서 꽃게도 사고, 보고 싶은 친구를 집으로 불러 식사도 함께했습니다. 물론 부모님도 찾아뵈었습니다. 남편과 함께 행복을 만들어 놓아야 아이들이 돌아오면 나누어 줄 수 있겠지요. 그리고 건강해야만 아이들에게 "너희들이 장가가고 시집가면 엄마가 손주들 돌보아 줄 거야"라고 말한 것을 지킬 수 있을 것입니다.

정말 내 자녀들의 아이들을 돌볼 수 있을 만큼 건강하고 행복한 노후를 지내기 위해 우리 부부는 더 열심히 기도하고 운동하고 여행하고 기뻐하기로 다짐했습니다. 이제 나도 곧 할머니가 되겠지요. 손주를 무릎에 앉히고 책을 읽어 주고 머리를 빗겨 주면서 내 아이에게 다해 주지 못 했던 사랑을 더 부어 줄 수 있기 바랍니다. 그리고 이 책을 읽는 여러분 모두가 할머니, 할아버지가 되어도 외롭지 않고 멋지게 살아가며 자녀들의 존경과 손주들의 재롱을 듬뿍 받는 아름답고 행복한 황혼기를 보내시기 바랍니다.

원칙 7

비전을 품게 하라

〈미래 비전 여행〉

오직 내가 도달하려는 높이까지만 나는 성장할 수 있다.
오직 내가 추구하는 거리까지만 나는 갈 수 있다.
오직 내가 살펴볼 수 있는 깊이까지만 나는 볼 수 있다.
오직 내가 꿈을 꾸는 정도까지만 나는 될 수 있다.

위의 '미래 비전 여행'이라는 글처럼 어떤 비전을 갖느냐에 따라 우리의 미래가 결정됩니다. 미래를 살아갈 우리 자녀들은 다음 세대입니다. 미래에 이뤄질 지식과 기술의 발전은 상상을 초월합니다. 사이버 공간에서의 삶이 어디까지 이어질지 궁금하면서도 걱정 됩니다. 이 미래의 주인공으로 살아야 할 우리 자녀들은 확고한 비전을 품어야 합니다.

흔들리지 않는 비전을 품은 아이들은 어떤 미래가 닥치더라도 충분히 헤쳐 나갈 수 있습니다. 사실 미래에 다가갈수록 현실은 냉혹해집니다. 아이들은 현실 속에서 많은 경험을 하며 자신의 꿈과 목표를 수정하기도 합니다. 어려운 현실이란 관문이 오히려 비전의 세계로 더 가까이 다가가게도 합니다. 힘든 현실 상황 속에서도 자녀들이 부모와 함께 기도하며 비전을 포기하지 않으며 그에 따른 기도응답을 경험하는 것은 비전을 현실화하는 강력한 능력이 됩니다.

앞에서 아이는 귀로 들은 것은 20퍼센트, 눈으로 보는 것은 30퍼센트, 보고 들은 것은 50퍼센트를 기억한다고 했습니다. 그런데 오감을 모두 함께 사용하면 90퍼센트를 기억할 수 있다고 합니다. 그러니 요즘 학교에서도 체험 중심 교육을 강조할 수밖에 없습니다. 어릴수록 부모의 영향력은 큽니다. 그러나 부모는 어린 시절뿐 아니라 자녀의 전 생애에 걸쳐 가장 크게 영향력을 미칩니다. 자녀와 함께하는 시간이 적은 바쁜 직장 여성은 비록 많은 시간을 함께하지는 못하지만 질적으로 더 깊은 유대를 가짐으로써 아이의 건강한 성장에 도움을 줄 수 있습니다. 그래서 나는 바쁜 엄마들에게 자녀와 함께 경험할 시간을 많이 확보하도록 직장이나 교회 가까이에 집을 정하도록 권했던 것입니다.

또한 나는 자녀와 함께 다양한 경험을 함께 할 것을 강조했습니다. 경험 중에서 가장 중요한 경험은 기도 응답의 경험입니다. 아이가 비전의 사람이 되기 위해선 반드시 기도는 응답된다는 확고한 사실을 경험해야 합니다. 자녀와 함께 다양한 곳에서 다채로운 체험을 하는 것은 매우 중요합니다. 그런데 인생길은 누구도 알 수 없습니다. 부모의 삶 가운데 뜻하지 않은 일이 생기거나 때로는 아이 힘으로 풀 수 없는 일들이 발생합니다. 이런 예기치 않은 일들은 가정에 낙심과 불안, 불평의 기운을 가져옵니다. 주변에 두려움과 실패감이 만연되어 있다면 아이는 건강하게 성장하기 힘들며 결국 품었던 꿈과 비전을 포기하게 됩니다.

그러나 기도하는 사람들에겐 이런 어려움마저도 성장과 성숙의 자양분이 됩니다. 어려움 속에서 기도하며 하나님의 인도하심을 체험한다면 역경을 딛고 결국 비전을 이루는 믿음의 사람이 될 수 있습니다. 그럴 경우 역경은 비전을 이루는 귀중한 기회가 되는 것입니다. 기도로 간구하면 하나님께서는 지혜의 영이신 성령님을 통해 우리에게 넘치는 지혜를 주십니다. 그리고 성령의 도우심에 따라 기도는 응답됩니다. 기도 응답을 통해 비전이 이뤄집니다. 그 응답은 아이들을 비전의 사람으로 만드는 것 뿐 아니라 풍성한 성령의 열매를 맺는 하나님의 인물로 성장시킵니다.

나는 학교를 경영하면서 감당하기에 벅찬 일들을 너무나 많이 겪어 기도로 하루를 시작할 수밖에 없습니다. 우리 아이들은 언제나 아침 일찍 홀로 하나님께 간구하는 나의 기도생활을 잘 알고 있었습니다. 막내는 말도 잘 하지 못하던 어린 시절에도 엄마의 기도를 방해하지 않았습니다. 어쩌다 기도가 길어지면 잠자던 막내가 일어나 내 어깨를 툭툭 치며 자기가 깨어났음을 알렸습니다. 꼭 안아주면서 "우리 아가, 엄마가 기도를 더 해야 하니 조금만 기다려요"라고 하면 막내는 "그럼 엄마, 더 기도 해요"라고 말하며 잠잠히 거실로 나가곤 했습니다.

그 막내아이가 커서 대학생이 되었습니다. 대학 진학을 위해 얼마나 많은 시험을 치르고 얼마나 많은 활동을 해야 하는지 알고 있는 나는 안타까운 마음이 들 때마다 아이를 위해 간절히 기도했습니다. 막내아들이 대학 진학을 위해 준비하던 것 가운데 AP 시험이 있었습니다. AP(Advanced Placement)는 미국 대학의 선수과목을 지칭합니다.

아들은 대학 진학 준비를 하면서 AP 세계사, AP 수학, AP 경제, AP 심리학 등 AP 과목을 무려 10개나 준비했습니다. AP 세계사를 시작으로 연이어 AP 시험을 치르게 되었습니다. 아들이 준비하던 AP 세계사 교과서는 책의 두께가 얼마나 두꺼운지 공부를 할 만큼 한 나도 엄두가 나지 않을 정도였습니다.

만 열여섯 살인 아들이 그런 두꺼운 책을 갖고 공부한다고 하기에 나는 그저 곁에서 지켜보기만 했습니다. 일단 아들이 한다고 하니 "너는 잘 해낼 거야"라고 말하긴 했지만 마음으론 AP 생각을 접어두고 있었습니다. 도저히 아들이 그 시험을 잘 해낼 수 없을 것이라 생각한 것이지요. AP 세계사 시험을 치르기 하루 전날이었습니다. 그날도 나는 학교 일이 바빠 저녁 식사시간이 되어서야 집에 돌아왔습니다. 그런데 아들이 거실 소파에 힘없이 앉아 있는 것이었습니다. 저녁밥을 먹으려고 식탁에 앉은 아들의 표정이 어두웠습니다. 나는 '내일 시험이니 긴장 되어 저렇겠지'라고 생각하며 식사를 마쳤습니다.

식사 후에 아들은 "엄마, 내일 AP 세계사 시험을 봐야 하는데 하나도 생각나지 않아요"라고 힘없이 이야기 하는 것이었습니다. 이번에는 내가 당황했습니다. "아니, 조금은 생각나겠지. 너무 긴장해서 그런 것 아니야?"라고 했지만 사실 나도 더 이상 할 말이 없었습니다. 그래서 함께 기도하자고 했습니다. "진기야, 우리 기도하자. 그동안 공부한 것 기억나게 해달라고 하나님께 기도하자." "네. 그래요." 우린 거실 바닥에 앉아 기도를 시작했습니다. 그 거실 바닥은 우리 가족의 기도 장소였습니다. 우리 가족은 기도할 일이 생기면 거실 바닥에 둥글게 앉아 기도하곤 했습니다. 그날은 남편이 늦었기에 나와 아들 둘이서만 손잡고 기도했습니다. "우리 진기가 당황하지 말고 그 동안 공부한 것을 잘 기억해 시험을 치르도록 지혜를 주세요. 그래서 하나님께 영광 돌리게 해 주세요" 라고 기도할 수 밖에 없었습니다. 함께 기도를 마친 후 아들은 기운을 내서 공부를 계속했습니다. 나는 "내일 시험이니 너무 늦게까지 공부하지 말고 오늘은 일찍 자라"고 말했지만 아들은 "아직도 해야 할 것이 많다"며 한참을 더 공부했습니다.

　다음날 아침 일찍 아들은 시험장으로 떠났습니다. 12시면 시험이 끝난다고 해서 점심을 함께 먹어야겠다고 생각했습니다. AP 시험은 과목당 3시간이나 치러야 하는 상당히 힘든 시험입니다. 큰아이, 둘째아이가 대학에 들어갈 때엔 AP 시험을 준비하지 못했습니다. 대신 대학 합격 후 고등학교 졸업 때까지 남아 있는 시간에 공부해 2~3과목 정도를 치렀습니다.

　대학 진학 준비와 더불어 AP 시험까지 준비한 막내의 스트레스가 얼마나 컸을까 생각하니 가슴이 아팠습니다. 드디어 12시가 조금 넘어 시험을 끝낸 아들과 만나 점심을 함께 했습니다. 점심을 먹으며 아들의 눈치를 보면서 조심스럽게 "시험 잘 보았니?"라고 물어보았습니다. 아들은 "네"라고 간단히 말했습니다. 조금 놀랐습니다. 보통은 시험 보고 나면 "망쳤어, 잘 못 봤어"하면서 엄살을 떨 텐데 처음 보는 AP 시험을 잘 보았다고 하니 곧이곧대로 믿어지지 않았습니다.

　나는 아무 말 없이 밥을 먹는 둥 마는 둥 했습니다. 그런데 조금 있으니 아들이 "엄마, 신기한 일이 있었어. 어제 기도한 후에 AP 공부한 것에서 오늘 에세이 문제가 그대로 나왔어"라고 말하는 것이었습니다. 나는 깜짝 놀라 "정말?"이라고 되물었습니다. 아이는 자기도 아직 실감이 나지 않는다는 어투로 "정말이야. 그래서 에세이를 제대로 쓰느라 시간이 많이 걸렸어"라고 대답하는 것이었습니다. 나는 "할렐루야! 하나님이 우리 기도를 들으셨구나!"라고 외치며 감사했습니다.

첫 AP시험을 위해 그 많은 양의 공부를 했어도 자신 없어하던 아들 입에서 놀라운 소리가 나온 것입니다. 객관식 문제도 아닌 아주 어려운 에세이 작문 시험에서 어제 기도 후 밤늦게 공부했던 문제가 나왔다고 하니 놀라지 않을 수 없었습니다. 나도 놀랐고 아들도 놀랐습니다. 우린 어제 저녁 함께 기도했던 것을 기억하며 기도에 응답해 주신 하나님께 감사했습니다. 이후 아들은 고등학교 졸업을 앞둔 마지막 학기까지 총 10개의 AP 과목을 차례로 시험 보았고, 그중에 9개 과목에서 만점을 받았습니다. 매번 기도 후에 정리한 내용 중에서 시험문제가 나왔습니다. 우리로선 기적 같은 일이었습니다. 정말로 하나님이 도우신 기적이었습니다. 나는 10개의 AP 시험을 거의 완벽하게 보았다는 것 보다는 아들이 기도를 응답하시는 하나님에 대한 체험을 확실히 한 것이 너무나 기뻤습니다. 정말로 하나님은 능력이시고, 우리의 기도를 듣고 응답하시는 분입니다. 부족한 나와 아들을 돌보시는 하나님께 마음속 깊이 감사를 드렸습니다.

이 일이 아들에게는 기적과 같이 엄청난 큰 기도 응답이었지만 하나님은 언제나 우리 기도에 응답해 주십니다. 사실 아들의 경우 예전에는 그렇게 큰 기도 응답을 절실하게 필요로 하지 않았을 뿐이었던 것이지요. 세 아이를 기르면서 나는 작은 일에도 아이들과 함께 기도

하면서 하나님이 우리의 삶에 응답하는 것을 많이 경험했습니다. 주일 예배를 마치고 다음 한 주의 생활을 위해 마트에 갈 때마다 많은 차들로 주차장이 혼잡해 차를 세울 공간이 없었습니다. 내가 "엄마가 좋은 주차 공간을 찾을 수 있도록 어서 기도해 줘"라고 부탁하면 아이들은 뒷자리에서 떠들고 놀다가도 금방 함께 소리를 내어 "하나님, 우리 자동차가 설 수 있도록 좋은 주차공간을 주세요"라고 기도드립니다. 우리 모두가 "예수님의 이름으로 기도합니다. 아멘"하면서 눈을 뜨면 신기하게도 우리 앞에는 빈 주차 공간이 눈에 띄는 것이었습니다. 아이들은 신이 나서 "야, 저기 있다. 엄마, 저기에 주차하세요"라고 말합니다. 하나님은 아이들의 작은 기도 하나도 외면하지 않으셨습니다. 이렇듯 아이들은 여러 기도 응답을 받으며 크고 놀라운 하나님의 은혜를 알아갔습니다.

큰 아들이 다시 미국으로 가기 몇 해 전에 아들과 나는 함께 침대에 누워 대화를 했습니다. 엄마가 피곤하다고 하니 아들은 벌떡 일어나 내 발을 주무르면서 "엄마, 내 걱정은 하지 마세요. 나는 잘 할 수 있어요. 엄마, 아빠 건강 잘 지키세요. 기도할게요"라고 하는 것이었습니다. 큰아이는 그렇게 말하면서도 이상했나 봅니다. "어, 이건 아닌데. 보통은 엄마가 아들한테 말해 주는 것인데…."듣고 보니 나도 기분이 좀 이상했습니다. 보통은 떠나는 아들에게 엄마가 "얘, 우리는 걱정하지 말고 가서 잘 살아라. 우리가 기도해줄게"라고 말하는 것이 정상이지 않습니까? 그런데 큰아들은 오히려 나를 걱정하는 것이었습니다. 그 때, 큰 아들이 정말 많이 자랐다는 생각이 들었습니다. 엄마가 걱정이 되긴 했지만 엄마가 의지하는 하나님이 가족들을 돌봐 주실 것이라는 확고한 믿음이 있었던 겁니다. 아이들은 힘들지만 자신들이 품은 비전을 향해 부지런히 달려갑니다. 비틀거리고 넘어지지만 기도를 통해 하나님의 도우심을 받으며 다시 일어나 목표를 향해 전진합니다.

"여자는 약하지만 어머니는 강하다"는 말이 있습니다. 물론 맞는 말입니다. 그러나 어머니도 약할 때가 있고, 가슴을 치며 안타까워할 때도 많습니다. 그런데 만군의 하나님은 강하시며 전능하신 분입니다. 우리를 사랑하셔서 독생자 예수님을 보내시고 성령님을 선물로 주신 분입니다. 하나님은 우리가 연약할 때에 더욱 귀히 여겨 주시며 부모처럼 돌보아주시는 분입니다. 사실 나도 바쁘게 직장 생활하며 세 아이를 기르다 보니 아이가 문제가 없고 건강할 때는 그 아이에 대해 관심을 적게 갖습니다. 그런데 아이가 아프거나 진학을 위해 시험을 치르거나 하면 아이를 더 깊이 생각하게 됩니다. 그 아이의 삶에 더 깊이 관여하게 됩니다. 하나님 아버지의 심정도 내 마음과 다를 바 없으실 것입니다. 그분은 우리의 아버지시니 우리가 연약할 때 더 깊이 우리의 삶에 관여하시고 우리 기도를 듣고 계심을 믿습니다.

우리 자녀가 이 귀한 하나님 아버지를 믿고 의지하게 함으로써 결국 비전의 사람으로 자랄 수 있도록 하는 것이 어머니들의 중요한 역할입니다. 그래서 이 땅의 어머니들은 기도해야 합니다. 나는 문제가 생길 때마다 물러서지 않고 그 문제를 하나님 앞에 가져갔습니다. 그리고 남편과 합심해서 기도했습니다. 기도는 반드시 응답받습니다. 내가 기도한 대부분의 문제들은 결국 응답되었습니다.

아이들이 자라면서 어려운 문제들도 따라옵니다. 그럴 때마다 나는 아이들의 손을 잡고 기도합니다. 하나님께서는 언제나 문제를 해결해 주셨습니다. 새해나 방학 중에는 아이들과 집 근처의 기도원에 가서 함께 기도합니다. 아이들은 하나님이 우리 기도를 듣고 계시고 응답하여 주실 것을 믿고 힘차게 기도합니다. 그리고 우리는 응답 받는 기쁨을 누리며 더 큰 어려움을 겁내지 않고 한 발짝 다가서는 용기를 얻습니다. "한 사람이 길목을 지키면 천 명도 두렵게 할 수 있다." "기적은 끝까지 포기하지 않을 때 미소 짓는다." 이 두 명언은 이순신 장군이 위기 상황에서 중국의 오자와 유기의 말을 인용한 감동적인 말입니다. 믿음의 영역에서도 적용되는 명 구절입니다. 여러분의 자녀가 기도하며 포기 하지 않는다면 매일 기적의 삶을 살게 될 것입니다. 그럴 때, 길목을 지키며 두려움을 몰아내는 백절불굴의 지도자로 성장하게 될 것입니다.

✄ 2. 고귀한 가치의 추구

"너희는 이 세대를 본받지 말고 오직 마음을 새롭게 함으로 변화를 받아 하나님의 선하시고 기뻐하시고 온전하신 뜻이 무엇인지 분별하도록 하라"(로마서 12:2)

지식, 정보화시대를 살아가는 우리들은 예전에 생각지 못한 물질적 풍요를 누리고 있습니다. 특별히 돈이 주는 영향력은 막강해서 어른은 물론 어린 아이들까지 돈의 영향력 아래 살아가는 것 같은 느낌이 들 때가 많습니다. 그래서 이 시대를 물질 만능시대라고 부르는 것이겠지요.

돈은 생활을 편리하게 해 주는 역할을 합니다. 그러나 돈 자체를 목표로 삼으면 결국 돈의 노예가 됩니다. 부모는 아이들에게 올바른 재정관을 심어줘야 합니다. 돈 보다 보다 높은 가치가 있다는 사실을 알려줘야 합니다. 돈 보다 높은 가치에 인생을 걸 수 있게 지도해야 합니다. 아이들은 부모를 따라 배웁니다. 돈의 문제에서도 동일합니다. 부모가 이웃을 돕는데 돈을 사용하는 모습을 보고 자란 자녀들은 돈을 가치 있는 일에 사용하려 합니다. 돈을 잘 다룰 수 있는 아이로 성장합니다. 그러나 부모가 늘 돈만 생각하고 오직 자신들만을 위해 사치를 일삼는다면 아이들도 역시 돈을 바르게 다루지 못해 낭비하는 습관을 갖게 될 것입니다. 사실 많은 청소년 폭력이 돈과 관련되어 있습니다. 적지 않은 청소년들이 그릇된 소비를 위해 동급생이나 후배들에게 돈을 요구하고 이에 응하지 않으면 폭력을 사용하는 것입니다. 친구나 하급생들로부터 빼앗은 돈으로 게임방이나 오락실에 갑니다. 친구간 우정보다 돈을 더 중시하는 풍조가 청소년들 사이에 퍼져 있습니다. 참으로 안타까운 일입니다. 그래서 성경에서는 "돈을 사랑하는 것이 일만 악의 뿌리가 되나니…"(디모데전서 6:10)라고 경고하고 있는 것입니다.

미래 사회의 인재는 고귀한 가치를 추구하는 사람들입니다. 삶에는 돈과는 비교할 수 없는 귀한 가치들이 있습니다. 배우는 기쁨, 자신의 일을 사랑하는 것, 공동체 의식, 선을 행하는 일, 도전의 기쁨, 가족과의 정을 나누는 것 등등…. 그것들은 돈으로 살 수 없는 소중한 가치입니다. 자녀들이 그 고귀한 가치를 추구하도록 부모부터 먼저 자신들의 가치관을 살펴보아야 합니다. 온 가정이 하나님의 선하시고 기뻐하시고 온전하신 뜻이 무엇인가를 깨닫고 그대로 살아가려고 애쓸 때 그 가정은 어려움 속에서도 성장하며 아이들은 비전의 사람이 되어 갑니다.

몇 해 전 둘째인 현정이가 하버드 대학원에서 한 학기를 마칠 무렵 저와 전화 상담을 했습니다. 한 학기를 잘 마치고 겨울 방학 때 한국에 오려고 하는데 학비 마련을 위해 방학 기간 동안 연세대학교 외국어학당에서 강사를 하려고 신청을 했다는 것이었습니다. 그런데 하버드대학 동문이 후원하는 저개발국가 봉사 프로그램 가운데 일주일간 온두라스에 다녀오는 프로젝트가 있는데 거기에도 참여하고 싶다며 어떻게 하는 것이 좋을지 상의하는 것입니다.3주 동안 연세대학교 외국어학당에서 강의를 하면 한국에도 오고 돈도 벌 수 있지만 온두라스 봉사 프로젝트에는 참석할 수 없으니 고민이 되었나 봅니다. 혼자서 결정하기가 어려운 것 같아 나는 "함께 기도해 보자"고 말했습니다. 결국 둘째 아이는 온두라스행을 결정했습니다. 짧게 한국에 왔지만 시간 때문에 연대 외국어학당에서의 강의는 포기하고 떠났습니다. 가족과 연말연시를 보내고 부랴부랴 미국을 거쳐 온두라스에 갔습니다. 비행기로 총 35시간 이상 걸렸습니다. 만 21살의 여자 아이가 한 번도 가보지 않은 나라에 봉사하러 간다니 불안도 했지만 선하게 인도해 주시는 하나님을 신뢰하며 딸아이를 격려했습니다. 딸은 무사히 온두라스에서 봉사활동을 마치고 미국에 돌아가 바쁘게 새 학기를 시작했습니다. 한 달이 조금 지난 후 집에 소포가 도착했습니다. 둘째 아이가 온두라스에서 보낸 원두커피와 조그만 기념품이 지구 반대편에 있는 우리에게 전달된 것입니다. 둘째

아이에게 고맙다는 말과 함께 봉사활동이 어땠냐고 물어 보았습니다. "너무 좋았어요." 난 딸아이의 "너무 좋았다"는 말이 정말 좋았습니다. 하나님께 감사했습니다. 그 봉사활동은 하버드 대학교를 졸업한 성공한 기업인이 매년 전액을 후원해서 추진하는 프로젝트였습니다. 딸아이는 온두라스 봉사현장에서 그 돈 많은 사업가가 가족들과 함께 너무나 겸손히 헌신하는 모습에 큰 감동을 받았다고 말했습니다. 열악한 환경의 온두라스 어린이들이 봉사단원들을 너무나 좋아하고 따랐다면서 오히려 봉사하러 간 자신이 많이 배웠다는 것이었습니다. 딸의 말을 들으며 대접을 받고 돈을 벌 수 있는 기회를 돈과 시간을 들여 봉사하는 활동과 맞바꾼 아이의 결단과 선택이 참으로 옳은 결정이었다는 것을 확신했습니다. 봉사의 가치를 알게 된 딸아이는 다음해엔 교회 봉사단과 함께 아프리카 르완다에 다녀왔습니다. 이번에는 교회 공동체와 함께 갔기에 조금은 안심 되었습니다. 르완다에서도 역시 많이 배웠고 보람 있었다는 딸의 이야기를 듣고 나도 가보지 못했던 나라들에 용감히 다녀온 아이가 대견스러웠습니다.

✄ 3. 돈을 잘 관리하는 아이들로 기르라

어른들에게 돈은 매우 중요합니다. 그러나 돈을 많이 소유하고 있으면서도 여전히 "돈, 돈"하며 살아가는 사람은 그다지 좋게 보이지 않습니다. 물론 돈은 살아가는데 꼭 필요한 것으로 결코 무시할 수 없습니다. 돈은 사용하기에 따라 우리를 편리하게 해 주고 타인에게 유익을 줍니다. 아이들에게도 돈이 필요합니다. 그러므로 돈에 얽매이지 않고 효과적으로 소비생활하는 법을 알아야 합니다. 철저한 기독교 가정에서 자라난 나는 돈을 좋아하거나 돈을 추구하며 살아가는 것은 바람직하지 않다는 것을 은연중에 배웠습니다. 돈을 사용하는 것과 돈을 사랑하는 것은 다릅니다. 성경에는 "돈을 사랑하는 것이 일만 악의 뿌리"(디모데전서 6:10)라며 "하나님과 재물을 겸하여 섬길 수 없다"(누가복음 16:13)고 기록되어 있습니다. 세상 돌아가는 모습을 보면 이 성경 말씀이 참으로 진리라는 사실을 알게 됩니다. 이 사회의 많은 문제들이 돈으로 인해 발생하고 있습니다. 돈을 사랑하고 돈의 노예가 됨으로써 이 사회의 '일만 악'이 나오고 있는 것이 현실입니다.

돈을 은연중 배격하는 분위기에서 자라서인지 주부이자 월급쟁이로 살아왔어도 솔직히 돈을 효과적으로 관리하는 편이 아닙니다. 그러나 돈을 배격하는 것 또한 돈에 대한 옳은 태도는 아닙니다. 교육자이자 목회자셨던 나의 아버지는 45년 이상 어려운 교회를 담임하며 한번도 월급을 받지 않으셨습니다. 30여 년 이상 한 학교의 교장으로도 계셨는데 학교의 월급은 대부분 가난한 교회로 전달되었습니다. 아버지는 항상 열심히 일하시고 언제나 자선사업에 몰두하셨습니다. 어머니는 직장 생활을 하시면서 교직과 성직을 병행하신 아버지 뒷바라지를 하셨습니다. 그런 어머니의 고통이 언제나 나에게 와 닿았습니다.

나는 유년시절과 학창시절에 풍족한 용돈을 받지 못했습니다. 사실 그 당시에는 모두 가난했습니다. 돈 쓸 일도 별로 없어 돈 달라고 부모님을 졸랐던 기억이 별로 없습니다. 청소년기에는 군것질이나 친구와의 영화관람 등 이모저모로 돈이 필요해 부모님께 용돈을 부탁했습니다. 어려운 살림 속에서도 부모님은 내게 용돈을 주셨습니다. 그러나 정기적으로 용돈을 받은 적은 없었습니다. 아직도 나는 정기적으로 받는 월급을 규모 있게 관리하지 못합니다. 어린 시절부터 돈을 관리해 보지 않았기 때문입니다. 재정 훈련이 되지 않았던 거죠. 그러나 근검절약이 몸에 배이셨던 부모님의 모습을 보고 자란 덕택에 나도 사치나 허영과는 거리가 먼 삶을 살았습니다. 돈을 낭비하지 않았습니다. 남편과 내가 받는 월급으로 살아갑니다. 워낙 바쁘게 살다 보니 쇼핑할 시간도 많지 않습니다.

　그런데 한 번은 돈이 얼마나 가치가 있는지를 깨닫고 효과적으로 돈을 관리해야 할 필요성을 느낀 적이 있었습니다. 오래전 미국에서 첫째 아이를 유치원에 보냈을 때 일입니다. 입학 후 몇 달이 지났을 때 학교에서 가정통신문을 통해 부모와 함께 하는 간단한 숙제를 보냈습니다. 미국은 대부분의 공립유치원이 초등학교 안에 있습니다. 학교에서 보낸 숙제는 돈에 관한 것 이었는데 부모가 아이와 함께 가까운 슈퍼마켓이나 백화점에 가서 1달러로 살 수 있는 물건들을 조사해서 그 내용을 제출하는 것이었습니다. 당시에 1달러는 우리 돈으로 800원 정도의 가치가 있었습니다. 유치원생이었던 우리 아이도 자기 생일이나 크리스마스, 어린이날 등에는 나와 함께 선물을 고르곤 했는데 그 당시 내가 아이에게 물건을 사주는 최대 금액은 20달러였습니다. 만일 아이가 원하는 물건이 20달러가 넘으면 다시 생각해 보라고 했습니다. 그러나 1달러 정도는 아이나 나나 모두가 대수롭지 않게 생각하던 터이라 1달러를 갖고 무엇을 살 수 있을까 별로 기대하지 않았습니다.마침 우리 집 가까이에 대형수퍼마켓인 K-마트가 있어 토요일 오후 아이와 함께 현장학습에 나섰습니다. 장난감 코너를 지나 학용품 코너에 갔을 때 나와 아들은 기대 밖의 현실에 놀랐습니다. 장난감 코너에는 1달러로 구입할 수 있는 물건들이 별로 없었습니다. 있다 해도 너무나 조잡한 것뿐이었습니다. 그러나 학용품 코너에 가보니 지우개, 연필, 색연필, 수첩, 수성펜, 8색으로 구성된 크레용 등 1달러로 구입할수 있는 물건들이 다양하게 있었습니다.그날 우리 아들은 1달러를 가지고도 자기가 필요한 것들을 많이 구입할 수 있다는 것을 깨달았고 1달러의 소중함을 느꼈습니다. 나도 그 숙제가 주는 교훈을 깊이 깨닫고 돈의 가치를 아이들에게 꼭 교육해야 한다고 생각했습니다. 그래서인지 우리 큰 아들은 자기 엄마보다도 돈 관리를 더 규모 있게 하는 편입니다. 돈을 사랑하는 것과 돈을 관리하는 것은 확실하게 다릅니다. 큰 아이는 평소 생각한 물건을 구입할 때면 이것저것 꼼꼼하게 비교합니다. 현재 자기가 얼마나 돈을 가지고 있는지 생각하며 구매를 결정합니다. 충동적인 소비를 하지 않는 것이지요. 어른인 나는 바쁘게 살다 보니 내 지갑에 돈이 얼마나 있는지 모를 때가 종종 있습니다. 효과적인 재정 관리를 위해선 어떻게 해야 할까요?

1) 아이들에게 정기적으로 용돈을 주십시오.

부모들이 아이들의 경제생활을 위해 유치원이나 초등학교 때부터 용돈을 정기적으로 지급하면 아이들은 돈의 사용 용도를 계획하고 결과를 책임지며 자신들의 생활을 독립적으로 설계해 갈 수 있습니다. 또한 아이들은 자라면서 부모를 도와 가정의 소소한 필요를 일정 부분 책임질 수 있습니다. 아이들이 일할 때 마다 칭찬하며 돈을 주는 것은 그다지 좋은 방법이 아닙니다. 아이가 부모를 도운 대가로 돈을 요구하는 습관을 갖게 될 수 있고 자발적이고 즐겁게 일하는 생각을 저해 할 수 있습니다. 아이가 아주 어릴 때에는 가령 엄마, 아빠 구두를 닦을 때 등 특정한 심부름을 하면 조금씩 돈을 줄 수 있습니다. 그러나 유치원생 이상이 되면 정기적으로 용돈을 줄 필요가 있습니다. 아이는 설날, 생일날, 추석 등에 친지들로부터 생각지 않은 돈을 받기도 합니다. 부모는 아이들에게 용돈을 주면서 일부를 저축하라고 권할 수 있습니다. 그러나 아이가 받는 용돈의 전체를 저축하라고 강요해서는 안됩니다. 용돈을 모두 저축한다면 경제생활을 배우거나 소비함으로써 얻는 만족감을 얻을 기회가 사라집니다. 부모가 저축과 소비생활을 잘 관찰해 아이들의 욕망을 절제시켜주는 한편 옹색할 때는 조금 보태주는 아량과 융통성을 발휘한다면 아이들은 자신의 경제생활에서도 독립성을 길러나갈 수 있습니다.

　놀랍게도 나의 첫째, 둘째 아이는 은행에서 어릴 때부터 조금씩 저축했던 돈을 찾아 대학원 학비에 보탰습니다. 대학 때까지는 학교 장학금, 대출금, 부모 보조금으로 학비를 마련했습니다. 대학원부터는 우리 부부가 돕지 못해 자신들이 학비를 스스로 마련해야 했는데 어릴 때부터 모았던 통장의 돈이 대학원 학비에 보탬이 된 것입니다.

2) 가치 있는 소비를 지도하십시오.

부모는 아이들에게 돈의 사용과 저축 방법을 지도하는 것과 더불어 그들이 돈에 지나치게 집착하지 않도록 가르쳐야 합니다.

"돈은 똥과 같아서 모아 두면 냄새가 나지만 나누어 주면 거름이 된다."

경주 최 부잣집 벽에 붙어 있는 돈에 관한 위의 글에 공감합니다. 최 부자는 자손들에게 돈의 가치를 실감나게 설명했습니다. 맞는 말입니다. 돈을 잘 나눠주면 많은 사람들을 유익하게 합니다. 그러나 움켜쥐면 악취 밖에 나지 않는 경우가 많습니다.

나는 교육자로서 물질 중심적 사고가 우리 청소년들, 더 나아가 초등학교 어린이들에게도 뿌리를 내리고 있다는 사실이 가슴 아픕니다. 물론 어른들이 잘못했기 때문이지요. 어른들의 지나친 배금주의 사상이 아이들에게 흘러간 것입니다. 이런 때일수록 어린아이 때부터 체계적이고 실질적인 금전 교육을 해야 합니다. 돈은 살아가는데 중요한 수단이지만 인격이나 명예, 타인에게 자선을 베푸는 것 등 더욱 귀한 가치가 있다는 것을 아이들에게 강조해야 합니다. 그러면서 재정 교육을 시킨다면 돈이 위력을 펼치는 시대에 우리 아이들이 돈의 노예가 되지 않을 뿐 아니라 알뜰하고 규모 있게 돈을 다스리는 사람으로 자랄 것입니다.

아이들이 돈보다 가족들에게 더 관심을 갖도록 하는 방법 가운데 하나가 가족 생일을 잘 활용하는 것입니다. 특별히 부모는 아이들의 생일을 잘 기억할 필요가 있습니다. 거창한 파티를 할 필요는 없지만 생일을 맞는 아이에게 특별한 관심을 보이며 축하해 줘야합니다. 형제들은 나름대로 용돈을 아껴서 생일 선물을 준비하는데 이 행위 자체가 훌륭한 재정 교육입니다.

　우리 막내가 초등학교 1학년 때 쯤의 일입니다. 막 글을 배울 때였습니다. 학교에서 돌아와 보니 내가 늘 사용하는 노란색 포스트잇이 붙여진 하얀 봉투가 책상 위에 놓여 있었습니다. 그리고 포스트잇에는 서툴지만 또박또박 쓴 막내의 글이 있었습니다. '아무튼 좋은 일에 쓰게 해 주세요! 엄마, 아빠 사랑해요!!! 사랑하는 아들이랑 딸 - 김진기, 김현기, 김형정.' 그리고 흰 봉투에는 2만 원이 들어 있었습니다. 나는 깜짝 놀라 큰 아이, 둘째 아이에게 무슨 일이냐고 물어보았습니다. 두 아이는 자기들이 아니라 막내가 혼자서 한 일이라고 말했습니다. 나는 어처구니가 없어 막내 아이에게 "네가 엄마, 아빠에게 돈을 주는 거니?"라고 물으니 아이는 쑥스러운지 눈을 끔벅끔벅하며 고개를 끄덕이는 것이었습니다. 나는 아이를 꼭 껴안고 말았습니다. 그 당시 나는 무슨 말을 해야 할지 몰랐습니다. 아직도 난 그 메모지를 간직하고 있습니다. 그 때의 돈 2만원은 아이에게 돌려주지 못했습니다. 막내가 강력히 돌려받지 않겠다고 고집했기 때문입니다. 2013년 12월 어느 날엔가 크리스마스 선물을 준비하기 위해 백화점에 들렀습니다. 이것저것 둘러보는데 막내 아이가 가족들을 비롯해서 엄마, 아빠 선물을 고르는 것이었습니다. 막내 아이는 고등학교 졸업반이었기에 가족들에게 크리스마스 선물을 할 만큼 경제적으로 여유가 있지 않았을 텐데 굳이 선물을 고르며 내게 "엄마는 무엇을 원해?"라고 묻는 것이었습니다. "엄마는 괜찮아, 걱정하지 마"

라고 했더니 "내가 공부하러 미국 가면 당분간 다시 돌아오기 힘들 거예요. 그래서 이번 크리스마스에는 가족 모두에게 선물하려고 저축해 놓은 용돈을 조금 찾았어요"라고 말했습니다. '짠돌이'로 불리던 우리 막내 아이가 열심히 돈을 모으기만 한 줄 알았더니 쓸 줄도 아는 것 같아 흐뭇했습니다. 특히 어렸을 때의 그 일이 생각나서 혼자 미소를 지었습니다.

둘째 딸은 중학교 3학년부터 고등학교 때까지 초등학생을 대상으로 영어 과외 하며 용돈을 벌었기에 조금은 풍족하게 살았습니다. 딸이 힘들여 번 돈이라 참견하지 않고 조금 가격이 높은 필수품을 구매할 때만 돈을 보태 주었습니다. 용돈을 벌어도 절약하며 알뜰히 생활하는 둘째 아이가 늘 기특했습니다. 큰 아들이 대학 공부하러 미국으로 떠나던 날 둘째와 막내는 할머니 보호 아래 한국에 남아 있었습니다. 우리 부부와 큰 아이는 미국으로 출국하기 위해 공항에 도착했습니다. 막 집에서 공항으로 떠날 때 둘째 아이가 조그만 쇼핑백에 무엇인가 넣어 오빠에게 주면서 "공항에 가서 보라"고 당부를 하는 것이었습니다. 공항에서 바쁘게 출국 수속을 한 후에 큰 아들을 바라보니 무슨 충격을 받은 것 같은 얼굴을 하고 있는 것이었습니다. "현기야 무슨 일 있니?"라고 물으니 "현정이가 돈을 주었어요"라고 대답하는 것이었습니다. 공항에 가서 보라고 쇼핑백에 넣은 것은 다름 아닌 가족사진을 스크랩한 조그만 앨범과 미화 1000달러라는 거금이 든 흰 봉투였습니다. 이번에는 내가 충격을 받았습니다. 그 당시 미화 1000달러는 거의 백만 원이 되는 큰 돈 이었습니다. '둘째가 백만 원을 모으려면 몇 달 동안 영어 과외로 번 돈을 몽땅 합해야 할 텐데….' 둘째 아이는 멀리 떠나는 오빠에게 자기도 무엇인가 해주고 싶어 가족 앨범을 만들고 엄마 아빠와 상의도 없이 그 많은 돈을 조용히 건넨 것이었습니다. 돈에 관한 우리 가족의 에피소드는 이것뿐만이 아닙니다. 미국에서 돌아와 삼성전자에 근무하던 큰 아들은 2년 9개월 동안 2번의 설 명절을 한국에서 가족과 함께 보냈습니다. 큰 아들이 혼자 사시는 할머니에게 가서 세배를 하고 용돈을 넣은 봉투를 드렸습니다. 손주에게서 받은 용돈이 얼마나 좋았던지 할머니 입이 턱에 걸릴 정도였습니다. 설 명절 때마다 할머니는 친구들에게 손주 자랑을 제대로 할 것이 분명했습니다. 큰 아들은 사전에 우리에게도 알리지 않고 할머니에게 드릴 용돈을 준비했습니다. 우리 부부는 큰 아들의 행동에 적잖게 놀랐습니다. 그래도 아들이 어른을 생각하며 돈을 유용하게 쓸 줄 알고 있다는 사실이 고마웠습니다. 물론 우리도 그날 오후에 아들이 준비한 용돈을 받았습니다.

[진기의 메모]

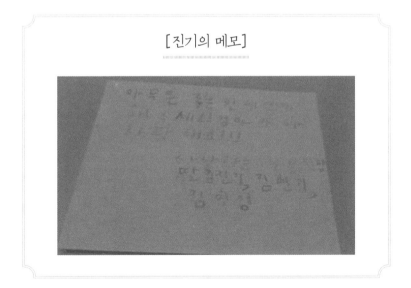

⚓ 4. 비전을 품는 자녀

앞서 아이들은 부모의 솔선수범하는 행동을 '보고 들으면' 50퍼센트를 기억하고 자신들과 함께 경험하는 활동의 90퍼센트를 기억한다고 했습니다. 그러면 아이들이 자신이 목표한 것의 100퍼센트를 성취하려면 어떻게 해야 하나요? 평범한 아이들이 100퍼센트 목표달성의 삶을 살 수 있을까요?

종종 많은 장애인과 불우한 사람들이 어떤 계기로 비전을 갖게 되어 자신들의 어려운 환경을 딛고 목표한 바 100퍼센트 이상을 성취했다는 이야기를 듣습니다. 역경을 극복한 이야기들은 많은 감동을 줍니다. 여기서 '어떤 계기'가 중요합니다. 그런 계기가 없었다면 불우한 환경 속에서 그냥 살았을 사람들이 어떤 결정적 계기를 통해 일어설 수 있게 되었습니다. 청각과 시각을 잃었으나 이를 극복하고 작가 겸 사회사업가가 된 헬렌 켈러의 경우는 설리번 선생님의 헌신적인 도움이 '어떤 계기'였습니다. 링컨 대통령에게 '어떤 계기'는 계모의 친절한 도움이었습니다. 발명왕 에디슨에게는 끝없이 가능성을 보았던 어머니였습니다. 에디슨의 어머니는 아들에게 남다른 능력이 있음을 발견하고 끝까지 격려했습니다. 그 결과 에디슨은 수많은 실패에도 좌절하기 않고 전기를 비롯해 다양한 발명을 할 수 있었습니다. 그를 통해 인류는 한 걸음 더 진보할 수 있었습니다.

부모들은 아이들에게 '어떤 계기'가 될 수 있는 아주 중요한 사람입니다. 가장 가까이에서 아이들을 관찰할 수 있는 사람입니다. 아이들의 가능성은 무한하며 그들의 미래는 열려 있습니다. 그럼에도 우린 정작 우리의 자녀들이 열린 미래의 주인공으로서 민족과 인류를 위해 공헌할 것이라는 점을 믿지 못하고 있는 것 같습니다.

나는 모든 아이들은 하나님의 형상을 따라 지음 받은 존귀하고 경이로운 존재임을 믿습니다. 우리 몸은 100조의 세포와 지구를 두 바퀴 반이나 돌 수 있는 만큼의 핏줄을 갖고 있습니다. 그 긴 핏줄을 타고 피는 46초 만에 몸 구석구석에 영양분을 공급합니다. 그뿐 아니라 우리 몸 안의 기관에서는 이 세상의 어떤 제약회사보다 더 정밀하게 화학 작용들이 이뤄져 몸 구석구석에 생기와 에너지를 공급합니다. 그뿐 아니라 우리 몸의 셀 수 없을 만큼 많은 수의 백혈구는 밖에서 침투해오는 병균들과 결코 멈추지 않는 전쟁을 벌이고 있습니다. 백혈구는 매번 그 전쟁에서 승리해 우리 몸을 질병으로부터 보호합니다. 그뿐 아니라 우리 얼굴의 눈썹, 속눈썹, 눈동자, 각막, 귀, 귓속의 세반고리관 등의 평형기관, 입술, 입, 코, 콧구멍 등 얼굴에 있는 이목구비만 살펴보아도 얼마나 과학적인지 경이로울 뿐입니다. 그리고 입안의 목구멍과 이, 침 등 인간의 육체는 거대한 우주에 비해도 손색이 없습니다. 나는 종종 인간은 걸어 다니는 작은 우주라고 생각합니다.

태어날 때부터 아이들은 끊임없이 살아가기 위한 기술을 습득해 갑니다. 아이들은 걷기 위해 3천 번은 넘어진다고 합니다. 그렇게 힘이 들어도 걷는 것을 포기하여 스스로 앉아있는 아이는 한 명도 없습니다.

새 학기가 되어 신입생 아이들의 이름을 점검하다 보면 어김없이 한 학년에 같은 이름이 여럿 있는 것을 발견합니다. 우리 학교에는 같은 이름을 가진 교사들이 몇 명 있습니다. 그러나 똑같은 얼굴을 가진 학생과 교사들은 단 한 명도 없습니다. 물론 비슷한 얼굴의 사람은 있지요. 그러나 같은 얼굴은 아닙니다. 일란성 쌍둥이조차도 완벽하게 얼굴이 같지 않아서 자기 부모는 쌍둥이 자녀의 차이를 잘 식별합니다. 이처럼 장황하게 인간 육체의 경이감을 늘어놓는 것은 개개인이 그만큼 독특하고 특별한 존재인 것을 강조하려는 것입니다. 경우에 따라 '나는 아무것도 아니야, 나는 못해, 나는 못생겼어, 우리 집은 가난해, 우리 부모는 못 배웠어…'등 자신과 환경에 대해 부정적인 생각을 갖고 자랄 수 있습니다. 그러나 모든 인간의 존재 자체가 경이요, 신비입니다. 아이가 태어나 걷고 말하고 자라는 것 자체가 신비이며 능력입니다. 인간은 누구나 위대한 존재들입니다. 특히 아이들의 가능성은 무한합니다. 마음에 큰 비전을 품고, 부모가 사랑과 격려로 함께 해 주면, 아이들은 누구나 자신들이 목표한 100퍼센트 이상을 달성하는 성공적인 삶을 살 수 있다고 생각합니다.

　아이들은 긍정적인 자아개념을 갖고 태어납니다. 그러나 거친 삶을 통과하면서 긍정적 자아개념은 사라지고 자신감이 없어지며 근심과 걱정이 자랍니다. 그래서 비전을 품는 것이 중요합니다. 비전은 한 인간을 끊임없이 전진하게 만듭니다. 특히 크리스천 아이들에게 비전은 너무나 중요합니다. 하나님의 선하신 뜻을 따라 비전을 품을 때, 환경과 상관없는 하나님의 인도하심을 받게 될 것입니다. 아이들이 어려서부터 성경 말씀을 배우고, 기도 응답을 경험하며, 성령에 민감하게 되면 문제를 만나더라도 물러나지 않고 앞으로 나갑니다. 하나님의 능력을 경험한 아이들은 진정한 겸손의 사람이 될 수 있습니다. 삶이 자신의 능력이 아니라 하나님의 은혜로 이뤄지는 것이라는 사실을 자라면서 배우게 되기 때문입니다.

인생은 우리 의지대로 진행되는 것이 아닙니다. 우리는 늘 누구로부터 도움을 받고 살아갑니다. 가장 큰 도움을 주실 분이 누구입니까? 바로 하나님이십니다. 하나님은 우리를 돕기 위해 보혜사 성령님을 보내셨습니다. 보혜사 성령님은 하나님께서 우리에게 은혜로주신 것들을 깨닫게 하십니다. 인생은 하나님에 의해서 이뤄집니다. 우리 아이들이 알아야 할 가장 중요한 사항이 바로 이것입니다. 하나님을 알아야 합니다. 거기서 소명과 비전이 나옵니다.

우리 아이들로 하여금 마음 안에 큰 비전을 품을 수 있도록 도와주십시오. 그저 인생을 생각 가는 대로 아무렇게 사는 것이 아니라 자신들을 이 땅에 보내신 분의 뜻에 따라 살아가겠다는 견고한 결단을할 수 있게 지도해 주십시오. 일단 비전을 품으면 그 비전이 활동해아이들의 마음을 넓힙니다. 작은 일에 연연하지 않는 넉넉한 마음의소유자가 되는 것입니다. 비전은 아이들의 삶에 의미를 주는 내적 동기요, 삶의 목적을 이룰 때까지 집중력과 추진력을 제공하는 원동력이 됩니다.

아이들의 마음을 넓혀 주십시오. 아이들을 통해 무엇을 이루겠다는 부모의 욕심을 내려놓아야 합니다. 아이들이 하나님을 사랑하고, 가족을 사랑하고, 이웃을 사랑하고, 나라를 사랑하고, 세계를 사랑하는 사랑의 사람이 될 수 있게 도와주십시오.

한 개의 사과 속에 얼마나 많은 씨앗이 들어 있는지는 잘 세어보면알 수 있습니다. 그러나 하나의 사과 씨앗에 얼마나 많은 사과가 열릴 것인지는 누구도 알 수 없습니다. 우리 아이들은 사과 씨앗과 같습니다. 앞으로 수많은 사과를 열리게 할 잠재력이 있습니다. 그 잠재력을 키워주십시오. 아이 안에 있는 가능성에 주목하십시오. 지금은 비록 작은 씨앗과 같은 아이일지라도 비전의 비가 뿌려지고 솔선수범하는 부모들의 삶이 거름된다면, 그 씨앗은 무럭무럭 자랄 것입니다. 물론 때로는 뜨거운 태양 볕의 고통도 있을 테고 몰아치는 폭풍우도 만날 수 있습니다. 그러나 어떤 고통과 고난도 비전의 사람들이 가는 길을 막을 수 없습니다. 그들은 창조적 소수로서 결국 세상을 발전시킬 것입니다.

실행이 없는 비전은 꿈에 불과하고
비전이 없는 실행은 시간만 보내게 된다.
비전이 있는 행동은 세상을 바꿀 수 있다.
- 조엘 A 바커 -

나는 여러분의 자녀들이 사랑, 희락, 화평, 인내, 자비, 양선, 충성, 온유, 절제라는 성령의 열매(갈라디아서 5장 22-23절)를 맺는 비전의 사람들이 되길 바랍니다. 하나님 안에서 성공적인 삶을 살 뿐 아니라 그 성공적인 삶을 이웃과 나누는 넉넉한 마음의 아이들로 성장하기를 바랍니다.

'명확한 목적이 있는 사람은 가장 험난한 길에서 조차도 앞으로 나아가고 아무런 목적이 없는 사람은 가장 순탄한 길에서 조차도 앞으로 나아

가지 못한다.'
  - 토머스 카알라일 -

　위대한 교사는 학생들의 가슴에 불을 지르는 사람이라고 합니다. 부모는 위대한 교사가 되어야 합니다. 아이들의 가슴에 불을 질러야 합니다. 그래서 우리 자녀들이 불타는 열정으로 비전의 삶, 소명의 삶을 살 수 있도록 도전해야 합니다. 가장 유효한 도전은 삶을 통한 도전입니다. 아이들은 언제나 부모들을 지켜보고 있습니다. 여러분의 자녀들은 지금 여러분을 바라보며 도전 받을 준비를 하고 있습니다. 사랑하는 자녀들에게 어떤 도전을 주시렵니까?

　지금 우리 모두는 위기의 시대를 항해하고 있습니다. 한 배를 탄 가족들도 위기 속에서 출렁거리고 있습니다. 이미 침몰한 배도 있고 침몰 위기에 빠진 배들도 적지 않습니다. 누가 거친 풍랑 이는 세상에서 안전하게 배를 운항하겠습니까? 실력이 있을 뿐 아니라 영성으로 충만한 '영실이'들입니다. 실력만 있어도 안됩니다. 영성만 있어도 이 세상에서 반쪽밖에 되지 않습니다. 영성과 실력이 어우러져야 합니다. 그래야 완전하게 됩니다. 다음 세대의 주역은 영실이들입니다. 다가오는 세대엔 우리의 영실이들이 이 나라와 민족, 세계를 이끌어갈 것입니다. 건강하고 행복하며 신실한 가정에서 영실이가 탄생합니다. 하나님의 뜻이 이 땅에서 이루어져야 하는 가장 작은 단위가 가정입니다. 우리 가정에서 부모들은 자녀들과 함께 성장해야 합니다. 자녀들을 영실이로 기르기 원한다면 무릎 꿇고 기도하십시오. 믿음의 부모가 되십시오. 바쁜 엄마도 자녀를 비전 품은 영실이로 키울 수 있습니다. '영실이 키우기'야 말로 바쁜 엄마들의 비전이 되어야 합니다. 절대 좌절하거나 포기하지 마십시오. 기도하면 됩니다. 굳센 믿음과 탁월한 실력을 갖춘 우리의 영실이들이 이 땅 곳곳에 넘쳐나기를 간절히 소망합니다.

다중지능검사

다중지능검사한 문항을 오랫동안 생각하지 마세요. 각 문항을 읽고 해당번호를 답안지에 표시하세요.

[1.전혀 그렇지 않다 / 2.별로 그렇지 않다 / 3.보통이다 / 4.대체로 그렇다 / 5.매우 그렇다.]

[출처 – 다중지능연구소]

번호	항목	1	2	3	4	5
1	취미 생활로 악기 연주나 음악 감상을 즐긴다.					
2	운동 경기를 보면 운동선수들의 장단점을 잘 집어낸다.					
3	어떤 일이든 실험하고 검증하는 것을 좋아한다.					
4	손으로 물건을 만들고, 그림을 그리는 것을 좋아한다.					
5	다른 사람보다 어휘력이 풍부한 편이다.					
6	친구나 가족들의 고민거리를 들어 주거나 해결하는 것을 좋아한다.					
7	나 자신을 되돌아보고, 앞으로의 생활을 계획하는 것을 좋아한다.					
8	자동차에 관심이 많고, 각각의 공통점과 차이점을 알고 있다.					
9	악보를 보면 그 곡의 멜로디를 어느 정도 알 수 있다.					
10	평소에 몸을 움직이며 활동하는 것을 좋아한다.					
11	학교 다닐 때 수학이나 과학과목을 좋아했다.					
12	어림짐작으로도 길이나 넓이를 비교적 잘 알아맞힌다.					
13	글이나 문서를 읽을 때 문법적으로 어색한 문장을 잘 찾아낸다.					
14	직장 내 성희롱이 왜 발생하고 어떻게 해결하면 좋을지 알고 있다.					
15	나의 건강 상태나 기분, 컨디션을 정확히 파악할 수 있다.					
16	옷이나 가방을 보면 어떤 브랜드인지 바로 알아맞힐 수 있다.					
17	다른 사람의 연주나 노래를 들으면 어떤 점이 부족한지 알 수 있다.					

번호	항목	1	2	3	4	5
18	어떤 운동이라도 한두 번 해보면 잘 할 수 있다.					
19	다른 사람의 말 속에서 비논리적인 점을 잘 찾아낸다.					
20	다른 사람의 그림을 보고 평가를 잘 할 수 있다.					
21	나의 어렸을 때 꿈은 작가나 아나운서였다.					
22	다른 사람들로부터 다정다감하다는 소리를 자주 듣는다.					
23	내 생각이나 감정을 상황에 맞게 잘 통제하고 조절한다.					
24	동물이나 식물에 관하여 많은 정보를 알고 있다.					
25	다른 사람과 노래할 때 화음을 잘 넣는다.					
26	운동을 잘한다는 말을 자주 듣는다.					
27	회사 생활에서 발생하는 문제를 해결하는 절차와 방법을 잘 알고 있다.					
28	내 방이나 사무실을 꾸밀 때, 어떤 재료를 사용해야 하고 어떻게 배치해야 할 지 잘 알아낸다.					
29	글을 조리 있고 설득력 있게 쓴다는 말을 자주 듣는다.					
30	직장 동료나 상사의 기분을 잘 파악하고 적절하게 대처한다.					
31	평소에 내 능력이나 재능을 계발하기 위해 노력하고 있다.					
32	동물이나 식물을 좋아하고 잘 돌본다.					
33	악기를 연주할 때 곡의 음정, 리듬, 빠르기, 분위기를 정확하게 표현한다.					
34	뜨개질이나 조각, 조립과 같이 섬세한 손놀림이 필요한 활동을 잘 할 수 있다.					
35	물건의 가격이나 은행 이자 등을 잘 계산한다.					
36	다른 사람으로부터 그림 그리기나 만들기를 잘한다고 칭찬 받은 적이 있다.					
37	책이나 신문의 사설을 읽을 때 그 내용을 잘 이해한다.					
38	가족이나 직장 동료, 상사 등 누구와도 잘 지내는 편이다.					
39	내 일정을 다이어리에 정리하는 등 규칙적인 생활을 위해 노력한다.					
40	나는 현재 동식물과 관련된 직업에 종사하고 있다.					
41	어떤 악기라도 연주법을 비교적 쉽게 배운다.					

번호	항목	1	2	3	4	5
42	개그맨이나 탤런트, 주변 사람들의 행동을 잘 흉내 낼 수 있다.					
43	어떤 것을 암기할 때 무작정 외우기보다는 논리적으로 이해하여 암기하곤 한다.					
44	새로운 지식을 습득할 때 그림이나 개념 지도를 그려 가며 외운다.					
45	학교 다닐 때 국어 시간이나 글쓰기 시간을 좋아했다.					
45	학교 다닐 때 국어 시간이나 글쓰기 시간을 좋아했다.					
46	내가 속한 집단에서 내가 해야 할 일을 잘 찾아서 수행한다.					
47	어떤 일에 실패했을 때 그 원인을 철저히 분석해서, 다음에는 그런 일이 생기지 않도록 노력한다.					
48	동식물이나 특정 사물이 갖는 특징을 분석하는 것을 좋아한다.					
49	빈칸을 주고 어떤 곡을 채워 보라고 하면 박자와 전체 곡의 분위기에 맞게 채울 수 있다.					
50	연기나 춤으로 내가 전하고자 하는 것을 잘 표현할 수 있다.					
51	어떤 문제가 생기면 성급하게 결론을 내리기보다는 여러 가지로 그 원인을 밝히려고 한다.					
52	고장 난 기계나 물건을 잘 고친다.					
53	다른 사람이 하는 말의 핵심을 잘 파악한다.					
54	다른 사람들 앞에서 프레젠테이션이나 연설을 잘한다.					
55	앞으로 어떻게 성공해야 할지에 대해 뚜렷한 신념을 가지고 있다.					
56	환경 문제를 해결할 수 있는 방법들을 많이 알고 있다.					

	음악(A)	신체(B)	논리수학(C)	공간(D)	언어(E)	인간친화(F)	장기성찰(G)	자연친화(H)
번호	1	2	3	4	5	6	7	8
점수								
번호	9	10	11	12	13	14	15	16
점수								
번호	17	18	19	20	21	22	23	24
점수								
번호	25	26	27	28	29	30	31	32
점수								
번호	33	34	35	36	37	38	39	40
점수								
번호	41	42	43	44	45	46	47	48
점수								
번호	49	50	51	52	53	54	55	56
점수								
합계								
환산점수								

합계점수	7	8	9	10	11	12	13	14	15	16
환산점수	0.0	3.6	7.1	10.7	14.3	17.9	21.4	25.0	28.6	32.1
합계점수	17	18	19	20	21	22	23	24	25	26
환산점수	35.7	39.3	42.9	46.4	50.0	53.6	57.1	60.7	64.3	67.9
합계점수	27	28	29	30	31	32	33	34	35	
환산점수	71.4	75.0	78.6	82.1	85.7	89.3	92.9	96.4	100	

※ 환산점수가 높은 것이 강점이고, 낮은 것이 약점입니다.

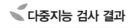
다중지능 검사 결과

◎ 나의 강점

1 .
2 .
3 .

다중지능 해설지

A 음악지능 (가수, 작곡가)	특징	1. 소리 패턴에 민감하다. 2. 자주 노래를 흥얼거린다. 3. 리듬에 따라 박자를 맞추거나 몸을 흔든다. 4. 소리들을 쉽게 구별한다. 5. 음에 대한 감각이 좋다. 6. 리듬에 맞추어 움직이는 데 능하다. 7. 박자 변화에 따라 운동 패턴을 조절한다. 8. 음조와 소리 패턴을 기억한다. 9. 음악적 경험을 추구하고 즐긴다.
	잘하는일	노래, 오페라, 교향곡, 연주, 작곡, 사운드 트랙 등
	직업군	음악가(성악가, 연주가, 작곡가, 지휘자 등) 음악치료사, 음향 기술자, 음악평론가, 피아노 조율사, DJ, 가수, 댄서, 음악 교사, 음반 제작자, 영화 음악 작곡가, 반주자, 음악 공연 연출가 등
B 신체운동지능 (운동선수, 배우, 조각가)	특징	1. 신체의 좋은 균형 감각을 갖고 있다. 2. 손과 눈의 협동 관계가 좋다. 3. 리듬 감각이 있다. 4. 어떤 문제를 직접 몸으로 접해 보고 해결하려는 경향이 있다. 5. 유연한 움직임을 연출할 줄 안다. 6. 제스처를 통해 전달하는데 능숙하다. 7. 상대방의 신체 언어를 잘 읽어 낸다. 8. 공, 바늘 따위의 도구와 물체를 다루고 조절하는데 빨리, 쉽게 적응한다.
	잘하는일	운동, 게임, 춤, 연극, 몸짓, 표현, 신체 훈련, 연기, 조각, 조상, 재주 부리기, 보석 세공, 목재 가공 등.
	직업군	안무가, 무용가, 엔지니어, 운동선수, 스포츠 해설가, 체육학자, 외과 의사, 공학자, 물리 치료사, 레크레이션 지도자, 배우, 무용교사, 체육교사, 보석 세공인, 군인, 스포츠 에이전트, 경락 마사지사, 발레리나, 산악인, 치어리더, 경찰, 체육관 관장, 경호원, 뮤지컬 배우, 조각가, 도예가, 사회체육지도자, 건축가, 정비 기술자, 카레이서, 파일럿 등
C 논리수학지능 (수학자와 007)	특징	1. 다양한 퍼즐 게임을 즐긴다. 2. 수를 가지고 논다. 3. 사물의 작용과 운동 원리에 관심이 많다. 4. 규칙에 바탕을 둔 활동 성향을 가진다. 5. "만일 ~ 라면"이라는 식의 논리에 관심이 있다. 6. 사물을 모으고 분류하는 것을 좋아한다. 7. 분석적으로 문제에 접근한다.
	잘하는일	컴퓨터 프로그램, 수학적 증거, 흐름도, 대차대조표, 퍼즐 풀이, 의학 진단, 발명, 스케줄, 논리적 명제 등.
	직업군	엔지니어, 수학자, 물리학자, 과학자, 은행원, 컴퓨터 프로그래머, 구매 대리인, 생활 설계사, 공인회계사, 회계 감사원, 회사원(경리, 회계업무), 탐정, 의사, 수학 교사, 과학 교사, 법조인, 정보기관원 등.

D 공간지능 (디자이너, 택시운전사, 큐레이터)	특징	1. 그림 그리기를 잘한다. 2. 시각적인 세부 묘사에 뛰어나다. 3. 사물을 분해하기를 좋아한다. 4. 무엇인가 세우기를 좋아한다. 5. 퍼즐 놀이를 즐긴다. 6. 기계적으로 숙달되어 있다. 7. 이미지로 장소를 기억한다. 8. 지도 해석에 뛰어나다. 9. 낙서를 좋아한다
	잘하는일	그림, 줄긋기, 조각, 지도, 도형, 만화, 계획, 콜라주, 모형, 건물, 미로, 엔진, 벽화, 영화, 비디오, 사진 등
	직업군	조각가, 항해사, 디자이너(인테리어, 게임, 헤어, 웹, 무대, 컴퓨터 그래픽 등의 분야), 엔지니어, 화가, 건축가, 설계사, 사진사, 파일럿, 코디네이터, 애니메이터, 공예사, 미술 교사, 탐험가, 택시 운전사, 화장품 관련 직업, 동화 작가, 요리사, 외과 의사, 치과 의사, 큐레이터, 서예가, 일러스트레이터 등.
E 언어지능 (시인에서 개그맨까지)	특징	1. 질문, 특히 "왜?"라고 묻는 유형의 질문을 자주한다. 2. 말하기를 즐긴다. 3. 좋은 어휘력을 가지고 있다. 4. 두 가지 이상의 외국어를 구사하기도 한다. 5. 새로운 언어를 쉽게 배운다. 6. 단어 게임, 말장난, 시 낭송, 말로 다른 사람 웃기는 일 등을 즐긴다. 7. 책 등을 읽는 것을 즐긴다. 8. 다양한 종류의 글쓰기를 즐긴다. 9. 언어의 기능을 잘 이해한다.
	잘하는일	소설, 연설, 신화(전설), 시, 안내서, 잡지, 주장, 농담, 글자 맞추기, 각본, 계약서, 논픽션, 이야기, 신문, 연극, 논쟁, 재담 등
	직업군	작가, 사서, 방송인, 기자, 언어학자, 연설가, 변호사, 영업사원, 정치가, 설교자, 학원 강사, 외교관, 성우, 번역가, 통역사, 문학 평론가, 방송 프로듀서, 판매원, 개그맨, 경영자, 아나운서, 시인, 리포터 등
F 인간친화기능 (CEO, 사회 운동가, 영업사원)	특징	1. 다른 사람에 대한 감정 이입이 뛰어나다. 2. 또래들 사이에서 인기가 높다. 3. 또래나 나이가 더 많은 사람이나 똑같이 잘 사귄다. 4. 리더십을 보여준다. 5. 다른 사람과 협동하여 일하는 데 능숙하다. 6. 다른 사람의 느낌에 민감하다. 7. 중개인이나 카운슬러 역할을 자주 한다.
	잘하는일	집단 작업, 연극, 대화, 운동, 클럽, 단체 행동, 단체 지도, 합의 결정 등
	직업군	작가, 사서, 방송인, 기자, 언어학자, 연설가, 변호사, 영업사원, 정치가, 설교자, 학원 강사, 외교관, 성우, 번사회학자, 학교 교장, 정치가, 종교 지도자, 사회 운동가, 웨딩 플래너, 사회단체 위원, 기업 경영자, 호텔 경영자, 정신과 의사, 카운슬러, 법조인, 배우, 이벤트 사업가, 외교관 정치가, 호텔리어, 방송 프로듀서, 간호사, 사회복지사, 교사, 개인 사업가(상업, 중소기업), 회사원(인사 관련), 영업 사원, 개그맨, 유치원이나 어린이집 교사, 경찰관, 비서, 가정 방문 학습지 교사, 승무원, 판매원, 선교사, 상담원, 마케팅 조사원, 컨설턴트, 펀드 매니저, 교육 사업가, 관광 가이드 등역가, 통역사, 문학 평론가, 방송 프로듀서, 판매원, 개그맨, 경영자, 아나운서, 시인, 리포터 등

G 자기 성찰지능 (철학자, 기업가, 성직자)	특징	1. 특정한 활동에 대한 좋고, 싫음이 분명하며 그것을 잘 표현한다. 2. 감정 전달에 뛰어나다. 3. 스스로의 강점과 약점을 명확히 인식한다. 4. 자신의 능력을 확신한다. 5. 적절한 목표를 설정한다. 6. 야심을 가지고 일한다.
	잘하는일	시, 일기, 예술 작업, 자기반성, 목표, 자서전, 가족사, 종교 활동 등.
	직업군	신학자, 심리학자, 작가, 발명가, 정신분석학자, 성직자, 작곡가, 기업가, 예술인, 심리 치료사, 심령술사, 역술인, 자기 인식 훈련 프로그램 지도자 등.
H 자연친화기능 (의사, 조리사, 조련사)	특징	1. 새, 꽃, 나무 등 동식물에 관심이 많다. 2. 동식물의 습성과 생리에 깊은 관심을 보인다. 3. 인공적인 환경보다 자연적인 환경을 선호하는 편이다. 4. 자연물의 관찰에 상당한 시간을 할애한다. 5. 곤충, 파충류 등에 대한 혐오감이 상대적으로 덜하다. 6. 화분 등의 관리에 남다른 열정이 있다.
	잘하는일	조개껍질이나 꽃잎 등의 두드러진 개인적 컬렉션, 자연 사진, 곤충이나 애완견, 가축에 대한 관찰 메모, 동식물 스케치 등.
	직업군	유전 공학자, 식물학자, 생물학자, 수의사, 농화학자, 조류학자, 천문학자, 고고학자, 한의사, 의사, 약사, 환경 운동가, 농장 운영자, 조리사, 동물 조련사, 요리 평론가, 식물도감 제작자, 원예가, 약초 연구가, 화원 경영자, 생명공학자, 생물 교사, 지구 과학 교사, 동물원 관련 직종 등

강문희, 김매희, 유정은 (2007). 아동발달론. 경기:공동체

강성화 (2000). 뉴밀레니엄 시대의 슈퍼엄마 슈퍼교사. 서울:양서원

교육부 (2015). 자녀사랑하기 2호-친구관계. 대한소아청소년정신의학

교육부 (2015). 자녀사랑하기 7호-아이의 변화에 주의를 기울이기. 대한소아청소년정신의학

국민일보 (2015.12.10.). 신뢰 사라진 사회…76.8% 돈이 가장 큰 힘이다.

김욱 (2006). 유대인 기적의 성공 비밀. 서울:지훈

김재은 (1994). 창의성을 키우는 자녀교육. 부모에게 약이 되는 이야기(13호). 한국지역사회교육협의회

남미영 (1994). 자녀의 바른 독서지도. 부모에게 약이 되는 이야기(12호). 한국지역사회교육협의회

다중지능연구소 (2011). 다중지능검사. 서울:다중지능연구소

머니투데이 (2014.10.25). 성공하는 사람들이 매일 제일 먼저 하는 일.

문용린 (1996). IQ와 EQ, 무엇이 다르고 무엇이 중요한가. 부모에게 약이 되는 이야기(27호).한국지역사회교육협의회

박성연 (2006). 아동발달. 서울:교문사

박종평 (2013). 흔들리는 마음, 이순신을 만나다. 서울:흐름출판사

사이토 히토리 (2015). 부자의 운. 하연수 역, 서울:다산

여성가족부 (2015.1.27). 2014 청소년 종합 실태조사 보도자료.

연미희, 김진숙 (2001). 부모교육 이론과 실제. 서울:동문사

연합뉴스 (2015.12.7). 일 · 가정 양립지표 주요내용.

유성은 (1998). 시간 관리와 자아실현. 서울:생활지혜사

이경화, 성영혜, 윤석희, 이신동 (1999). 부모교육. 서울:학문사

조선일보 (2016.3.7). 창간 96특집 / 읽기 혁명 – 책 많이 읽는 학생….

조선일보 (2016.3.28). 창간 96특집 / 읽기 혁명 – 6세때 '딥러닝'뇌 거의 완성, 선진국 어릴 때부터 독서운동.

조영탁 (2008.4.2). 명확한 목적이 있는 사람은. 행복한 경영이야기(www.happyceo.co.kr)

조영탁 (2012.11.13.). 비전이 있는 행동. 행복한 경영이야기(www.happyceo.co.kr)

조영탁 (2015.10.28.). 불평만 하는 습관은 결국 나를 해치는 칼이 된다. 행복한 경영이야기(www.happyceo.co.kr)

조영탁 (2015.10.29.). 메모가 천재를 만든다. 행복한 경영이야기(www.happyceo.co.kr)

진미석 (2001). 우리아이 진로선택 도와주기. 부모에게 약이 되는 이야기(54호). 한국지역사회교육협의회

코미디닷컴 (2015.8.28.). 부모의 스트레스, 아이들 면역력 치명타.

크리스챤 투데이 (2010.9.29.). 하나님의 말씀을 꿀같이 느끼게 하려면? 김형종 교육칼럼

한국일보 (2016.2.5.). 부부 3쌍 중 1쌍, 하루 30분도 대화 안 한다.

YTN 사이언스 (2014.12.7.). 일 · 가정 양립지표 주요내용.

현용수 (2005). 유대인의 천재교육 · EQ 교육 · 지혜교육. IQ는 아버지, EQ 는 어머니 몫이다. 서울:쉐마

Baumrind, D. (1966). Effects of authoritative parental control on child behavior. Child Development, 37, pp887-907

Dreikus, R. & Grey, L. (1968). A new approach to discipline : Logical consequences. N.Y. Hawthorn Books Inc.

Duvall, E. M. (1977). Marriage and family development (5th ed). philadelphia:J.B. Lippincott.

Fromm, E. (1956). The Art of loving. N.Y.:Harpercollins. publisher Inc. 황문수 역(2000), 사랑의 기술. 서울:문예출판사

Gardner, H (1993). Multiple intelligence. N.Y.:Basic Books, 김명희, 이경희 역(1998), 다중 지능의 이론과 실제. 서울:양서원

Gordon. T. (1975). Parent effectiveness training. N.Y.:American Library

Green, F. P. & Schneider, F. W. (1974). Age differences in the behavior of boys on three measures of altruism. Child Development, 45, pp248-251

Piaget, J. (1952). The origins of intelligence in children. N.Y.:International Universities press.

Robbins, A. (2002). Awaken the giant within. 조진형 역(2008), 내 안에 작은 거인을 깨워라. 서울:씨앗을 뿌리는 사람

Selman. R. L. (1980). The growth of interpersonal understanding. N.Y.:Academic press